晴山古道

马华先驱作家陈晴山古诗文评注

评注 陈照明

背景考证 陈敏良·陈敏华

目录

卷二 棠棣桃李——手足情·师生义

序一

SR纳丹先生
新加坡共和国总统

本书乃陈敏良与陈敏华兄弟为纪念父亲陈晴山先生逝世50周年而策划、出版之作。英文版题为 *A Scholar's Path*，由陈敏良兄弟二人亲自负责翻译并评析。中文版题为《晴山古道》，由新加坡国立教育学院中文系陈照明副教授作语译、注释、评析。

陈晴山先生生于1894年，到南洋后，即活跃于马华文坛，至1960年辞世，创作从未间断。本书所收录作品作于1925年至1960年期间，前后35年。其中古诗60题85首、文3篇。这些作品充分反映晴山先生对妻儿与亲朋的深挚感情，以及他的人生哲理与抱负。晴山雅好文学，尤其爱好古诗，本集即洋溢着晴山对古诗之热情。

陈晴山先生出生于中国清代末年，成长于中华民国时代，经历了晚清至中华民国时期的种种动荡，又见证了日本统治新加坡与马来亚的历史，阅读本集作品，读者自可理解晴山对时局的看法。老一辈的读者，更可能有也曾经历的感觉。

本书英文版与中文版分别照顾不同读者。年轻读者，对古典诗歌可能会畏而却步，英文版把原作翻译为英文，并详细加评析，引导读者理解原作典故与创作技巧，为年轻读者打开通往中国语言文学宝库之大门。中文版对作品中的典故详加解释，对原作用韵、用典、文字、结构等作深入分析。中文基础较好的读者，阅读中文版，应该能够品味晴山作品的神绪。我相信，无论是英文版还是中文版的读者，都会被晴山作品深深吸引。

我国推行双语政策，年轻一代，都在双语环境中长大。本书策划人陈敏良及陈敏华两位希望本书的出版能鼓励更多年轻人欣赏中国古典诗歌，并有助于双语环境的营造。我祝本集的出版，能如他们所愿。

序二

黄永宏医生

新加坡共和国教育部部长兼国防部第二部长

教育部正继续检讨母语教育，力求进一步改善母语的教与学。在华文教学方面，我们的目的是帮助学生掌握华语。如何能让学生轻松愉快地学习华文，并在日常生活中使用华语，是我们面临的一大挑战。

在这样的背景下，《晴山古道》（英文版题为 *A Scholar's Path*）的出版，可谓正合时宜。

《晴山古道》收录了已故作家陈晴山先生的古典诗歌与散文，精彩可读。作品反映并纪录了晴山先生一生中不同阶段的思想与经历。其中，有反映他与家人分隔两地时的情怀的，有反映他与家人团聚时的欢乐情景的，也有纪念如寿辰、送别等特殊日子的。晴山先生伉俪情深，不少作品也有所反映。

晴山先生深好古典文学，知识渊博。本集作品巧妙地运用了大量典故，可见晴山先生在古典文学的功力。每一篇作品后都附有背景故事，让读者窥见晴山创作时的经历。至于深入的评注，更帮助读者理解晴山的创作意图，从而更能体会他的心情，品味作品的精髓。英文版对典故及其来源都详加说明，引导不谙华文的读者欣赏华文华语的优美。

我深信，《晴山古道》中英文版的出版将为本地华文文坛增添光彩。我希望，《晴山古道》的出版能鼓励所有在学习华文的读者，重新发现阅读华文的乐趣。

序三

王赓武教授
新加坡国立大学东亚研究所主席

前些时候，陈敏良兄告诉我，其父陈公晴山先生曾发表了一首酬赠先父的古诗。我既感意外，也甚欣喜。这首古诗（即本集的第29篇）刊登于怡保的《建国日报》，日期为1952年3月1日。我本来不知道先父与晴山先生原来是二十多年的文友。读了这首诗，我才发觉二人情谊深厚，晴山先生十分了解先父为人。

敏良兄告诉我，他与弟弟敏华在搜集晴山先生的古诗文，并计划在2010年出版，以纪念晴山先生逝世50周年。诗文集将同时出版中文版与英文版。他向我查询一些关于先父生平的资料，以便他厘清上述酬赠先父的那首古诗的背景。

无独有偶，我在2002年也曾经搜集并出版了先父作品，以纪念先父逝世40周年。这本作品集，题为《王宓文纪念集》，收录了先父的诗、文、书法，其中有好些关于先父在1931年至1952年期间在怡保的生平资料。于是，我送了一本给敏良兄。

敏良兄对于晴山先生作品的背景资料，竭力查证，不放过半点线索，实在令人佩服。相对而言，我搜集出版先父作品的工作，比较容易。先父生前已经收集并整理过他在1945年前的作品。他辞世后，我与母亲在他的文件中整理出他的文学创作，并在1972年付梓。

我佩服敏良兄弟的丝毫不苟，但当时并不具体理解他们的宏愿和计划。一直到敏良兄邀请我为晴山先生古诗文集作序，我才知道他们并不是单单要把晴山先生的作品翻译为英文出版。他们要对作品作全面诠释，以期读者都能欣赏。因此，他们邀请了国立教育学院中文系的陈照明副教授主持其事。陈照明副教授为每篇诗文作了精要的注释，并且把每一篇翻译成语体，又作深入分析。有了陈副教授的评注，即使古诗文根基薄弱的读者，也能充分了解并欣赏晴山先生原作。

本书无论中文版或英文版，都十分精彩周详。全书作品分四卷，每卷题材不同，但所表达的，都是典型华侨的思想情怀。通过本书，读者可更理解20世纪初的华侨的心态。这些华人，侨居在英属马来亚，虽然念念不忘故国，但最终定居异域，心情复杂。从这角度看，本书可说是难能可贵的教学用书。

晴山先生与先父同样生于乱世，适逢中华帝国衰亡、民国初立而又危如累卵之时。他们离乡背井，侨居异域；而侨居之地，又正值争取独立、反殖民斗争如火如荼之际；故土难留、异域难安，生活殊不容易。晴山先生与先父又同从事教育，致力教育子弟情系中华、不忘祖根。但1930年至1960年期间，中华板荡，动乱频仍，政局令人沮丧。晴山先生与先父最终宁愿定居南洋，而不愿回归毛泽东统治下的中国。先父作品，避政治而不谈。晴山先生作品则有时候涉及中国政局，对摧残中华文化之政客，多所不满。

晴山先生虽然最终选择侨居异域，但对中华文化，却无限眷恋。四卷作品中之思想感情，无论是夫妻父子之情，朋友师生之义，或是家国之思、人生之叹，皆植根于中华诗歌传统。作品中的种种情怀，反映了一位迁居南洋的文人在不同时期对社会与时局适应之过程，同时也反映这样的一位文人对自我文化身份的肯定之过程。

敏良敏华兄弟对晴山先生的思想情怀如此深入地探究，其意义已经不止于孝子之思。我相信，他们同时也在探索着新加坡人在今天与将来应该思考的问题：在应对现代化过程的种种问题时，新加坡人是否仍然可以秉持先辈的思想情操？还是任由过去的一切在文献与历史档案堆中尘封？

这本文集，是敏良敏华兄弟对这问题的答案。文集对这问题不下判断，但通过详细的事例，勾勒出那时代的人所经历过的重重变化、以及他们应变的过程。文集让读者知道，今天任何的成就，并非必然，也并非必然长久。文集让读者深信，我们每一个人在寻求繁荣进步的同时，仍然可以忠于自己的信念。

在写这篇序的时候，我重新认识了这个简单的真理。我感谢敏良敏华兄弟让我有机会欣赏这本文集，也希望文集的读者，也能感受到我在读文集时的这份满足感。

公元2010年2月28日
于新加坡国立大学

评注者、背景资料提供者简介

评注者

陈照明，香港大学中文系荣誉学士，主修中文及翻译；美国威斯康星大学（麦迪逊校区）(University of Wisconsin Madison)硕士、博士，主修中国文学，副修比较文学；并持新加坡南洋理工大学高等学府教学文凭。现任南洋理工大学国立教育学院中文系副教授、南洋理工大学孔子学院学术委员。曾任新加坡国立教育学院亚洲语言文学学部兼中文系主任。致力于翻译、古典文学、老庄思想、华文教学等方面之研究。曾翻译《史记》、《易经》，并曾发表多篇有关古代诗歌、小说、华文教学之论文。

背景资料提供者

陈敏良，陈晴山先生之长子，1938年出生于马来亚金宝。早年得哥伦坡奖学金(Colombo Plan Scholarship)留学澳洲，考获特许会计师资格后，回新任职于蚬壳石油公司(Shell Companies in Singapore)，后升为该公司总裁。1996年退休后投入政界，曾任新加坡国会议员、新加坡教育部及贸工部高级政务部长。

陈敏华，陈晴山先生之次子，1941年出生于马来亚金宝。早年留学日本九州大学，主修医科。1972年赴美深造，四年后考获医学博士学位，专科为产科麻醉学。1976年至1998年，任职于纽约州罗彻斯特大学(University of Rochester)附属医院，为麻醉专科助教。退休后定居美国华盛顿州，研修中日文学，闲暇从事写作。2007年接受日本医院聘请，为医术顾问，现常往返于美国与日本。

陈晴山先生传略

陈照明

晴山先生原名天福，光绪二十年甲午五月七日（公元1894年6月10日）生于福建省兴化府莆田县。父讳俊侯，前清秀才，文学造诣甚高，颇有文名；奉守儒业，设帐授徒，桃李满莆田。

俊侯公之期望于晴山也，欲其十年寒窗苦读，终而中秀才、入仕途。先生幼承庭训，从小习四书五经、诗词歌赋，奠定其日后国学基础。先生尤好诗词，早年即曾与友侪共结诗社。诗社曰"笑余"，先生课业之余，即以写诗填词为乐。

光绪三十一年（1905年），清廷宣布废除科举而办学堂，先生遂改而入读新学堂，先后毕业于通德小学、莆田一中（解放前称十中），后负笈福州，入读旧制师范。回乡后受聘于福清县王公淡如府第，为西席。王氏为福清县书香世家。

1917年5月，先生为谋生计，只身远赴南洋，先后任教于马来亚（今之马来西亚）安顺培华小学、金宝培元小学、怡保育才小学。1923年6月曾回故乡莆田，期间娶同乡女子吴嬝妹，同年十二月相携至马来亚金宝。吴氏不幸于次年死于难产。1926年，培元小学校长王光汉介绍其令妹义宋女士与晴山认识，二人不久结婚于金宝。光汉、义宋乃王公淡如子女，光汉与晴山之相知，早在莆田。

1929年，经济大萧条爆发，南洋经济亦受打击。1931年，培元小学关闭，先生亦失去教席。先生故乡家有农田，俊侯公乃促其回乡，以耕种维生。适值莆田砺青中学缺国文教师，而先生素以经史诗词闻名于故里，砺青中学多次函请先生回乡任教席，先生遂决定回乡，但为筹川资，须向培元小学校董会主席郑显达举债。先生遂于1931年下半年先遣夫人及二子一女回乡，本人则逗留马来亚，为债主郑显达儿子作家教以抵债。至1931年12月，清还债务后，先生始启程回乡，至1932年1月与妻儿重聚。

先生在砺青任教前后仅两年，然贡献良多。除主编《砺青学报》外，又大力鼓励学生写作，并利用海外关系，替砺青筹募建校基金。先生教学真，所造人才甚多，湖南湘潭大学文学系已故系主任、诗词名家彭燕郊教授（旧名陈德矩），即为其高足。

先生在砺青中学期间，因不满地方军阀滥征苛捐杂税，乃于地方周报发表社论，揭发恶霸劣绅之恶行。先生文笔犀利，敢怒敢言，所写社论，莆人皆争先拜读，亦因而得罪于县长李万春。1934年4月，李万春下令通缉晴山，先生事前得知消息，躲藏友人家。李某忿而拘禁夫人义宋女士，以为人质。时义宋女士产下三女美瑜，仅三月，一天须哺乳五六次。李某拘禁义宋女士，莆田教育界哗然，纷纷罢课以示抗议。李某逼于公愤，乃释放义宋女士，并取消对先生之通缉令。

先生有感于事无可为，乃决定再渡南洋；但因经济拮据，不得不先只身南下，任教马来亚金宝小学。期间，两儿不幸先后夭折。1936年，先生欲接妻女到马来亚。是年，俊侯公已七十五，风烛残年，深恐晴山一家南渡后无人送终。先生善体亲心，接夫人及长女美璇、三女美瑜至马来亚，而留下次女美育在莆田，陪伴祖父。美育为三孙女中祖父最钟爱者。其后，八年抗战，1937–1945年期间，中马两地邮政常中断，至后期尤甚，故二战结束后，晴山始知其父已于1940

年逝世。俊侯公临终时，美育侍候在侧；出殡时，美育穿男服，代父母为祖父送终。

日本投降后，国共内战，大陆变色，先生一直未能回乡，至终未能接美育至马来亚。先生与夫人义宋女士为此对美育深感歉疚，常嘱咐二子敏良、敏华，毋忘故乡之亲姊。

先生与妻女团聚后，仍任教于马来亚金宝培元小学。子敏良、敏华先后于1938年、1941年出生。大平洋战争爆发后，马来亚沦陷，先生为躲避日军迫害，不得不留家眷于怡保，只身避难于吉隆坡，每数月冒险潜回怡保探望妻小。期间，夫人义宋于怡保安德申路店铺前开摊，以修补破衣为业，维持一家生计。

1945年马来亚光复后，先生从吉隆坡回怡保，旋即获聘为叱叻福建公会为文书，后又兼任叱叻女子中学高中华文教席。

先生之一生，正值中国大动荡时代。先生出生于甲午战争爆发之时，童年又先后有百日维新、八国联军侵占北京之事。青年期间，又逢辛亥革命，中年时期又先后有“九一八”及“西安事变”。先生于种种巨变，皆有感于心。青年时期，即充满爱国热忱，试图办报以干政，为人民争取自由平等。在莆田时曾先后主编《莆仙导报》、《大声报》、《涵江报》，敢说敢言。可惜因地方军阀政府压迫，壮志未酬，改而传道授业，以终其生。

1960年6月6日（农历庚子年五月十三日），先生肝脏硬化不治，病逝于怡保中央医院，享年六十有七（西方算法为66岁）。

先生有二子三女，皆已成材。长女美璇，1931年生于马来亚霹雳州金宝，适许氏；曾为霹雳州妇女裁剪训练所助教，现居怡保。二女美育，1933年生于中国福建莆田，适李氏；毕业于莆田东山高级土木工程学院，曾任教于福建龙海二中，前后三十多年，现居于福建龙海市。三女美瑜，1934年生于福建莆田，适梁氏；霹华高师文凭毕业，退休前任教于中山小学，现居怡保。长子敏良，1938年生于马来亚金宝，留学澳洲，得澳洲皇家特许会计师资格，曾任新加坡蚬壳石油

(Shell)公司总裁，新加坡国会议员，新加坡教育部及贸工部高级政务部长，现已退休。次子敏华，1941年生于马来亚金宝，留学日本、美国，美国医学博士，曾任罗彻斯特大学助教；现受聘于日本，为医学顾问，常往返于日本与美国。

先生常于报刊发表文章，为马华先驱作家。其散文于1936年由福建荔社结集出版，题为《荔子集》。其后，新加坡马华文学专家方修编订《马华文学大系》，亦收录晴山小说《乘桴》与诗剧《牛女》两篇作品。先生散文、小说俱佳，古典诗歌尤为独步。

（此文资料由陈敏良、陈敏华提供）

英文版·前言

陈敏良·陈敏华

六年酝酿

先父于1960年6月6日辞世，今年是他辞世50周年。本书能赶在今年出版，对我们来说，特别有意义。

本书的出版，从酝酿到完成，前后六年。2002年，我们编辑并翻译了先父的一些文学作品，出版成书，中英对照，题为《荔子情》。2003年底，我们便开始筹划出版这本古典诗歌散文集。

先父爱好文学，尤其是古诗。但是，要深入介绍并评析他的古诗，对我们来说，却是十分艰巨的工作。我们不是学者，但都已退休，按理应有大量的时间可用，这或多或少可以弥补学养不足的缺陷。但情况并不完全是这样。在编集整理本书资料的同时，我们也在追逐生活中其他的乐趣、承担生活中其他的责任。这样，便前后花了六年。

我们一开始便决定，本书中每一篇作品都应附有详尽的背景资料、英文意译（英文版）或语体翻译（中文版）、英文逐行对译（英文版）、以及详细赏析。中文版更要附有重要字词与典故的解释。

在翻译的过程中，我们先后征询了很多专家的意见，陈照明副教授是其中一位。五年时间一晃而过，英文翻译及中文语译的工作大致完成。但是，对于中文版，我们却没有什么进展。很多疑难仍待解决。看来我们要同时出版中英文版，似乎遥遥无期。

大约一年前，我们请陈教授帮忙主持中文版的工作。陈教授对典故字词作精确的解释，对作品的声律、结构、意象、情韵等作深入分析。我们则提供了每篇作品的写作背景。没有陈教授的帮助，恐怕中文版永远不能完成。

一年来，陈教授为中文版花了不少精力，而他的研究，也推动了英文版的进展。参考了陈教授中文版的意见后，我们修改英文版对一些作品里一些诗行的解释。陈教授对作品的赏析深入独到，也让我们对各篇原文有了新的理解。

作品来源与背景考证

先父辞世后，家母把有关他的诗作的资料整理收集起来。这些资料，包括剪报、先父亲笔手稿、以及友人传抄本等。后来，我们从四舅父王光国先生的遗物中，又发现了一些先父的诗作。四舅父与先父情谊深厚，他的名字，见于本书多篇作品的背景故事中。另外，有几首出版于1920年代的古诗，则是一位来自麻坡的老先生所赠。这位老先生与我们素未谋面，但深爱先父诗作。此外，我们在新加坡国立大学图书馆的缩微胶卷档案中，发现了几首作品，其中，包括了本书中的第二十九篇。这篇题为《送王宓文视学升调吉隆坡》的古诗，作于1952年。要不是翻查了国立大学的缩微胶卷档案，我们根本不知道先父写过这样的一首诗，也不知道先父与王公宓文先生原来是多年文友。

要充分理解一篇作品，非先要弄明其写作背景不可。收录在本书的作品，最早的一首作于1925年，最后的则作于1960年，前后涵盖

35年。这些作品所写的情景，我们有亲身经历的，只是少部分，其余的，我们并不清楚。为了弄清楚作品的背景，我们曾多次往访先父生前活动的地方，如怡保、金宝、太平、吉隆坡等地，甚至远至他的故乡福建莆田。遗憾的是，先父作品中提到的人，大多数都已身故，我们只能访问他们的子女，而他们的子女，很多亦已年过七旬。幸运的话，我们可以看到他们家藏的一些照片文物。

我们也有幸得到家姊美璇、美瑜的帮助。先父曾经为她们各写了一首诗（本书第十篇及第十一篇）。她们向我们提供了这两首诗的背景资料。更可贵的是，她们向我们讲述了不少关于我们家的故事。这些故事发生时，我们二人年纪尚小，并不了解，也无法记起。

英文翻译

翻译工作殊不容易，往往吃力不讨好，翻译诗歌，尤其如此，而把中文古体诗翻译为英文，更是难上加难。译者必须跨越语言与文化差异所形成的障碍。既要传达原作诗意、保持原文意象，而又要照顾到英文的可读性，似乎并不可能。我们常问自己：把父亲的诗歌翻译为英文诗歌，是否会歪曲原作？我们会否会丢失原作的韵律、意象、与文化意蕴？我们是否应该满足于逐行对译，而不妄求把作品翻译为英文诗歌？

最后，我们采纳了陈照明教授的意见："逐行对译不能算是翻译。逐行对译基本上只能传达文本的语义。真正的翻译，则应传达原作的'诗味'。'诗味'往往靠意象体现，而意象比起声韵，更能在翻译中保存。"我们希望，我们的英文意译，多少能够保留原作的"诗味"。

当然，翻译不可能完全保留原诗的所有特色。因此，除翻译外，我们也在每篇作品的英文意译后附上了"逐行对译"，以及详细赏析。诗歌英译本未能传达的语义，读者可从"逐行对译"中领会；

“逐行对译”未能完全传达的含义，则可从赏析中领会。三者合读，读者应能品尝到原作的“诗味”。读者如果能再参照陈照明教授评注（见中文版），更是美事。

关于书名与封面图片

本书英文版题为“儒者之路”(*A Scholar's Path*)，取意于本集第十篇《示璇女》一诗中“早被儒冠误到今”一句。

本书封面图片，乃台湾故宫博物馆馆藏商末周初獸面紋鬲鼎照片。家母六十大寿时，先父曾作《寿内三章》，并寄赠友好，征集和诗，以作寿礼。此事详见本书第六十三篇《诗话七则》。先父后来把友好的唱和诗编辑出版，并说了以下的几句话：“予既悦其声而编之，刊之，行且精装成帙，贮以锦函，藏诸芸笥，遗之后嗣，永作家珍。子孙即不能读，视为周鼎商彝，古色古香，亦自至宝。”本书封面中的商末周初獸面紋鬲鼎，即“周鼎商彝，古色古香，亦自至宝”之意。

前言

陈照明

本集共收录晴山古诗60题85首、文3篇，据内容分为四卷。卷一收录晴山忆念妻儿子女之作，题为“和鸣舐犊”，取“琴瑟和鸣、舐犊情深”之意。卷二题为“棠棣桃李”，二者皆植物名称。“棠棣”一词出自《诗经・小雅・棠棣》，借指兄弟；“桃李”一词，用《韩诗外传》卷七魏文侯故事，以培植“桃李”比喻栽培后辈或学生。此卷之作，表达晴山对兄弟与学生之情义。卷三收录晴山与朋友往还唱和之作；《论语・颜渊》云“君子以文会友，以友辅仁。”即本卷题旨所在。卷四则是感兴述怀之作。

晴山博学多闻，善用典故。本集附录晴山诗文中所用主要典故与词语，方便读者检索。晴山所用典故，涵盖一般诗词常用典故，多读晴山诗作，当有助于提高古诗鉴赏能力。晴山善能变化典故，往往翻出新意，读者按附录比较各典故在不同诗作之微妙差异，自能领略晴山活用典故之技巧。

本集“语译、注释、赏析”等部分，乃笔者撰写；至于“背景故事”，则是根据陈敏良、陈敏华二位提供之英文资料改写而成，并得二人审订，力求真实无误。

敏良、敏华二位，乃晴山先生之公子。前此，曾编译《荔子情》，集中收录晴山散文四篇、短篇小说五篇、家书六封、古诗三首、诗剧一篇。译文精妙，甚能传达晴山原作神绪。

约于五年前，二人又开始编集晴山古诗文，并拟翻译为英文后出版。对于诗作内容、技巧与典故，多年来敏良先生曾征询多位贤达意见。但各人业有专职，未能全心投入，其中难免疏漏。敏良先生亦曾多次征询拙见，笔者因此有幸拜读晴山古诗文。晴山精于诗、深于情，诗作往往能摇荡性情，令人回味。笔者既好其诗，亦慕其人，故乐于提出浅见。后敏良先生又拟出中文版，邀笔者作评析。古人云，君子成人之美。敏良、敏华昆仲，孝思深切，成其美事，笔者实义不容辞。又晴山先生为马华先驱作家，在新马文学史上，占一重要席位，自应广为推介；此笔者勉力评注本集之又一原因。

如上所述，本集原拟出英文版。英文版由敏良、敏华二位主其事。敏良先生参考诸贤达意见及拙见后翻译晴山原作，并另作评析，引导英文读者赏析晴山诗文。

本集得总统纳丹先生、教育部长黄永宏医生、王赓武教授三位赐序，生辉万丈，谨致谢忱。

公元2010年3月

·卷一

和鸣舐犊

夫妻爱·父子情

第一篇

qīng niǎo èr shǒu
青鸟二首

其一

xī fēi qīng niǎo qù huán lái
西飞青鸟去还来，(1)

jiān zhá yáo dāng wèi rěn kāi
缄札瑶珰未忍开。(2)

zhèng sì kàn huā suī yù zhé
正似看花虽欲折，

bú fáng huā wài zàn pái huái
不妨花外暂徘徊。

其二

kāi jiān zhà sì jiě luó rú
开缄乍似解罗襦，(3)

xiāng zé wēi wén sī yǒu yú
香泽微闻思有余。

qiū zài xīn tóu zhī jǐ hǔ
秋在心头知几许，(4)

huì jiāng chóu zì bú jiào shū
讳将愁字不教书。

语译

其一

那送信的青鸟向西飞去后又飞回来，捎来了
你的书札，像佩戴着玉耳珰，我不忍拆开。
我的心情，就像那看花人，虽然想要折花，
却又徘徊不前，不忍心马上便把花枝折下。

其二

拆开那信封，忽然间好像在解开你的罗衣，
隐约嗅到你身上的香气，油然思念着你。
那萦绕在你心头的秋意啊，究竟有多深，
你却忌讳那愁字，不让自己把它写出来。

注释

(1) 青鸟：神话传说中为西王母传信的神鸟。在古诗词中，常用作男女间信使的代称。如李商隐《无题》“蓬莱此去无多路，青鸟殷勤为探看。”

(2) 瑶珰：瑶，美玉；珰，耳饰。

(3) 罗襦：罗，质地稀疏的丝织品；襦，短衣。

(4) 秋在心头：古人把“愁”字拆解为“离人心上秋”。“秋在心头”，就是“愁”在心里的意思。

背景故事

晴山于1917年首次到马来亚，其后曾三度与妻子分隔两地：1931年中至1932年初，以及1934年至1936年两段期间，晴山在马来亚，妻儿在故乡福建莆田。1942年至1945年期间，因逃避日本兵迫害，晴山潜居吉隆坡，而妻儿留在怡保。

此诗应作于晴山与妻子第一次分居两地之时。晴山本任教于马来亚金宝之培元小学，至1931年因世界经济大萧条而失业。晴山家在故乡有田产，其父遂促其回国，靠耕种维生。后晴山觅得莆田砺青中学教席，但因经济拮据，须向培元小学校董会主席郑显达举债，始能筹得全家回乡旅费。晴山遂于1931年下半年先遣其妻及二子一女回乡，本人则逗留马来亚，为郑显达儿子作家教以抵债。晴山长子当年五岁，次子四岁，幼女则未满一岁。至1931年12月，清还债务后，晴山始启程回乡，至1932年1月与妻儿重聚。

赏析

此两首七言绝句，不对仗，但基本合律，两首皆在第一、二、四行押韵。

诗题“青鸟”，隐含“别离”与“爱情”之意。第一首以“西飞青鸟”点题，而“去还来”三字带起下句“缄札”二字。次句“缄札”承“青鸟”，“瑶笺”两字，颇有见信如见人之意，看似平凡，实极新鲜，并有拟人效果，已为第二首作铺垫。“未忍开”三字，为全诗关键，上承“青鸟”、“缄札”，下开第三、四句。所谓看花欲折、花外徘徊，即“未忍开”之意。而接信之喜，期待之情，珍惜之意，溢于言表。

第二首头两句，是见信如见人之意，但却不落俗套。开信封比喻为“解罗襦”，迹近香艳。“香泽”二字，更惹人遐想。“思有余”三字，引出第三、四两句，绮艳之情，于是转觉委婉。第三、四句，拟想伊人心情，所谓“思有余”之意。思念对方，而悬想对方虽有离愁而不敢明白在来信中写出，是旧诗中所谓“对面生情”之法。古人有以“离人心上秋”解释“愁”字，本诗第三、四句即衍化自此，但“不敢书”三字，却赋出新意，平凡中见巧思。“讳将愁字不敢书”一句，绾合全诗，回应“缄札”二字，暗写来信之内容，兼写诗人之心情，甚为蕴藉。

晴山夫人王义宋女士（摄于1920年代）。
“秋在心头知几许，讳将愁字不教书。”

晴山二子与女儿美璇（晴山继母手抱）。（摄于1931年，那时晴山在马来亚金宝，夫人王义宋与子女在故乡福建莆田。其后数年，二子不幸先后夭折。）

综合言之，第一首写顷接来信之心情，想开而“未忍开”；第二首写乍开信封之念，见信思人，“愁”字写对方，亦暗写自己。“缄札”、“开缄”紧扣诗题“青鸟”，并衔接两诗。前后两诗情意连贯，虽为两首，实似一篇。

第二篇

zhōng qiū yuè

中秋月

tiān shàng tuán yuán hǎo
天上团圆好，(1)

rén jiān yì bié yīn
人间忆别殷。(2)

jìng fēng xiū yǔ zhào
镜封羞与照，(3)

xiāng jìn bù jiào fén
香烬不教焚。(4)

kǔ yì yún huán shī
苦忆云鬟湿，

yáo lián shuāng bìn fēn
遥怜霜鬓纷。(5)

jīn xiāo yī lún yuè
今宵一轮月，

qiū sī liǎng píng fēn
秋思两平分。

语译

天上，那中秋的月亮又圆又大，多么美好，
人间，那分离的人儿正深切地互相记挂。
把镜子遮盖起来，白天也没有心情去照镜，
4 任由灰烬残留在香炉，晚上没有心情去点香。
秋夜里苦苦惦记着，浓密的头发都湿了，
思念着那远方的人儿，头发花白如纷纷霜雪。
在这样的中秋夜里，天上县挂着一轮明月，
8 那秋夜里的愁思啊，正煎熬着两个人儿。

注释

(1) 团圆：团圞圆满，形容月亮圆满；又有散而复聚之意。这里一语相关。

(2) 殷：深切。

(3) 镜封羞与照：李商隐《无题》诗云“晓镜但愁云鬓改”，写女子因相思而怕容颜瘦损。晴山此句说“羞与照”，所谓“羞”，或即此意。

(4) 香烬不教焚：古人有晚上焚香的习惯。如王安石《春夜》有“金炉香烬漏声残”句。又旧时有中秋焚斗香祈求家人安康的习俗。斗香为特制的佛香。从本诗内容看，应是整夜相思，任由炉香烧尽而无心再点燃之意。

(5) “苦忆……霜鬓纷”：此两句衍化自杜甫《月夜》“香雾云鬟湿”“遥怜小儿女”等句。

背景故事

晴山曾三度与妻子分隔两地：1931年中至1932年初，以及1934

年至1936年两段期间，晴山在马来亚，妻儿在故乡福建莆田。1942年至1945年期间，因逃避日本兵迫害，晴山潜居吉隆坡，而妻儿留在怡保。

此诗作于1934年至1936年第二次与妻子分离期间。

1931年，晴山因世界经济大萧条而失去马来亚培元小学教席，后于1932年1月回乡，任教于莆田砺青中学，并创办《大声报》周刊。《大声报》创办于1932年5月，1933年初停办，前后30期。《大声报》停办后，晴山又于1933年3月任《涵江报》编辑。晴山当时39岁，曾受五四精神感染，充满理想，有感于时政腐败，地方官员滥征税收，遂为文挞伐，因而触怒省长李万春。《涵江报》于同年7月被迫停刊。李万春并下令拘捕晴山，幸晴山先获风声，故得逃脱，匿藏友人家。李万春乃拘捕其妻王义宋女士。其女美瑜仍是待哺婴儿，须一天数次往返囚室受哺。莆田各界遂群起声援晴山，学生教师发动抗议。李万春被迫释放王义宋女士，并撤回拘捕令，又宴请晴山，以示和解。但晴山不屑出席，于1934年潜逃马来亚，其妻儿则滞留莆田，至1936年始能赴马来亚与晴山团聚，夫妻分离前后两年。

赏析

本诗为五言律诗，格律标准，第二、四、六、八句押韵。（“殷”字在现代汉语中与“焚、纷、分”不同韵，但在《佩文诗韵》中，四字同属“文”部。）对仗方面，本诗只有颈联对仗，而颔联不对，因此，结构上突出颈联，而颈联正是全诗精彩之处（说见下文）。

首联上句“天上团圆”点题，写中秋月之状；“团圆”状月，又有散而复聚之意，一语相关。由月之团圆，联想到人之团聚，是旧诗传统，但加一“好”字，与下句“殷”字相对，凸显诗人盼望“团圆”之情，甚有韵致。下句“忆别”上承“团圆”，并转出后三联六句，是全诗主题所在。颔联写两地相思之情，上句写闺妇怀人，因情人远别，无心妆扮，同时恐怕容颜瘦损，故羞于照镜，因而索性把镜子遮盖起来。下句写游子忆妇，晚上也无心焚香。李商隐《无题》诗云“晓镜但愁云鬓改，夜吟应觉月光寒”。晴山此两句或隐括李商隐诗意，说彼此日夜相思。颈联衍化自杜甫《月夜》，继续分写两地相思。“云鬟湿、遥怜”等语，出自杜诗“香雾云鬟湿”、“遥怜小儿女”等句。但晴山以“苦忆”与“遥怜”对举，却翻出新意：参照杜诗“遥怜小儿女”之句式，本联下句“遥怜”可理解为“遥想着对方，可怜他因离愁而鬓发如霜”；故上句“苦忆”可解释为“苦苦忆对方，想到她因在月下思念自己而致头发湿冷”。因此，颈联可作两种解释：其一，闺妇因站在月下苦苦思念对方，而致云鬟湿冷；而游子因想念远人而致头发霜白；其二，游子苦苦忆记着闺妇，想到闺妇一定会因为整夜里在月下思念自己而致头发也湿冷；而闺妇想念着远方的游子，想到他一定会因思念自己而致头发霜白。可以说，本诗颈联之情意甚为深远。尾联中“一轮月”对“两平分”，突出两心思念之情，同在月下怀念对方。“今宵一轮月”紧扣“中秋月”，“秋思两平分”总结颈、颔两联，并遥应“人间忆别殷”。

总之，全诗结构谨严，引用杜诗而翻出新意，实是佳作。

第三篇

zhōng qiū yǒng yuè yǒu jì
中秋咏月有寄

sù é rú yǒu yuē
素 娥 如 有 约，(1)

jiā ié yòu féng qiū
佳 节 又 逢 秋。

màn cào yuán shí hǎo
漫 道 圆 时 好，

fān tiān fēn wài chóu
翻 添 分 外 愁。

qīng tiān cháng yè huǐ
青 天 长 夜 悔，

bì hǎi yī shēn fú
碧 海 一 身 浮。(2)

qiān lǐ qīng guāng gòng
千 里 清 光 共，(3)

zhī ūn zhèng yǐ lóu
知 君 正 倚 楼。

语译

月华素白，好像与嫦娥有约，
在这中秋佳节的日子里。
不要说月圆时是美好的时候，
4 月圆反而令人感到更加忧愁。
蓝天深邃，夜也漫长，悔也漫长，
孤单只影，在碧海中漂泊浮荡。
人隔千里，共看着那清冷的月亮，
8 我知道，你也正在楼头，倚栏望月。

注释

(1) 素娥：嫦娥的别称。亦用作月的代称。《文选·谢庄〈月赋〉》：“集素娥於后庭。”李周翰注：“常娥窃药奔月，因以为名。月色白，故云素娥。”

(2)“青天……一身浮”：暗用李商隐《嫦娥》“嫦娥应悔头灵药，碧海青天夜夜心”句。

(3)“千里清光共”：谢庄《月赋》“美人迈兮音尘阙，隔千里兮共明月。”

背景故事

此诗作于1934年至1936年，晴山第二次与妻子分离期间，背景故事已见《中秋月》简介。

赏析

此为五言律诗，第二、四、六、八句押韵。（“秋、愁、浮、楼”在《佩文诗韵》中同属“尤”部。）

晴山夫人王义宋女士（约摄于1927年）。
“千里清光共，知君正倚楼。”

本诗抒发中秋怀人之情。首联点题，其中“素娥”一词，指月亮，亦指嫦娥，贯串全诗：颔联中“圆”字、颈联“碧海一身浮”、尾联“千里清光”写月亮；颈联“青天长夜悔”指嫦娥。

颔联上句“圆时好”写中秋月圆，承首联；下句“翻添分外愁”引出颈联：“青天长夜悔，碧海一身浮”即“分外愁”之意。“碧海”亦即青天，也比喻人海；月在青天浮，人在异乡漂泊。李商隐《嫦娥》有“嫦娥应悔偷灵药，碧海青天夜夜深”句。晴山诗“青天、悔、碧海”显然来自李商隐句。所谓“悔”，在李商隐诗中，是说因在月殿中孤独寂寞，故后悔偷吃灵药。晴山引用时，亦用孤独寂寞之意，但“一身浮”三字，又给“悔”字赋予另一涵义：诗人孤身飘零在外，浮沉异乡，是“悔”字深一层涵义。

尾联上句“千里”二字，既写月色明亮，光照千里；又暗含相隔千里之意；而“共”谓共看明月，点出互相思念之情。下句“知君正倚楼”，写对方倚楼望月而怀人，也暗谓自己正倚楼望月，两人“千里清光共”，如事先“有约”，遥应首句（“素娥如有约”），含蓄而有韵致。

第四篇

yáo jiān èr shǒu

瑶缄二首

其一

yóu yán chái mǐ huà jiā cháng

油盐柴米话家常，(1)

xiě rù yún jiān zì zì xiāng

写入云笺字字香。(2)

liáo cǎo shù yán zhī jí jiù

潦草数言知急就，(3)

jū rán kàn zuò shí sān háng

居然看作十三行。(4)

其二

gēng cí bú gǎn zá zhuāng xié

赓词不敢杂庄谐，(5)

guān jìn fāng yán pà wù cāi

关禁方严怕误猜。

guǒ shì huì xīn fáng fàn mì

果是慧心防范密，

yáo jiān wèi jiē yǐ xiān kāi

瑶缄未接已先开。

语译

其一

你谈的只不过是柴米油盐一类的家常话，
写在你的来信里，却每一个字都芳香迷人。
你的字迹潦草，可见这信你是匆匆忙忙写的。
但我视为书法瑰宝，像王献之的十三行真迹。

其二

在回信中，只敢谈正经事，不敢参杂笑话，
因为审查正严厉，恐怕审查官胡乱猜测。
你果然是心思聪慧，预先作防范，想得周到，
你给我写的信，我还没收到，已经被拆开。

注释

(1) 油盐柴米：旧时有“柴米油盐酱醋茶”之说，最早见于南宋・吴自牧《梦粱录》卷十六“盖人家每日不可阙者，柴米油盐酱醋茶。”指旧时中国人日常生活必需品。元代数种杂剧中，称之为开门七件事。

(2) 云笺：有云状花纹的纸。

(3) 急就：就，成。急就，匆匆完成。又西汉史游有《急就篇》，是便于蒙童学字之教科书。后人往往以行文迅捷有备急用者，称为“急就章”，非“急就”一词原意。

(4) 十三行：小楷法帖。晋・王献之书曹植《洛神赋》残存的一段，自“嬉”字起至“飞”字止，计十三行，故名。

(5) 赓词：赓：续；赓词，这里指回信。

背景故事

1931年，晴山因世界经济大萧条而失去马来亚培元小学教席，后于1932年1月回乡，任教于砺青中学，并创办《大声报》周刊。《大声报》停办后，晴山又于1933年3月任《涵江报》编辑。晴山有感于时政腐败，地方官员滥征税收，遂为文挞伐，因而触怒省长李万春。《涵江报》于同年7月被迫停刊。李万春并下令拘捕晴山，幸晴山先获风声，故得逃脱，匿藏友人家。李万春乃拘捕其妻王义宋女士。当时其女美瑜仍是待哺婴儿，须一天数次往返囚室受哺。莆田各界遂群起声援晴山，学生教师发动抗议。李万春被迫释放王义宋女士，并撤回拘捕令。晴山于1934年潜逃马来亚，其妻儿则滞留莆田，至1936年始能赴马来亚与晴山团聚，夫妻分离前后两年。

晴山夫妻分离期间，书信不绝。义宋曾受中等教育，能自写信。但两人往来书信常受审查。

晴山夫人与子女（约摄于1936年回南洋与晴山团聚前）。
（后排坐左边者为晴山姐；坐右边者为夫人王义宋女士。）

赏析

此一题二绝句作于1934－1936年期间，当时晴山只身在马来亚，而妻儿则在故乡福建莆田。前此，晴山曾因文章得罪故乡官员，故与妻子来往书信须提防被审查。

第一首头两句表达对妻子来信之珍惜。虽然是柴米油盐一类家常话，却字字芳香。第三句“潦草、急就”，暗示妻子写信时之背景，当时或被监视，故得匆匆草书。“家常话”而“字字香”之原因，即在于此。末句“居然看作十三行”，既承“急就”之意，亦呼应“字字香”句，绾合全诗。

第二首首句“赓词不敢杂庄谐”，有力带出全诗背景。按家书本应可以既庄且谐，谓“不敢”，则情势可知。第二句“关禁方严怕误猜”，即道出原因。第三句“防范密”，呼应首句，进一步说明“不敢杂庄谐”之原因。末句“瑶缄未接已先开”即证明“关禁”之严，亦称颂妻子先见之明，早作防范，呼应第一句。

总而言之，此两首句句呼应，字字连贯，结构谨严。

第五篇

tīng jīng
听经

jǐ dù tīng jīng xiàng yù guī
几度听经向玉闺，(1)

qīn chéng xǐ lǐ jiē róu yí
亲承洗礼接柔荑。(2)

sù gēn suī qiǎn xīn xiāng zhào
宿根虽浅心相照，(3)

wán shí wú qíng shǒu yì dī
顽石无情首亦低。(4)

jié xí wèi néng chú qǐ yǔ
结习未能除绮语，(5)

tā shēng shēn kǒng duò ní lí
他生深恐堕泥犁。(6)

chī xīn yì zuò tiān táng xiǎng
痴心亦作天堂想，

kěn fù shuāng méi huà bù qí
肯负双眉画不齐？(7)

语译

多少次了，在闺房内听她讲述《圣经》的道理，
接受她亲自为我洗礼，用她那纤纤玉手。
对于圣道，我根性尚浅，但内心早已倾慕，
在她面前，即使无情如顽石，也会低头受教。
我爱说情话痴语，这多年的积习，难以根除，
真害怕来世会被打下泥犁，那佛家所说的地狱。
为着对她的一片痴心，我渴想能进入她的天堂，
我那能辜负她，让她独自在天堂，不为她画眉？

注释

(1) 玉闺：闺房。

(2) 柔荑：柔，柔软；荑，初生的茅草；柔荑，比喻女子手的纤细白嫩。《诗·卫风·硕人》："手如柔荑"。

(3) 宿根：某些二年生或多年生草本植物的根。茎叶枯萎后可以继续生存，次年春重新发芽，所以叫做宿根。宿根一词，在佛家经典中，借指前世的根基。

(4) 顽石低首：佛家语，也作顽石点头。喻说理透彻，使悟性全无的人也心服。顽石即指无知觉的石头。佛家传说，晋末高僧竺道生曾聚石为徒，讲《涅槃经》，群石皆为点头（见晋无名氏《莲社高僧传》）。

(5) 结习、绮语：皆佛教术语。"结习"源于佛经，意为烦恼和习气。"结"有系缚的意思，谓众生被烦恼所系缚，不能离开生死的"苦海"。"习"，指习气，也就是烦恼（结）的余习（见《俗语佛源》页189）。绮语：佛家所说"十恶"中，属于"口业"的有四种，"绮语"即其中之一。"绮"的本义是平纹起花

的丝织品，引申为华美、艳丽。凡一切邪僻不正或涉及男女私情的话，都称为绮语。（见《俗语佛源》页226–7）

（6）泥犁：亦作“泥犁”。佛教语。梵语niraya的译音。意为地狱。在此界中，一切皆无，为十界中最恶劣的境界。

（7）双眉画不齐：“画眉”一词，出自张敞画眉的故事。《汉书・张敞传》：“然敞无威仪……又为妇画眉，长安中传张京兆眉抚。有司以奏敞，上问之，对曰：‘臣闻闺房之内，夫妇之私，有过于画眉者’。”后人遂用“画眉”一词，表示夫妻恩爱之情。

背景故事

此诗作于1930年代后期，晴山当时在马来亚金宝。

全诗纪录晴山之接受“洗礼”之心路历程。晴山虽“受洗”，但因深受儒家影响，因此对基督教始终存疑。据陈敏良，晴山更曾认为，信主行善，而目的在进天国者，乃属“自私”。受义宋多年影响，晴山最终乃“信主”，但仍甚少到教堂参加崇拜，即使到教堂，也往往在坐席上打瞌睡。

晴山夫人义宋女士乃虔诚之基督徒。义宋王岁时为福清棉亭之郭家收为养女。郭家为虔诚之基督家庭，因此送义宋往当地之圣公会学校就读。义宋后曾在该教会学校附属之幼稚园为助理教师。义宋早年已领洗，常参加教会崇拜。

婚后，义宋或曾停止到教堂崇拜：1931年晴山因世界经济大萧条而失业，晴山家在故乡有田产，其父遂促其回国，靠耕种维生。后晴山觅得莆田砺青中学教席，但因经济拮据，须向培元小学校董会主席郑显运举债，始能筹得全家回乡旅费。晴山遂于1931年下半年先遣其妻及二子一女回乡，自己暂留在金宝为郑显达子作家教以抵债，至1932年初始到莆田团聚。

日治时期怡保卫理公会华人基督教堂。
（位于拉乞路，当年晴山一家即在此做礼拜。）

回乡之初，晴山等居住父亲家。晴山父亲奉守儒业，自办私塾，其弟子每朝须向孔子圣像磕头行礼。女子在传统儒家家庭中地位较低，义宋信奉“洋教”，更无地位可言。1934年，晴山因文章得罪地方官员，再离乡往马来亚，义宋至1936年始至马来亚金宝与晴山会合。1931年至1936年在莆田期间，义宋应无机会往教堂崇拜。

定居金宝后，义宋重又回教会。1938年，敏良出生，而体弱多病。数年前在莆田时，义宋已丧失两子，故义宋甚恐敏良不保。当时，基督教友吴纯洁女士对义宋母子多所关爱，并常为敏良祈祷，更认敏良为义子，以“挡邪气”。义宋遂更勤于参加教会活动。

晴山奉守儒家礼法，祭拜祖先，但为求能与妻子共聚天国，亦甘愿领受基督教“洗礼”，此或可视为华人“兼容并包”精神之体现。

赏析

此为七言律诗，“齐”韵。

本诗题及首行中“听经”之经，指基督教之《圣经》。第二行之“洗礼”、第七行之“天堂”亦基督教术语。但第三至七行中“宿根、顽石、结习、绮语、泥犁”等皆佛教语。全诗谓诗人本信佛教，但深爱妻子，而愿受基督教洗礼，以便在天堂继续情缘。写夫妻之情，而多处引用基督教与佛教术语，不得不谓奇巧。

首联点题，说平日听妻子讲述《圣经》，故愿意接受妻子之洗礼，夫妻平日恩爱之情，已可想见。颔联“顽石低首”，言愿意受妻子教化，呼应首联下句“亲承洗礼”。但此联忽用佛教语，耐人寻味。此联谓愿为妻子改信基督，进一步表达对妻子之爱恋。颈联继续用佛家语，说自己不能根除爱说“绮语”之习惯，故恐怕堕入地狱。所谓“绮语”，指涉及男女私情之话语。“结习”有积久之习惯之意。“结习未能除绮语”，言外之意，谓自己对妻子言情说爱，是一向之习惯，而此习惯难以根除，巧妙地表达对妻子之笃爱。下句“他生深恐堕泥犁”，承上句“绮语”一词而来，谓因犯“口业”，故恐堕地狱。尾联上句忽然言及“天堂”，与地狱相对。下句说明恐怕堕地狱，而想要进天堂之真正原因：不愿意让妻子独自在天堂，不愿意让她双眉“画不齐”。“肯负双眉画不齐”，以情语作结，饶有余味。

总之，本诗语语涉及宗教，而又语语表达伉俪之情，甚为独特。

第六篇

jīng táng

经堂

其一

dǎo cí lǐ zàn běn xún cháng
祷词礼赞本寻常，(1)

liú chū hù xī fèn wài xiāng
流出瓠犀分外香。(2)

dé bàng qún biān cháng fǔ shǒu
得傍裙边长俯首，(3)

rén jiān yuán zì yǒu tiān táng
人间原自有天堂。

其二

xīn dǎo nán nán yǔ jiàn dī
心祷喃喃语渐低，

àn zhōng suǒ yuàn fǔ qiú qí
暗中所愿俯蝤蛴。(4)

láng xīn mò sì tiān yá xù
郎心莫似天涯絮，(5)

yī yù chūn fēng biàn bù ní
一遇春风便不泥。(6)

其三

rě cǎo zhān huā niàn yǐ xiāo
惹草沾花念已消，(7)

yī xīn zhī xiàng bó shān shāo
一心只向博山烧。(8)

huà méi shēn qiǎn guī zhōng shì
画眉深浅闺中事，(9)

jiè lǜ hé xián dì qī tiáo
戒律何嫌第七条？(10)

语译

其一

祈祷之词，颂赞之歌，本来普通不过，
出自你的美丽的唇齿，便显得分外芬芳。
能陪伴在你的裙下，我愿意永远俯首，
陪伴在你的身边，天堂，原来就在人间。

其二

她衷心祷告，喃喃祷告声渐渐细小，
她低着头（她的颈多美），轻声说出心中所愿：
愿我郎的心不要像那天涯的柳絮，
一遇到春风，便飘飞而去，对我不再依恋。

其三

我早已经消除了沾花惹草的念头，
一心只属于你，心香只为你点燃。
为你画眉，在闺房中，我愿侍候着你，
圣经里的第七条戒律，我怎么会不满。

注释

(1) 礼赞：佛家语，谓礼拜三宝而赞其功德；一般用法中，与“赞美”同义。这里用以指颂赞上帝。

(2) 瓠犀：瓠，即瓢子，一年生草木植物，茎蔓生，果实为细长的圆筒形，果肉可做蔬菜，其子洁白而整齐。犀：指瓠子果中的子。《诗·卫风·硕人》：“齿如瓠犀。”朱熹《集传》：“瓠犀，瓠中之子，方正洁白，而比次整齐也。”后因其洁白小巧，常用瓠犀微露形容女子的牙齿洁白美丽。

(3) 俯首：低头；表示信服。

(4) 俯蝤蛴：俯颈。蝤蛴：天牛的幼虫，其身白而长。《诗·卫风·硕人》：“领如蝤蛴。”形容诗中女子的脖子像又白又长的小天牛。这里用以指又白又长的颈。又唐·释道宣《续高僧传·卷第六·释慧约》有“俯颈听法”一词。这里“俯蝤蛴”一词，或用其意。但诗中人所听，则是基督教福音。

(5) 天涯絮：絮，指柳絮。成熟的柳树的种子，上面有白色绒毛，容易因风飘飞。

(6) 泥：泥土；沾上泥土。承上句，暗用“沾泥絮”的典故：赵德麟《侯鲭集》卷三载：东坡在徐州，参寥往访，坡席上令一妓戏求诗，参寥口占一绝，中有句云“禅心已作沾泥絮，不逐东风上下狂。”飞絮沾泥，不复飘荡，比喻寂然不动心（《辞海》，页1028）。这里“不泥”指爱情不专一。

(7) 惹草沾花：即沾花惹草，亦作粘花惹草。元·商衜《一枝花·远寄》：“粘花惹草心，招揽风流事。”惹：招惹；草、花：比喻女子。“沾花惹草”比喻到处留情，多指男女间的挑逗引诱。

(8) 博山：即博山炉，古香炉名。因炉盖上的造型似传闻中的海中名山博山而得名。一说象华山，因秦昭王与天神博于是，故名。后作为名贵香炉的代称。《乐府诗集》收录《杨叛儿》古辞八篇，其中第二篇有“欢作沉水香，侬作博山炉”两句。“欢”指情郎，“侬”是诗中女子自指。沉水香是一种很名贵的香。这两句诗说，如果你是熏香，我就是把你装在里面的那个香炉；比喻两情相好。

(9) 画眉：用张敞为妻画眉典故。

(10) 戒律第七条：指摩西十戒中的第七条：“不可奸淫”（见旧约圣经《出埃及记》第20章，1–27节。

背景故事

此诗作于1930年代晴山皈依基督教之前。晴山奉守儒家，而夫人义宋则笃信基督。晴山日后信奉基督教，因受到夫人影响。

晴山关于基督教之作，另有《听经》及《送别蔡信德牧师》两首。

赏析

此一题三首绝句，平仄合律。如《听经》，此三首亦通过宗教术语，写夫妻情笃。

第一首为三首之总序，言得以长伴爱妻，则人间便是天堂。第二首写妻低头道祷告之状，并想象其心中所愿，引出第三首。其中“俯蝤蛴”三字，呼应第一首“瓠犀”一词。两者皆出自《诗经·卫风·硕人》，写妻子牙齿整齐洁白，粉颈细白。叙经堂祷告而说唇齿粉颈，于宗教角度，或嫌不经；于抒情角度，则甚能表达二人心声。第三首从“郎心莫似天涯絮”句来，表达晴山对妻子之钟爱。“一心只向博山烧”句，用乐府《杨叛儿》诗典故。原典中“欢作沉水香，侬作博山炉”句中，女子谓若爱郎是熏香，则自己愿作那供插香之炉，甚惹人绮念。晴山此诗从男性角度出发。言若妻子是炉，自己是香，则只会于此炉中点燃，同样引人遐想。末句“戒律何嫌第七条”，“第七条”即摩西十戒中“不可奸淫”条。不以此律为嫌，是说因爱妻情深，自然不犯。

第七篇

huán jiā
还家

zuó yè mèng huán jiā
昨夜梦还家，

huán jiā yí réng zuó
还家疑仍昨。(1)

rù shì biàn mó suō
入室遍摩挲，(2)

zhě fān yìng fēi cuò
者番应非错。(3)

míng jìng wèi kāi lián
明镜未开奁，

tú huà zhì gāo gé
图画置高阁，(4)

chǐ sù mò yóu nóng
尺素墨犹浓，(5)

yàn chí shuǐ wèi hé
砚池水未涸。

dà ér wén yé guī
大儿闻爷归，

zhú mǎ lái rú yuè
竹马来如跃。(6)

bù jiě zuò wēn cún
不解作温存，(7)

sōu jiǎn xiān náng tuó
搜检先囊橐。(8)

dǎo qiè fù qīng xiāng
倒箧复倾箱，(9)

yǒu rú guān lì è
有如关吏恶。(10)

xiǎo ér yí kè zhì
小儿疑客至，

xiāng gù chū cuò è
相顾初错愕。

liáng jiǔ xì duān xiāng
良久细端相，(11)

yī xī sì lǐng lüè
依稀似领略。

shí jiè zá ní shā
拾芥杂泥沙，(12)

xiàn yé bó yī jué
献爷博一噱。

zhēng chén suī mǎn jīn
征尘虽满襟，(13)

cǐ qíng bù rěn què
此情不忍却。

bào ér zhì huái zhōng
抱儿置怀中，

zàn xiǎng tiān lún lè
暂享天伦乐。

lǎo qī chú xià lái
老妻厨下来，

róng yán jìn shòu xuē
容颜近瘦削。

rén qián gù jīn chí
人前故矜持，(14)

xiāng jiàn shū luò mò
相见殊落寞。(15)

lín yǔ shé xuán hé
邻妪舌悬河，(16)

hán xuān zá xié xuè
寒暄杂谐谑。(17)

tì xiào liǎng jiē fēi
涕笑两皆非，(18)

diǎn tóu dài wéi nuò
点头代唯诺。(19)

míng zhāo fù yuǎn xíng
明朝复远行，

tiān yá chóng piāo bó
天涯重飘泊。

huí yì cǐ shí qíng
回忆此时情，

kǔ bēi shèng gān lào
苦杯盛甘酪。(20)

语译

昨天晚上，我梦到自己已经回到家里，
现在回到家里，却怀疑还是在做梦，像昨晚。
走进屋里，我一下一下地，东抚西摩，
这次，应该真的回到家里了，没有错。
妻的镜子还放在化妆箱了（她无心装扮），
图画也都收藏起来（她没有心思赏画）。
书桌上，信纸上的墨迹仍然浓湿，
那砚台端的贮水处，水仍然未干。
大儿子听到爸爸回来了，
骑着竹马，匆匆飞跑过来。
这孩子不懂得向我亲切慰问，
第一时间，便去翻检我的行李。
我大箱小箱里的东西，他全倒了出来，
好像那故意刁难人的海关检查员。
小儿子以为是有客人到访，
看着我，开始的时候感到惊讶。
他细细地端详着我，看了很久，
才模模糊糊地，好像懂得是爸爸回来。
他在地上捡起了混杂了泥沙的禾草，
说要送给爸爸，要逗爸爸笑。
我还没有换衣，衣襟上满是尘土，
对着这天真的孩子，不忍心不理他。
便一手把他抱起，紧紧地搂在怀里，
暂时好好地享受，享受天伦之乐。
妻从厨房走出来（她为我准备了食物），
她的容颜，近来又消瘦了许多。

在别人面前，她竭力保持庄重，
看到我回来，故意显得很冷漠。
邻居的妇女，叽叽喳喳，讲个不停，
有时闲话寒暄，有时诙谐逗趣。
我真让她们给弄得有点啼笑皆非，
只有点点头，算是应答了她们。
明天，我又将要远避他方。
远别天涯，重过那飘泊的生活。
那时候，回忆起这时候的情景，
应该会像，在苦杯中盛满甜美的乳浆。

注释

(1) “昨夜梦～疑仍昨”：唐·司空曙《云阳馆与韩绅宿别》云：“乍见翻疑梦”。此两句或变化自司空曙句。

(2) 摩挲：用手轻按着并一下一下地抚摩。

(3) 者番：这番；这次。

(4) 置高阁：高阁：储藏器物的高架。成语“束之高阁”，即捆起来以后放在高高的架子上。比喻放着不用。这里指无心看画。

(5) 尺素：古代书写用的一尺长左右的白色生绢，代指书信。

(6) 竹马：把竹竿当马骑。

(7) 温存：亲切安慰。

(8) 囊橐：这里指行李。

(9) 倒箧倾箱：一般作倾箱倒箧。箧：小箱子。把大小箱子里的东西都倒出来。

(10) 关吏：这里指海关的官吏。

(11) 端相：细看；端详。

(12) 拾芥：捡拾禾草。芥，草芥，即禾草。

(13) 征尘：远行中身上沾染上的尘土。

(14) 矜持：竭力保持庄重。

(15) 落寞：亦作“落莫”，即“冷落”。唐代常用语。

(16) 悬河：“悬河”，瀑布。“舌悬河”，即口若悬河之意；讲起话来像瀑布一样滔滔不绝。

(17) 谐谑：诙谐逗趣。

(18) 涕笑皆非：通常作“啼笑皆非”。

(19) 唯诺：“唯”、“诺”两字在古代汉语中是两个象声词，皆为应答之声。“唯”指地位或者辈分低的人对地位高或者辈分高的人的应答；“诺”指地位或者辈分高的人对下级或者小辈分的应答。唯诺，这里指敷衍应答。

(20) 甘醛：甜美的乳浆。

背景故事

此诗作于1942至1945年日本占据马来亚期间。当时，晴山为躲避日本人之迫害，潜藏于吉隆坡，每隔数月，始冒险探望留在怡保之妻子儿女，然后又得匆匆离去。当时敏良六岁，而敏华仅三岁。

晴山夫妇与子女（约摄于1946年）。（前排：子敏华；中排：子敏良，晴山夫人，女美瑜；后排：女美璇，晴山）

赏析

此五言古体诗，全首押入声十药韵，作于1942至1945年日本占据马来亚期间。当时，晴山家人在怡保，但晴山为逃避日本宪兵迫害，常躲藏在吉隆坡，不时伺机回家探亲，然后便又要匆忙远逃。诗中“梦还家、还家、暂享天伦乐、明朝复远行”等语，皆隐含此背景。

全诗36行，可分四部分。

第一部从“作夜梦还家”句起，至第八句“砚池水未涸”止，写初还家时之心情，写回家所见，并暗写妻子心情。首两句“昨夜梦还家，还家疑仍昨”，化用司空曙“乍见翻疑梦”句，不但写此次还家之心情，亦表示时常思家，时常梦中回家，故回家后翻疑仍在梦中，写来情深委婉。又“还家”两字叠用，而“还家，还家疑仍”六字连用平声，随之以一入声之“昨”字，则“还家”之声，萦绕于耳，而“昨夜”之“昨”，又得重现，写诗人一往思家之情，并有力带起全诗。第五至八句，写自己细看妻子房中物件，满怀感情。明镜未开、图画高置，侧写妻子不事装扮；尺素墨浓，砚池犹湿，暗示妻子勤于写信，含蓄地表达妻子之深情。

第二部分从“大儿闻爷归”起，至第24句“暂享天伦乐”止，写两儿子见父回家时之稚态。大儿子不问候父亲，而先翻检父亲行李。可想见诗人回家，或每有所赠。小儿子初未认出父亲，后拾禾草以献，天真可爱。此段写二子稚态，而天伦之乐，可具体想见。

第三部分写妻子、写邻居迎己之情景，从“老妻厨下来”句始，至“点头代唯诺”句。其中，“人前故矜持”句，“人前”二字，不但写妻子在外人前之情态，带出下文“邻妪”等句，更使读者想象其夫妻二人在“人后”之景，含蓄而有情致，又呼应第一部分尺素墨浓等句。故全诗写妻子之句虽似不多，但其贞淑情深，已可想见。

最后四句总结全诗，带出背景。“此时情”回指第二、三两部分，天伦之乐，伉俪之情，邻居之睦，尽含其中，亦即末句之“甘酪”。末句“苦杯盛甘酪”饱含乱离之苦、天伦之乐，情浓意深，可圈可点。

第八篇

xìn shì
信誓

yī zhù méng xiāng dài yuè fén
一炷盟香带月焚，(1)

bái tóu yǒu yuē jiǔ tiān wén
白头有约九天闻。(2)

jìn jiào mǎ zhàng chéng xū yuàn
尽教马帐成虚愿，(3)

yóu yǒu niú yī shì bù fēn
犹有牛衣誓不分。(4)

tóu bǐ qiě xiū kuā dìng yuǎn
投笔且休夸定远，(5)

dāng lú yě hé bàn wén jūn
当炉也合伴文君。(6)

huì xū gòng xiàng lín qióng qù
会须共向临邛去，(7)

qiáng sì jiē tóu dú mài wén
强似街头独卖文。

语译

燃点一炷清香，对月盟誓，誓愿
白首偕老，这誓约，上达九天。
虽然未能传业授徒，如大儒马融，
可幸仍然有你，共度苦困，誓不相分。
休再说投笔，夸口说要学那定远侯，
贫困，也应伴着你，像那相如与文君，
一齐奔向临邛，双宿双栖，相爱相亲，
总胜过，独自在街头，卖文谋生。

注释

(1) 带月：即对月。“带，读如对，唐诗通用。”（李家树、黄灵庚《唐诗异文义例研究》[香港大学出版社，2003年]，页66–67。）

(2) 九天：古人相信，天有九重。又道家信仰中，第九重天是最高天。

(3) 马帐：马，即东汉大儒马融（公元76–166年）。《后汉书·马融传》：“融才高博洽，为世通儒，教养诸生，常有千数……常坐高堂，施绛纱帐，前授生徒，后列女乐，弟子以次相传。”后因以“马帐”指通儒的书斋或儒者传业授徒之所。

(4) 牛衣：牛畜御寒遮雨之覆盖物。“牛衣”一词，借用牛衣对泣的典故。《汉书》卷七十六记载，王章少时为诸生时，求学于长安，与妻共居。一日，王章得病，因贫无被，睡于麻编之牛衣中，自料必死，哭泣着与妻诀别。“其妻喝怒之曰：‘仲卿！京师尊贵在朝廷人谁逾仲卿者？今疾病困厄，不自激昂，乃反涕泣，何鄙也！’”牛衣对泣，原指睡在牛衣中，相对涕泣；后喻夫妻共度贫困之生活，常用此语。

(5) 投笔、定远：两词皆用班超投笔从戎之典故。据《后汉书·班超传》："超家贫，常为官佣书以供养。久劳苦。尝辍业投笔叹曰："大丈夫无他志略，犹当效傅介子、张骞立功西域，以取封侯。安能久事笔砚间乎？"后来从军，立功西域，封为定远侯。

(6) 当炉、文君：文君当炉的故事，见《史记·司马相如列传》。故事中，临邛富家女卓文君新寡，因爱慕司马相如，与司马相如私奔到四川成都，因家徒四壁立，文君家开始又不予资助，两人到临邛，尽卖其车骑后，买了一酒舍酤酒，而令文君当炉。这个故事后来成为夫妇爱情坚贞不逾的佳话。

(7) 临邛：仍用文君当炉故事。见注 (6)。

背景故事

日据时期，为逃避日本宪兵迫害，晴山潜藏吉隆坡，间或潜回怡保探亲。日本投降后，始能公开露面，回怡保与家人共聚。此时应作于日本投降后数月，诗中充满重逢之喜悦。

日据期间，义宋靠补衣维生。战后，仍继续以教授剪裁为业。当时儿女尚小，长女美璇14岁、三女美瑜11岁、子敏良及敏华分别为七岁及四岁（次女美育留在故乡莆田，由亲戚与祖父照顾）。以义宋微薄之收入，难以维持一家生计。战后，晴山乃回怡保求职。

此时，晴山家境甚困窘，但夫妻恩爱和顺，共苦同甘。

赏析

本诗为七言律诗，第一、二、四、六、八句押韵（现代汉语中"君"字与其余四字不同韵，但在《佩文诗韵》，与"焚、闻、分、文"等同属文部）。

首联点题，带出白头偕老之誓愿，以明月与上天作证。其余三联，即“白头约”之具体描述。颔联“马帐”“牛衣”对举，暗言作者失意，而妻子不离不弃，苦中有幸。颈联上句“休夸定远”与“马帐愿虚”呼应，言作者未能如愿成就大业。下句“当炉文君”上承“牛衣”，言虽然贫困，但夫妻感情弥笃。尾联仍以文君、相如故事作结。“共”字呼应颈联中之“伴”字，并与本联下句“独”字对照，表达虽然贫困，幸得夫妻相随之意。全诗以卓文君、司马相如故事带出主题。“牛衣、当炉、卖文”暗示生活贫困，“白头约、誓不分、伴、共”等语，表达同甘共苦，永不离弃之心愿，感情真挚平实。

此诗用典丰富，可见晴山古典文学造诣之深。又诗人自比文学名似家司马相如，可见他对自己文学才华之自信。

第九篇

zhōng qiū yǒng yuè bǐng jì nèi
中秋咏月饼寄内

nián nián zhōng qiū jié
年年中秋节，

yuè bǐng jìng qū shí
月饼競趋时，

tiān shàng yuán rú jìng
天上圆如镜，

rén jiān yì chēng zhī
人间亦称之。

lián róng yǔ yín yuè
莲蓉与银月，

yù xiè zá jīn sī
玉屑杂金丝，[1]

mìng míng zhēng xiān qiǎo
命名争纤巧，

huā yàng dòu xīn qí
花样斗新奇。

dōng lín zhāng shì zǐ
东邻张氏姊，
xī shě lǐ jiā yí
西舍李家姨，(2)
fēn fēn xiāng kuì zèng
纷纷相馈赠，
bì ǎo bù cí pí
婢媪不辞疲。
jīn nián táng yǔ miàn
今年糖与面，
qí huò jū wú yí
奇货居无遗，(3)
chū shān yuè yī jiù
出山月依旧，
shàng shì bǐng piān chí
上市饼偏迟。
ǒu rán yǒu suǒ jiàn
偶然有所见，
yì sì bìng xī shī
亦似病西施，
jìn tóng fēi yàn shòu
尽同飞燕瘦，
wú fù yù huán féi
无复玉环肥。(4)
mǎn yuè ān kě nǐ
满月安可拟，
chén xīng wèi wéi xī
晨星未为稀，(5)
wù yǐ hǎn ér guì
物以罕而贵，
cháng xīn zì nán qī
尝新自难期。
wǒ wén xī rén yǔ
我闻昔人语，
huà bǐng kě chōng jī
画饼可充饥，(6)
yì yù xiě yī fú
亦欲写一幅，
liáo yǐ wèi xiāng sī
聊以慰相思。
wú rú huì shì zhuō
无如绘事拙，
bǐ xià jǐn yǒu shī
笔下仅有诗，
huà bǐng suī bù jiù
画饼虽不就，
yǒng bǐng huò shù jǐ
咏饼或庶几。
mó mò fù shēn zhǐ
磨墨复伸纸，
rǎng bì zuò bǐng shī
攘臂作饼师，(7)
shī chéng zì yín ò
诗成自吟哦，
pō jiào wèi rú yí
颇觉味如饴。

fēng jiān fù yóu biàn
封缄付邮便，

yǔ zǐ kuài duǒ yí
与子快朵颐。(8)

dān chéng jiàn chén shuò
丹诚鉴臣朔，

xì jūn qiě mò chī
细君且莫嗤。(9)

chí xiàng yuè xià sòng
持向月下诵，

fēn gān biàn zhū ér
分甘遍诸儿。

ā xuán duō shí zì
阿璇多识字，(10)

tǎng huò xiào yé chī
倘或笑爷痴。

ā yú chū rù xué
阿瑜初入学，(11)

lüè jiě wú yǔ zhī
略解无与之，(12)

liáng huá jiē yòu zhì
良华皆幼稚，(13)

rào xī yì yī yī
绕膝亦依依。

tuán yuán gù kě lè
团圆固可乐，

yuǎn rén chóu wèi guī
远人愁未归，

yún huán shī xiāng wù
云鬟湿香雾，

yù bì yìng qīng huī
玉臂映清辉。(14)

dàn bà shī zhōng bǐng
啖罢诗中饼，

jiāng wú cù shuāng méi
将毋蹙双眉，

niàn zǎi zhōng qiū yuè
廿载中秋月，

cǐ wèi jīn shǐ zhī
此味今始知。

语译

在往时，每年中秋节的时候，
人们吃月饼应节，要赶潮流。
天上，月亮像镜子一样圆，
地上，人们也一样，要团圆。
有莲蓉月饼、银月月饼，
也有玉屑月饼、金丝月饼，
月饼的名字，纤丽巧妙，

花样繁多，互斗新奇。
东边的邻居，姓张的姐姐，
西边的邻居，李家的阿姨，
你送礼，我送礼，互相送礼，
婢女和阿嫂，都乐此不疲。
可是，今年的糖和面粉都短缺，
变成奇货，全被收藏囤积起来，
月亮依旧从山后升起，
月饼却迟迟未上市。
在市面上偶然看到的月饼，
看来都不好，像抱病的西施，
都细小，像瘦小的赵飞燕，
不再像那杨玉环，圆润肥美。
怎么也不像满月那么圆，
像晨星那么小的，倒是不少。
东西越少，便越显得稀罕矜贵，
要尝尝新鲜月饼，是没什么希望了。
我曾经听古人说过这样的一句话：
画出来的饼，也是可以充饥的。
我也想拿起画笔，来一幅月饼写生，
姑且慰藉一下，我对月饼的相思。
但是，可惜我不擅长画画，
拿起笔来，我能做的只有写诗。
这样，虽然我画饼不能成功，
写诗咏月饼，大概还可以。
我磨墨提笔，翻开纸张，
捋起袖子，当起月饼师傅。
咏月饼诗写成后，我自己吟诵，

觉得味道很好，甘之如饴。
我把诗放进信封，拿去邮寄，
要与你分享，让你大吃一顿。
请你体谅你裙下之臣的衷情，
请你，我家的君主，不要嗤笑。
拿着这月饼诗，在月下吟诵，
与我们的孩子，齐齐分享吧。
美璇已经认识很多字，
可能会笑爸爸太傻吧。
美瑜才刚刚入学读书，
只懂得几个简单的字。
敏良和敏华年纪还小，
大概会缠在你的脚下。
这样，你应可感到团圆之乐吧，
但我在外未归，你大概会担忧。
夜冷了，你芬芳的头发可能变湿，
你的手臂，可会与月亮一样清凉。
你还是把诗中的月饼吃完吧，
不要再皱着眉头，为我担忧。
婚后看中秋月，也有二十年了，
今年中秋，才体会到这样的滋味。

注释

(1) 莲蓉、银月、玉屑、金丝：皆月饼馅料，并以命名。

(2) 张家、李氏：华人姓氏中，张、李乃大姓。这里范指左邻右里。

(3) 奇货居：《史记·吕不韦列传》："吕不韦贾邯郸，见（子楚）而怜之，曰：'此奇货可居。'"成语"奇货可居"由此而来，指把少有的货物囤积起来，等待高价出售，也比喻拿某种专长或独占的东西作为资本，等待时机，以捞取名利地位。这里用其字面意义，即把月饼当作奇货，囤积起来。

(4) 西施、飞燕、玉环：中国历史上的大美人。西施是春秋末越国人，传说西施多病，《庄子·天运》有“西施病心”之说。飞燕，指赵飞燕，汉成帝皇后，原名宜主。因其舞姿轻盈如燕飞凤舞，故人们称其为“飞燕”。玉环，即杨贵妃，唐玄宗的宠妃，体态丰腴。传统上有“燕瘦环肥”的说法。

(5) 晨星未为稀：古代有月明星稀的说法，就是说，如果月儿明亮，星星便显得稀少。这里说“晨星未为稀”，就是说晨星多，看不到月亮，借喻看不到又圆又大的月饼，而像晨星那么小的月饼，倒是不少。

(6) 画饼可充饥：晋·陈寿《三国志·魏志·卢毓传》：“选举莫取有名，名如画地作饼，不可啖也。”后有成语“画饼充饥”。“画饼充饥”，即画个饼来解除饥饿。比喻用空想来安慰自己。

(7) 攘臂：捋起袖子，伸出胳膊。

(8) 朵颐：“颐”是脸颊，“朵”是动的意思；“朵颐”一词出自《易·颐》：“初九，舍尔灵龟，观我朵颐，凶。”（舍弃你灵龟般的智慧，来看我鼓满两腮大吃东西，有凶险）。“朵颐”指动腮帮进食。“快”是使动用，意思是“使……痛快、快乐”。成语“大快朵颐”，即大吃大嚼。痛痛快快地大吃一顿。

(9) 臣朔、细君：朔，东方朔，汉武帝时人；细君，东方朔的妻子。后世多以“细君”称妻子。又“细君”字面是“小君主”的意思。

(10) 阿璇：晴山长女陈美璇。

(11) 阿瑜：晴山三女陈美瑜。

(12) 略解无与之：之、无：指最简单的字。唐·白居易《与元九书》：“仆始生六七月时，乳母抱弄于书屏下。有指‘无’字、‘之’

字示仆者，仆虽口未能言，心已默识。后有问此二字者，虽百十其试，而指之不差。”后以“略识之无”谓识字不多。

(13) 良华：晴山公子陈敏良、陈敏华。

(14) “云鬟……清辉”：出自杜甫《月夜》：“香雾云鬟湿，清辉玉臂寒。”杜诗写妻子在月下忆念丈夫，夜冷站久，故头发湿，手臂寒。晴山用其意。

背景故事

日据时期，为逃避日本宪兵迫害，晴山潜藏吉隆坡，间或潜回怡保探亲，至日本投降后始可公开露面。

从内容看，此诗应作于1945年中秋（西历9月20日）期间，离日本投降后一个多月。当时儿女尚小，长女美璇14岁、三女美瑜11岁、子敏良及敏华分别为七岁及四岁（次女美育留在故乡莆田，由亲戚与祖父照顾）。维持一家六口生活，靠义宋为人缝补衣服维持所得微薄收入，十分艰苦。虽然物资短缺，诗人心情却甚轻松 ，与写《还家》时至心情明显不同。

赏析

此为古体诗，共56行，可分五部分。

第1–12为第一部分，写往常中秋节景象。“莲蓉、银月、玉屑、金丝、东邻、张氏、西舍、李家”等一连串名词，颇能反映买月饼、送月饼之热闹气氛，点出“中秋节”。

第二部分以从第13行“今年糖与面”开始，至第24行，写“今年”因缺糖缺面粉，故月饼难求，点出“月饼”。

第三部分点出“咏月饼”，从第25行“我闻昔人语”句开始，至第36行。此部分由“画饼充饥”之成语，联想起“咏饼充饥”，甚有新意。

第四部分点出“寄内”，从第37行“封缄付邮便”开始，至第48行。此部分用汉代东方朔及其妻细君故事。东方朔以后，“细君”一般用为妻子代称，晴山又用其字面意义，以妻子为“君”，故自称为“臣朔”，逗笑中显伉俪之情。此部分想象妻子在月下吟诵其月饼诗之情景，兼写其子女，一片乐也融融。

第五部分为总结，从第49句“团圆固可乐”起。引用杜甫《月夜》诗“香雾云鬟湿，清辉玉臂寒”句，写妻子怀念自己。但末四句又曰“啖罢诗中饼，将毋蹙双眉”，既呼应第三、四部分，又翻出咏月饼诗能慰相思之意。所谓“廿载中秋月，此味今始知”，兼言相思、啖月饼、咏月饼等种种滋味，发古人未发。

此诗似是晴山中秋思家之作，但离愁甚浅，而情趣甚多。故虽或是离家在外，亦应只是小别。又据晴山之公子陈敏良、陈敏华二位，此诗应写于1946年，晴山其实并未外游。如是，则本诗是戏作。

总之，本诗从月饼难求，引出画饼充饥典故，进而带出写诗咏月饼以“充饥”之意，最后述以咏月饼诗寄内、妻子月下诵月饼诗聊慰相思，甚有创意。中秋“咏月”，古已有之；但“咏月饼”，应是晴山首创。

第十篇

示璇女
shì xuán nǚ

zǎo bèi rú guàn wù dào jīn
早被儒冠误到今，(1)

bǎi wú yī jiù dàn cháng yín
百无一就但长吟。(2)

xiū cóng yé nòng shēng huā bǐ
休从爷弄生花笔，(3)

qiě xué niáng chuān qǐ qiǎo zhēn
且学娘穿乞巧针。(4)

语译

读书人的身份，拖累了我啊，从以前到现在，没有什么成就，除了会吟诗作文、陶冶性灵。你可不要跟着爹来舞文弄墨，夸说妙笔生花，你去跟娘学习缝纫，练来那穿针巧手艺吧。

注释

(1) 儒冠误：出自杜甫《奉赠韦左丞丈二十二韵》“儒冠多误身”句。所谓“儒冠”原指儒者所戴的帽子，这里指儒者的身份。

(2) 百无一就：清·黄景仁《杂感》：“十有九人堪白眼，百无一用是书生。”长吟：音调缓而长的吟咏。杜甫《解闷》：“陶冶性灵存底物？新诗改罢自长吟。”

(3) 生花笔：五代·王仁裕《开元天宝遗事·梦笔头生花》：“李太白少时，梦所用之笔头上生花，后天才赡逸，名闻天下。”因以“生花笔”喻杰出的写作才能。

(4) 穿乞巧针：福建地区有穿七孔针的风俗，这是最早的乞巧方式，始于汉，流于后世。记载最早见于东晋葛洪的《西京杂记》：“汉彩女常以七月七日穿七孔针于开襟楼，人具习之。”《荆楚岁时记》有：“七月七日为牵牛织女聚会之夜，是夕，家人妇女结彩楼，穿七孔针。”这种“乞巧针”平时是不能用来缝衣服的。本诗所谓“乞巧针”，应指巧手的缝纫技术，与上述风俗无关。

背景故事

此诗中之“璇女”，即美璇，晴山长女。二战期间，美璇学业中断。日本投降后，乃继续念小学，17岁。晴山写此诗目的在鼓励美璇跟随母亲学习裁剪，而非继续念中学。

晴山劝美璇学习裁剪，或于其在日据时期生活经历有关：日据时期，日军对知识分子多所迫害。当时知识份子只能做低层之行政或文书工作，工资微薄。对比下，从事黑市买卖，或有一技之长者，生活更为充裕。当时晴山夫人王义宋以缝补衣服为业，勉强可以维持一家六口生活。1940至1941期间，义宋曾在金宝开学裁缝学校。战后一家定居怡保，同时友人出资，与义宋合伙经营开设霹雳州第一家裁剪学校。

霹雳妇女裁剪训练所全体教职员。
（摄于民国卅八年[1949年]。前排左一：所长王义宋女士；后排居中者为美璇，毕业后留校作教职员。）

美璇遵循父亲劝告，小学毕业后在母亲主持之裁剪学校学习，结业后留校作助教数年。

赏析

此为七言律绝，第一、二、四句押韵（现代汉语中，“针”字与“今、吟”不同韵，在《佩文诗韵》同属下平声十二侵）。

此是晴山训示女儿美璇之作，约写于1947年末。是年，美璇于小学毕业，晴山鼓励美璇跟从母亲学习裁缝，而非继续念中学。

全诗四句，典故亦有四。首句“儒冠误身”出自杜甫“儒冠多误身”句，次句“百无一就”一语，改自清代诗人黄仲则“百无一用是书生”句，“长吟”则出自杜甫“新诗改罢自长吟”句，第三句用李白妙笔生花故事。晴山自比杜甫、李白，改“百无一用”为“百无一就”，可见对其自身文学成就之自信。但其自身经历，则使他有“儒冠误身”之叹：晴山在福建为编辑时，曾因文章而得罪于地方官员，几乎被捕下狱，不得不逃回马来亚。日本侵据南洋时期，读书人多受迫害。大多数读书人，只能从事低薪之文书或教书工作。又晴山兴化同乡中，学历未及小学而经商致富者大有其人，而晴山则常为生计所困。“儒冠误”之叹，实有其因。晴山夫人开缝纫学校，则可赚得生活所需。晴山鼓励女儿投放下笔砚、拿起针线，此应是主要原因。

第十一篇

jià nǚ cí shì měi yú
嫁女辞示美瑜

ā pó jiāng jià nǚ
阿婆将嫁女，(1)

shī jīn fù jié lí
施巾复结褵，(2)

xù jiā suī zhǐ chǐ
婿家虽咫尺，

xī bié yì yī yī
惜别亦依依，

huàn nǚ qiě zàn zhù
唤女且暂驻，

yīn qín wèi zhì cí
殷勤为致辞，

xíng dāng wéi rén fù
行当为人妇，

kě niàn zài jiā shí
可念在家时。

sù xī zhī lián mǔ
宿昔只怜母，

lián xù jīn guò zhī
怜婿今过之，(3)

ēn ài gù yìng ěr
恩爱固应尔，

yǐ lài shū bù yí
倚赖殊不宜。

wú jiā sù pín jiàn
吾家素贫贱，

fù guì fēi suǒ qī
富贵非所期，

dàn lìng wú yóu nǚ
但令无游女，

biàn zú yào mén méi
便足耀门楣。(4)

rǔ shēng jù shǒu nǎo
汝生具手脑，

hé yì yī nán ér
何异一男儿，

shì yè wú xìng bié
事业无性别，

shèn wù cháng zì bēi
慎勿长自卑。

wù láo ér hào yì
恶劳而好逸，

yè nǎi huāng yú xī
业乃荒于嬉，

shèng nián zì zhēn xī
盛年自珍惜，

xié lǎo fāng kě qī
偕老方可期。

miǎn bǐ lóng zhōng niǎo
眄彼笼中鸟，

zhōng rì dàn huà méi
终日但画眉，

lóng shàng sī zuò xì
笼上丝作系，

lóng wài jīn wéi lí
笼外金为篱，

qióng jiāng tiáo yù lì
琼浆调玉粒，(5)

bù chóu kě yǔ jī
不愁渴与饥，

suǒ jiē fù shuāng yì
所嗟负双翼，

lín fēng bù néng fēi
临风不能飞。

语译

娘要把你嫁出去了，就让娘为你结五彩丝绳和配巾。

虽然你夫婿家就在附近，
把你嫁出去，娘还是依依不舍。
女儿呀，你就多停留一会儿，
听娘恳切地叮咛几句吧。
你快要成为人家的媳妇儿了，
可要记得在家时爹娘的教训。
在出嫁前，你只爱恋着母亲，
现在，你大概会更爱恋夫婿。
夫妻恩爱，固然是应该的，
但是，可不宜太过依赖丈夫。
虽然我们家向来都贫穷，
但从来不会奢求富贵荣华。
只要女儿不是游手好闲，
家门便可以算是有光彩了。
你有手有脚，又有头脑，
跟男人没有什么不同。
社会上事业是不分性别的，
千万不要因为生为女性而自卑。
一个人不喜欢劳动，只求安逸，
终日嬉戏，他的事业便会荒废。
女性在年轻时要珍惜自爱，
老来才可以与夫婿同偕白首。
你看看那困在笼中的鸟儿，
一天到晚只懂得装扮画眉。
笼子上系上了贵重的丝带，
笼子是金光闪闪的樊篱。
吃喝有甘美的汁液和米粟，
不必担心没有吃的和喝的。

可惜它辜负了它的翅膀，
32 迎着风却不能振翅高飞。

注释

(1) 阿婆：指母亲。“婆”用以指母亲，六朝民歌中有先例。如《折杨柳枝歌“阿婆许嫁女，今年无消息。”

(2) 施巾结褵：即施衿结縭，语本《诗·豳风·东山》：“之子于归，皇驳其马，亲结其縭，九十其仪。”又《仪礼·士昏礼》：“母施衿结帨，曰：‘勉之敬之，夙夜毋违宫事。’”本指古代女子出嫁，母亲将五彩丝绳和佩巾结于其身。后喻父母对子女的教训。

(3) “昔宿只怜母，怜婿今过之。”：诗意或衍自北朝民歌《捉搦歌》“小时怜母大怜婿”句。

(4) 门楣：门框上部的横梁。耀门楣：光耀门楣，使家门有光彩。

(5) 琼浆：琼：美玉。用美玉制成的浆液，古代传说饮了它可以成仙。比喻美酒或甘美的浆汁。玉粒：指米、粟。

背景故事

晴山三女儿美瑜于1957年12月14日结婚，此诗作于美瑜出嫁时。

美瑜夫婿名梁均元，其家与晴山家在同一街道，相隔不远，故诗中谓“婿家虽咫尺”。

当时晴山在霹雳女子中学任教，梁均元为霹雳女中彭士驎校长亲戚，美瑜与均元之婚姻，即彭士驎所撮合。

美瑜出嫁之日，晴山坚持美瑜把小学、中学、以及师范文凭，甚至刺绣班文凭都挂在新房墙壁上。媒人彭士驎往访，看见墙壁上文凭，认为小学文凭与刺绣班文凭不值得如此重视，令美瑜甚感尴尬。

晴山三女美瑜与夫婿梁均元（1957年12月结婚照）。
“婿家虽咫尺，惜别亦依依。”

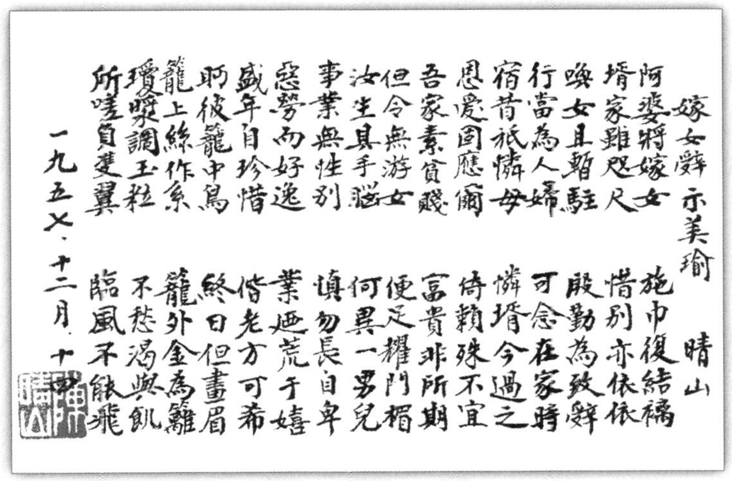

嫁女辭示美瑜　晴山

阿婆將嫁女　施巾復結縭
壻家雖咫尺　惜別亦依依
喚女且暫駐　殷勤為致辭
行當為人婦　可念在家時
宿昔祇憐母　憐壻今過之
恩愛固應爾　倚賴殊不宜
吾家素貧賤　富貴非所期
但令無游女　便足耀門楣
汝生具手腦　何異一男兒
事業與性別　慎勿長自卑
惡勞而好逸　業廢荒于嬉
盛年自珍惜　偕老方可希
眄彼籠中鳥　終日但畫眉
籠上絲作系　籠外金為籬
瓔嚶調玉粒　不愁渴與飢
所嗟負雙翼　臨風不能飛

一九五七、十二月、十四

《嫁女辞示美瑜》（晴山墨宝）。
（晴山晚年除特殊情况外，少用墨笔书写。）

晴山深信“事业无性别”，鼓励美瑜“慎勿长自卑”，告诫她勿荒废事业，“盛年自珍惜”。晴山之意，各类文凭表示美瑜有独力谋生之能力，可与夫婿“临风双飞”，因此各类文凭是最佳“嫁妆”。彭士驎出生富贵家，学历甚高，31岁即当上霹雳女中校长，故未明晴山之深意。

美瑜遵循父亲教诲，不作“笼中鸟”，婚后继续教书工作，一直到55岁退休。

赏析

此诗晴山代入母亲角色，在女儿美瑜出嫁前勉励其婚后继续自己之事业。诗人对女儿谆谆教诲，十分亲切。

全诗用字浅白，修辞上，第26行“画眉”兼指被锁笼中之画眉鸟，亦指女性之化妆；而画眉鸟则又比喻倚赖丈夫而失去独立能力之女性，甚为贴切。诗中“女性无异于男性、事业无性别、女性须独立始可望于夫白首偕老”等见解，在当年可说是十分先进。

第十二篇

shòu nèi sān zhāng

寿内三章

nèi rén wáng yì sòng nǚ shì zhǔ chí pī lì fù nǚ cái jiǎn xùn liàn suǒ
内人王义宋女士主持霹雳妇女裁剪训练所

shí nián jīn suì liù yī chū dù jí mén zhū nǚ dì yù yǐ wén zì fù
十年，今岁六一初度，及门诸女棣欲以文字付

qiān qiàn wéi shòu zhēng shī jí yú shuài chéng sān shǒu bìng xiān fā gǎo
铅椠为寿，征诗及余，率成三首，并先发稿

yú suǒ zhī yín lǚ yǐ jiù zhèng yān
于所知吟侣，以就正焉。

其一

sà nián xīn jì liǎng xiāng qīn
卅年心跡两相亲，

jià dé qián lóu xìn sù yīn
嫁得黔娄信夙因。(1)

jǔ àn yù tiān xīn yǒu tuō
举案籲天欣有託，(2)

lì zhuī wú dì bù chóu pín
4 立锥无地不愁贫。(3)

děng xián zhēng shuō zhū yán hǎo
等闲争说朱颜好，(4)

cǐ rì fāng zhī bái fā zhēn
此日方知白发珍！

duō shǎo mí wú shān xià guò
多少蘼芜山下过，(5)

xiāng féng jìn shì shǎo nián rén
相逢尽是少年人。

其二

shí zǎi xīn qín chuàng yè nán
十载辛勤创业难，

jì hé zhì jiù yòu rèn lán
芰荷制就又纫兰。(6)

guǎng jiāng yī bō chuán zhuāng gé
广将衣钵传妆阁，(7)

dú lǐng qún chāi zhǔ yì tán
独领裙钗主艺坛。

chuí lǎo shuāng méi cóng wèi liǎn
垂老双眉从未敛，

piàn shí shí zhǐ bù céng ān
片时十指不曾安。

yǎng shēng zì xìn wú tā qiǎo
养生自信无他巧，

tǐ dàn cháng láo xīn dàn kuān
体但常劳心但宽。

其三

sì bìn bān bān jiàn èr máo
四鬓斑斑见二毛，[8]

tiān jiào jiāng shòu wèi láo sāo
天教将寿慰牢骚。

liù xún xiāng qìng hún xián shì
六旬相庆浑闲事，

yī jì chéng míng qiě zì háo
一技成名且自豪。

táo lǐ bù yán zhēng xiàn yàn
桃李不言争献艳，[9]

wén zhāng hé jià wǎng míng gāo
文章何价枉鸣高，

pín nián kǔ bào máo zhuī zǐ
频年苦抱毛锥子，[10]

wèi dǐ bìng zhōu yī jiǎn dāo
未抵并州一剪刀。[11]

语译

其一

三十年来，你和我心心相印，相爱相亲，
你嫁给了像黔娄一样贫穷的我，应是前生注定。
像那举案的孟光，你感谢上天，庆幸终身有托，
即使我贫无立锥，你也不会因为贫穷而发愁。
平常听人们争相说，青春红颜最是美好，
我今天才知道，白发的老伴才最足珍惜。
像那古诗中在蘼芜山下走过的离婚夫妇很多，
在那里到处遇到的，全部可都是年轻的人。

其二

十年来，你辛勤努力，克服艰难，创立事业，
裁剪了那绣上荷花的衣服，你又缝纫兰花图案。
你把裁剪艺术推广，传授给很多闺阁中的女子，
你独自领导着众多女弟子，主持着裁剪学校。
一直到现在，垂垂老去，从来也不曾皱起双眉。
你那十根指头，没有一刻停下来好好休息。
你颐养身体，健康长寿，相信没有别的好方法，
方法只有一个：身体常劳动，心情保持宽畅。

其三

你两鬓斑白，我也两鬓斑白，你我四鬓都斑白，
大概是上天要让我们长寿，安慰我们，不应发牢骚。
六十岁生日，值得庆祝，但其实只是很普通的事情，
你能够以裁剪艺术一技成名，那才真正值得自豪。
你桃李满门，不须自夸，学生都争着献技，为你祝寿，
枉费我自称文好才高，我文章又怎能与你的裁剪相比。
那么多年，我以文为生，苦苦抱着那支笔不放，
却比不上你那把如并州制造的，锋利无比的剪刀。

注释

(1) 嫁得黔娄：黔娄，战国时代鲁国人。著有《黔娄子》四篇，阐明道家思想。励志苦节，虽先后得鲁共公及齐威王赏识，却拒不出仕，一生安贫乐道。黔娄妻出身富贵家，嫁黔娄后荆钗布裙，与黔娄同甘苦。据汉·刘向《列女传》卷二《贤明传·鲁黔娄妻》，黔娄死后，曾子往吊，并征询黔娄妻应给黔娄怎样的谥号。黔娄妻建议用“康”字作谥号。黔娄一生贫困，死后连覆

盖尸体的布也不够长。因此曾子对用“康”这个谥号感到不解。黔娄妻说“彼先生者，甘天下之淡味，安天下之卑位，不戚戚于贫困，不忻忻于富贵，求仁得仁，求义得义，以康为谥，谁曰不宜！”曾子听后，大受感动，连呼：“唯有斯人也，而有斯妇！”后以“黔娄妻”为贤明妻子的典范。

(2) 举案：语出梁鸿、孟光“举案齐眉”的故事。

(3) 立锥无地不愁贫：此句嵌入“贫无立锥”一语。贫无立锥：穷得连插个锥子的地方都没有。比喻赤贫。语本《吕氏春秋·为欲》：“无立锥之地，至贫也。”

(4) 朱颜：年轻人的美好容颜，可形容男或女。这里形容年轻女性的容颜。

(5) 蘼芜：蘼芜，香草名。徐陵《玉台新咏》载弃妇诗一首，其中有“上山采蘼芜，下山逢故夫。长跪问故夫，新人复何如？……新人不如故。”等句。后以“蘼芜”喻弃妇。

(6) 芰荷制就：芰荷，指菱叶与荷叶。芰荷制，化自“芰制”一词。《楚辞·离骚》：“制芰荷以为衣兮，集芙蓉以为裳。”后以“芰制”（菱叶与荷叶做的衣服）一词指隐者的服装。纫兰：《楚辞·离骚》：“纫秋兰以为佩。”（把秋兰结成索佩在身上）后以“纫兰”比喻人品高洁。又“纫”字作动词，即引线穿过针鼻儿。

(7) 衣钵：衣，棉布袈裟；钵，吃饭的钵盂。《旧唐书·神秀传》：“昔后魏末，有僧达摩者，本天竺王子，以护国出家，入南海，得禅宗妙法，云自释迦相传，有衣钵为记，世相付授。”自后中国禅宗师徒间道法传授，常常举行授衣钵仪式。“衣钵相传”以用以比喻技术、学术的师徒相传。

(8) 二毛：斑白的头发。《左传·僖公二十二年》：“君子不重伤，不禽二毛。”杜预注：“二毛，头白有二色。”

(9) 桃李不言：《史记》卷一零九《李将军传》太史公曰：“谚曰：

桃李不言，下自成蹊。”蹊，小路。“桃李不言，下自成蹊”全句指桃树、李树不会说话，但因其花朵美艳，果实可口，人们纷纷去摘取，于是便在树下踩出一条路来。比喻为人真诚笃实，德才兼备，自然能感召人心。又《韩诗外传》卷七：“魏文侯之时，子质仕而获罪焉，去而北游，谓简主曰：“从今已后，吾不复树德于人矣。”……简主曰：“噫！子之言过矣。夫春树桃李，夏得阴其下，秋得食其实。春树蒺藜，夏不可采其叶，秋得其刺焉。由此观之，在所树也。今子所树，非其人也。”后世以“桃李”以比喻栽培的后辈或学生。

(10) 毛锥子：毛笔的别称。因其形如锥，束毛而成，故名。

(11) 并州一剪刀：并州，唐代属河东道，为今山西太原一带，其地精于冶炼，自古以制造锋利的刀剪著称。

背景故事

此诗作于1957年，是晴山为庆祝夫人王义宋女士六十一寿辰并纪念义宋女士主持之霹雳妇女裁剪训练所创立十周年而作。此诗其后收集于纪念特刊中，特刊并收入晴山18位好友之和诗，以及晴山所作之《诗话七则》（见本书第63篇）。

霹雳妇女裁剪训练所创立于1947年7月14日，位于马来亚怡保。晴山自1945年起，在霹雳州福建公会任书记，月薪仅60叻币（马来亚元）。当年晴山有四子女在马来亚，另有一女儿留在中国。60叻币难以维持一家生计。为改善生计，义宋在晴山建议与协助下，创立霹雳妇女裁剪训练所。

裁剪训练所十分成功。韩战期间（1950年6月至1953年7月），新马橡胶业大盛，经济亦繁荣，裁剪训练所之业务亦蒸蒸日上。裁剪训练所学生来自新马各地，毕业后，有自创学校者，往往邀请义宋为其学校客座，或主持毕业考试。故义宋常往来于新马各地。

吡叻 [后译为霹雳] 妇女裁剪训练所全体员生。
（摄于民国卅六年双十节；晴山夫人王义宋所长坐于前排左四。）

晴山与夫人王义宋女士。
（摄于1950年代中。）

晴山与夫人王义宋女士。
（1958年前后摄于霹雳福建公会怡保会所。）

赏析

此一题三律，是晴山为庆祝夫人王义宋女士六十一寿辰并纪念义宋女士主持之霹雳妇女裁剪训练所创立十周年而作。

第一首称颂义宋之贤慧，并庆幸能同偕白首。首联上句“卅年心迹”说明婚姻长久，带起后四句。按晴山义宋于1926年结婚，至1957

年，已31年。下句“嫁得黔娄”自言贫困，更比妻子为黔娄妻。刘向《列女传》有黔娄妻故事，自后“黔娄妻”用以指贤明贞淑之妻子。

颔联上句用孟光举案齐眉典故，承接首联，亦以称颂妻子。下句谓贫无立锥，承首联“黔娄”之意。

颈联及尾联从首联“卅年心迹”而来。谓年少夫妻仳离者多，能同偕白首者少，故幸能“卅年”相亲者，则“白发”胜“朱颜”。其中“白发”二字，亦指其长寿，切“寿内”题意。

全诗前后呼应，结构谨严。以婚姻长久、妻子贤慧、白发可珍作祝寿语，意新情真。

第二首称义宋创裁剪训练所之成就，并又称颂其人贤淑。

首联上句“十载”一词，记其创业十年。下句“芰荷、纫兰”既言其衣服图案款式，亦暗用《楚辞》典故，比喻其高雅脱俗。

颔联记其广传衣钵，续写其创业，回应首联，并为第三首“桃李”句作铺垫。

颈联“垂老”二字，暗言其寿；“双眉未敛”、“十指不安”言其刻苦勤勉，即首联“辛勤创业”之意。

尾联“体常劳”三字承接颈联“片时十指不曾安”之意，而“心常宽”即“垂老双眉从未敛”之意。

全诗前后呼应，天衣无缝。

第三首结合前两首诗意，并正式点出六十一寿庆：“四鬓斑斑”即第一首“卅年相亲”、“白发知珍”之意。“将寿慰牢骚”、“六旬相庆”即点出六十一寿庆。“一技成名”、“并州剪刀”称其裁剪技术，即第二首“独领裙钗主艺坛”之意。其中“桃李不言争献艳”一语，嵌入“桃李不言”、“桃李献艳”二语，既言其名满新马，故学生自各地求教，又谓其学生成材，如桃李花开吐艳。其中“献”字并暗指序记中“及门诸女棣欲以文字付铅椠为寿”之事。

总之，此三首处处称其贤慧多才，并庆幸能同偕白首，似非祝寿，但伉俪深情可感，实“寿内”诗中之佳构。

第十三篇

chóu zhū yǒu jiàn hè shòu nèi zuò
酬诸友见和寿内作

其一

tóng gān lí huò kuì chēng shāng
同甘藜藿愧称觞，(1)

qǐ dé shī piáo xiàn mèng guāng
乞得诗瓢献孟光。(2)

bù xìn pāo zhuān zhēn yǐn yù
不信抛砖真引玉，(3)

guǒ rán yì shòu yǒu qí fāng
果然益寿有奇方。

其二

lǎo qī xiù pǔ chāo jiā jù
老妻绣谱钞佳句，

yòu fù xīn cí mǎn hè zhāng
幼妇新辞满和章。(4)

yǒu yì jiā zhēn zú qiān zǎi
友谊家珍足千载，

yīn cín fù yǔ zǐ sūn cáng
殷勤付与子孙藏。

语译

其一

虽然你甘于粗茶淡饭，但为你祝寿而没有山珍海味，我仍感惭愧，
于是，我向诸位高人征求些好诗，献给我的贤惠如孟光的好妻子。
古人说抛砖引玉，想不到我的劣作竟然真的能引来些很好的和诗，
征集些好诗为你祝寿，果然是为你益寿延年的新奇妙方。

其二

老妻像做刺绣一般，小心地把我征得的佳句抄写下来，
在那锦绣般的纸上，满满的是和诗，全部都是绝妙好词。
这些诗表达了朋友的情谊，是我家的珍宝，足以流传千年，
我要交给我的子孙，殷切地嘱咐他们，要好好珍藏。

注释

(1) 藜藿：藜和藿。亦泛指粗劣的饭菜。称觞：即称觞上寿；举杯饮酒，表示祝寿。

(2) 诗瓢：宋·计有功《唐诗纪事·唐球》："球居蜀之味江山，方外之士也。为诗捻藁为圆，纳入大瓢中。后卧病，投于江曰：'斯文苟不沉没，得者方知吾苦心尔。'至新渠，有识者曰：'唐山人瓢也。'"后以"诗瓢"指贮放诗稿的器具。这里指诗稿。孟光：梁鸿妻，有"举案齐眉"故事。《后汉书·梁鸿传》："为人赁舂，每归，妻为具食，不敢于鸿前仰视，举案齐眉。"后以"举案齐眉"夫妻互相尊敬，孟光则用以指贤惠的妻子。

(3) 抛砖引玉：抛出砖头，引来白玉。比喻用自己没有价值的东西（多指意见、文章等）引出好的、珍贵的东西。

(4) 幼妇：即幼妇辞。南朝宋·刘义庆《世说新语·捷悟》："魏武尝过曹娥碑下，杨修从碑背上见题作'黄绢幼妇外孙齑臼'八字……修曰：黄绢，色丝也，于字为绝；幼妇，少女也，于字为妙；外孙，女子也，于字为好；齑臼，受辛也，于字为辞。所谓绝妙好辞也。"后泛指极好的诗文。

背景故事

晴山作《寿内三章》后，曾寄赠好友，并求和诗。此诗即为收集和诗后所作。

关于征集和诗之事，晴山曾记述如下（详见本书《诗话七则》）：

拙作寿内三章，虽曾油印若干份，分发知交，但亦非望门投止，漫无所择。当时自划范围：一、非平昔相知者不投；二、虽十载知交，对于旧诗不感兴趣者不投；三、多产作家、有求必应者不投。持此三不主义，盖不欲讨人厌，亦不欲强所难。至于应酬之作，不足以寿世传家者，更非所望也。即而各方来稿，果皆如愿以偿。始信条件之苛，不无益处。

赏析

晴山于1957年作《寿内三章》，庆祝夫人王义宋女士六十一寿辰、并纪念义宋主持之霹雳妇女裁剪训练所创办十周年。诗成后，晴山寄赠知交好友，征集和诗。此两首绝句，即记述其事之作。

第一首首句"同甘藜藿"称其妻能与同甘共苦，"愧称觞"点出祝寿之意。此句"乞得诗瓢"记其征求和诗之事，"诗瓢"一词，暗喻其友人皆高人雅士。"孟光"呼应首句"同甘藜藿"一语。第三句承第二句，"抛砖引玉"即"乞得诗瓢"之意。末句总结，"益寿奇方"绾合祝寿及征集和诗之事，简洁有力。

第二首写夫妻二人对所征集和诗之重视。“佳句”、“幼妇新辞”，形容友人之和诗。“幼妇新辞”用曹操于曹娥碑背题字典故，暗称其友之作为“绝妙好辞”。又晴山夫人擅裁剪，首句“绣谱”即及其事。“绣谱、家珍、千载、子孙藏”，即友谊足珍，永志纪念之意。

第十四篇

mǎi shū
买书

mǎi shū rú xīn qǔ
买 书 如 新 娶，(1)

yī yè jǐ mó suō
一 夜 几 摩 挲。(2)

zuò duì yán rú yù
坐 对 颜 如 玉，(3)

hún wàng bìn yǐ pó
浑 忘 鬓 已 皤。

语译

买新书，就像娶新妇一样，令人兴奋，
整夜里，一次又一次地轻摸爱抚。
因为对着，那美丽如玉的容颜，
竟然忘记了自己头发已经变白。

注释

(1) 买书如新娶：《劝学文》（相传为宋真宗所作）有这样的一句："娶妻莫愁无良媒，书中有女颜如玉"，把"娶妻"与"书"联想在一起。晴山此句可能启发自《劝学文》。

(2) 摩挲：用手抚摩。

(3) 坐、颜如玉：坐，有两个意思，一是"坐着"；二是"因为"。唐诗中"坐"字有可理解为"因为"的；如杜牧《山行》："停车坐爱枫林晚"（把车停下，因为爱看那夕照中的枫林）。本诗中，两个意思都可通，但以后者更恰当。颜如玉：容颜美丽如玉。宋真宗《劝学文》说，"娶妻莫愁无良媒，书中有女颜如玉"。这里用此典故，把书比喻为美人。

背景故事

此诗与《己亥初度买书自寿》诗同作于1959年6月。

晴山66岁生辰长子敏良从澳洲汇钱为贺礼。晴山用以购买《胡适文存》及《中国文学史论集》等两套书册。

儿子孝顺，晴山不胜喜悦，遂作此诗及《己亥初度买书自寿》两首为记，并请妻舅光国（义宋女士四弟）手书本诗于《胡适文存》第一册封里页。

晴山于1960年6月辞世，两套书仍珍藏于敏良家。

赏析

本诗是五言绝句，押"歌"韵。

宋真宗《劝学文》云："娶妻莫愁无良媒，书中有女颜如玉"。晴山诗意衍自此。"一夜几摩挲"句把"娶妻"之意推进一层，把对书本之爱不释手，比喻为新婚夜里之轻摸爱抚，迹近于艳。此艳情至

晴山66寿辰时所购《胡适文存》。（1959年6月12日晴山寿辰，留学澳洲之子敏良寄奉贺寿金，晴山用以买书。此套《胡适文存》为当年所购书籍之一。）

《买书》。（晴山妻舅王光国手书于晴山所购《胡适文存》封里页。）

第三句即戛然而止，颇有乐而不淫之旨。“颜如玉”三字承首句，亦书亦人，甚为巧妙。末句谓乐对书籍，浑忘岁月之流逝，则可知晴山钟爱读书，非一夕之事。

总之，本诗精悍短小，“一夜几摩挲”句尤令人叫绝。

第十五篇

jǐ hài chū dù mǎi shū zì shòu
己亥初度买书自寿

wú shēng yù wàng nián
吾生欲忘年，

píng jū yàn xù chǐ
平居厌序齿。(1)

zuó rì wén fù yán
昨日闻妇言，

liù shí yú bàn jì
六十逾半纪。

fù yán bù zú tīng
妇言不足听，

zì shòu liáo ěr ěr
自寿聊尔尔。

dà ér jiù wài fù
大儿就外傅，

jì shū cóng wàn lǐ
寄书从万里。

yīn qín quàn jiā cān
殷勤劝加餐，

fù yìng quàn yī zhǐ
复媵券一纸。(2)

yún shì gāo huǒ zī
云是膏火资，(3)

jié yǐ fèng gān zhǐ
节以奉甘旨。(4)

kuài zhì yǔ yáng zǎo
脍炙与羊枣，(5)

ér wēng jiē bù xǐ
而翁皆不喜。

zì kuì wú yuǎn móu
自愧无远谋，

ròu shí gèng kě bǐ
肉食更可鄙。(6)

fù yuē cóng suǒ hào
妇曰从所好，

rèn jūn chí rù shì
任君持入市。

suǒ hào suī yún duō
所好虽云多，

dà yù zài shū shǐ
大欲在书史。

huàn dé yī náng guī
换得一囊归，

qí wèi wú qióng yǐ
其味无穷已。

zhǔ zì kě liáo jī
煮字可疗饥，(7)

kuàng zī jìn féi měi
况兹尽肥美。

xiǎo ér yù fēn gān
小儿欲分甘，

wèi gǎn biàn rǎn zhǐ
未敢便染指。(8)

jǔ àn wèi xì jūn
举案遗细君，(9)

dàn yì yī xiào ěr
但亦一笑耳。

suǒ hào gè bù tóng
所好各不同，

ān néng qiáng qī zǐ
安能强妻子！

hán xiào fù jǔ huá
含笑复咀华，(10)

zhì zhū fù sì lǐ
置诸腹笥里。(11)

shì xìng yǐ yǎng shēng
适性以养生，(12)

cǐ zhōng yǒu xuán lǐ
此中有玄理。

fù guì fēi suǒ qī
富贵非所期，

dì xiāng nán xiǎng ěr
帝乡难响迩。(13)

yuàn yǐ shū wéi chéng
愿以书为城，

wú jiāng lǎo yú shì
吾将老于是。

语译

诗人曾为此诗分行意译，并有前记，见陈敏良、陈敏华编译之《荔子情——陈晴山文学作品集》（新加坡：八方文化创作室，2002年，页228–232）今转录如下（行数另标示），不另再译：

古诗分行意译

陈晴山

今年生日，写了一首买书自寿的古诗，共19行，因为是古诗，我的几个子女，都不会阅读。妻定要我译作语体散文，给他们看；其实语译也不是容易的。没有办法，只得分行意译如下：

1. 我很想把自己的年龄忘记了，
2. 最讨厌的是平时朋友聚会，总要谈到各人的年龄，分别谁大谁小。
3. 昨天妻又对我提起这个问题，
4. 说我今年是66岁了，她的意思：是打算替我庆祝生日。
5. 女人的话向来不大靠得住，我真不相信自己有这么大的年纪。
6. 不过自家庆祝生日，吃了一餐，倒也无妨。
7. 恰巧我的大儿子在外国留学，
8. 刚从遥远的地方寄来一封信，自然也是和这问题有关的。
9. 那信中写的是一般庆祝生日的好话。
10. 还附有一张汇票。
11. 他的意思是说，自己平时把读书的用费节省了一部分，
12. 汇这一笔小款，要给我买些好吃的东西，庆祝这一天的生日。
13. 这当然是好意，我记得从前孔子的学生，有一位名叫曾参的，对他的父亲很孝敬，时常买一种小枣子（羊枣）和烧肉（脍炙）给父亲吃。因为这些东西，是他老人家喜欢吃的。
14. 可是，我并没有喜欢吃这两种东西，又何必破费呢？

15. 肉类本来我是喜欢的。但是，我们中国向来有一句话说“肉食者鄙？”本来这句话是讥笑那些无能的官吏，只会吃肉而已。

16. 我没有做官，犯不着挨骂，因此我也不想。

17. 那怎么办呢？妻说：“反正这钱是给你的，

18. 自己拿到街上去，看看你自己喜欢的就买吧。”

19. 我自己喜欢的？这可多了：抽香烟、看电影、听唱歌……不止一样，

20. 不过最喜欢的，还是读书，那就拿去买书吧。

21. 果然，凭着那一张汇票，兑了现款，就换得一大包东西回来。自然，那些都是书籍；

22. 不过，其味无穷，胜于山珍海错。

23. 古人把写作谋生的职业，叫做“煮字”，原来把文字当米煮起来，一样可以充饥。

24. 何况这些书籍，每个字都是经古代作家煮过的，当然有更好的滋味，尽可大吃一餐。

25. 我那第二的孩子在旁看见了，自然也想要；

26. 可是他对于这些古典文学，还不会欣赏。大概因为吃不消，终于没有动手。

27. 我也想把这些美好的东西——书籍，分一点给妻换一换口味，

28. 可是她也只笑了一笑，并不曾尝过一口。

29. 这是难怪的，人们的胃口，各自不同。

30. 至亲如妻子，也不应勉强太过，只得由她。

31. 他们既然都不要了，我只好个人独享，慢慢的咀嚼，把ABC各种维他命都吞到肚子里去，

32. 古人说，读得书多，满腹诗书，肚子成了一个书箱，可以叫做“腹笥”。自然我也希望这些永远藏在我的“腹笥”里，不会失掉。

33. 养生不一定是要吃什么滋补的东西的。只要随着个人性情所好，自然可以长命，

34. 这是古代哲学家发明的道理，我很相信。

35. 我向来没有希望大富大贵，要学神仙，也是做不到的。

36. 正如陶渊明先生说的，“富贵非吾愿，帝乡不可期”，我也有此意。

37. 那么，最好还是能够买得更多的书籍，围着像一座城堡。

38. 我就要一辈子在这一座城里退休养老了。

1959年6月23日　晴山志

注释

(1) 序齿：齿，年龄。就像根据牙齿的磨损状况可以看出牛羊的岁数一样，古人用齿来指年龄。序齿，即叙齿。所谓叙齿就是按年龄来决定长幼。古人讲究长幼尊卑，常在在见面时叙齿以排定座次，或用以称兄道弟。

(2) 媵：送。券一纸：这里指汇票。

(3) 膏火资：膏火，照明用的油火，特指夜间读书用的灯火。膏火资，指供学习用的津贴。这里指陈敏良所得之政府奖学金。

(4) 甘旨：美食。语出《韩诗外传》“鼻欲嗅芬香，口欲嗜甘旨。”又任昉（460～508年）《上萧太傅固辞夺礼启》（见《文选》卷三十九）“饥寒无甘旨之资，限役废晨昏之半。”

(5) 脍炙、羊枣：《孟子·尽心下》记载了这样一个故事：曾子的父亲曾皙爱吃羊枣，而曾子不忍食羊枣。公孙丑问曰：“脍炙与羊枣孰美？”孟子曰：“脍炙哉！”公孙丑曰：“然则曾子何为食脍炙而不食羊枣？”曰：“脍炙所同也，羊枣所独也。”曾参是个孝子，因为父亲爱吃羊枣，竟不忍心吃羊枣。

(6) 肉食可鄙：肉食者：吃肉的人，引申为有权位的人；鄙：鄙陋。肉食者鄙，语出《左传·庄公十年·曹刿论战》：“肉食者鄙，未能远谋。”旧时指身居高位、俸禄丰厚的人眼光短浅。

(7) 煮字疗饥：卖文为生。语出宋·黄庚《杂咏诗》“耽书自笑已成癖，煮字元来不疗饥。”（转引自许晋彰、邱启圣《分类成语辞典》［台北：五南图书］“煮字疗饥”条）。

(8) 染指：《左传·宣公四年》记载，楚人献鼋于郑灵公，“及食大夫鼋，召子公而弗与也。子公怒，染指于鼎，尝之而出。”染指，本谓用手指蘸鼎中鼋羹，后用为典故，泛指品尝某种食品，亦比喻分取利益，多指分取非分利益。

(9) 举案：用孟光、梁鸿“举案齐眉”典故。细君：东方朔的妻子，东方朔为汉武帝时人。后世多以“细君”称妻子。

(10) 含笑咀华：咀：细嚼，引申为体味。原作“含英咀华”，出自韩愈《进学解》“沈浸浓郁，含英咀华。”比喻读书吸取其精华。

(11) 腹笥：笥：方形的竹箱；腹笥，比喻读书。语出南宋·范晔《后汉书·文苑列传》“边韶字孝先……曾昼日假卧，弟子私嘲之曰：‘边孝先，腹便便。懒读书，但欲眠。’韶潜闻之，应时对曰：‘边为姓、孝为字。腹便便，《五经》笥。但欲眠，思经事。寐与周公通梦，静与孔子同意。师而可嘲，出何典记？’”

(12) 适性：顺着自己的天性，自由地生活。语出郭象《庄子注·逍遥游》“小大虽差，各适其性，苟当其分，逍遥一也。”

(13) 帝乡：天宫；仙乡。《庄子·天地》：“千岁厌世，去而上仙；乘彼白云，至于帝乡。”晋·陶潜《归去来兮辞》：“富贵非吾愿，帝乡不可期。”

背景故事

据晴山自记，本诗作于1959年6月23日。晴山出生于光绪二十年五月七日，1959年6月12日即农历五月七日，是晴山66寿辰。按华人传统，66寿辰并非特殊日子，但对晴山而言，本年寿辰特别值得纪念。

陈敏良、陈敏华编译之《荔子情》曾介绍本诗背景。

本诗是晴山唯一亲笔白话意译之古诗，其作白话意译之原因，意译前记（见上引意译并前记）已加说明。

诗中“大儿” 即陈敏良，“小儿”即陈敏华。时陈敏良得政府奖学金，留学澳洲。奖学金并不丰厚，须处处节省。但在父亲生日，敏良特地从自己之伙食费中省出五镑澳币，寄奉父亲，作买滋补品之用。五镑澳币，只是区区之数，但敏良之一片孝心，令晴山深为感动。本诗写买书之喜，自言“愿以书为城”，但全诗充满欣慰之情，实感于敏良之孝。

赏析

此五言古体诗，通篇押上声四纸韵。诗题“己亥”，即1959年，晴山66岁。诗题中标示年份，目的往往在显示其重要性。本诗中，诗人感长子奉银贺寿之孝，故特书其年份。

全诗共三十八行，可分为三部分。首六句为第一部分，点出题中“己亥自寿”之意。末六句为第三部分，表明自己生性爱书，说明“买书”之原因。中间三十二句为第二部分，写“买书”之背景、过程与读书之心情，是全诗中心所在。

第二部分首六句（“大儿就外傅”至“节以奉甘旨”）交待背景，记述长子敏良从奖学金中省下生活费，寄奉父亲买美食贺寿。次十句（“脍炙与羊枣”至“其味无穷已”）写其欣慰之情与用贺金买书之决定。余下十句（“煮字可疗饥”至“置诸腹笥里”）记其翻阅新书之喜悦，其中“含笑复咀华”变化自“含英咀华”一词，用一“笑”字，则其笑容可想见，而其“笑”，不但在于读书之乐，而更在于儿子之孝。此“笑”字回应上文“举案遗细君，但亦一笑耳”句中之“笑”字，可知晴山之乐，亦其妻之乐。

本诗多处典故与美食有关。

送敏良留学澳洲时摄的照片。（摄于1958年1月怡保火车站。坐于前排左边者为敏良；右边为晴山。）

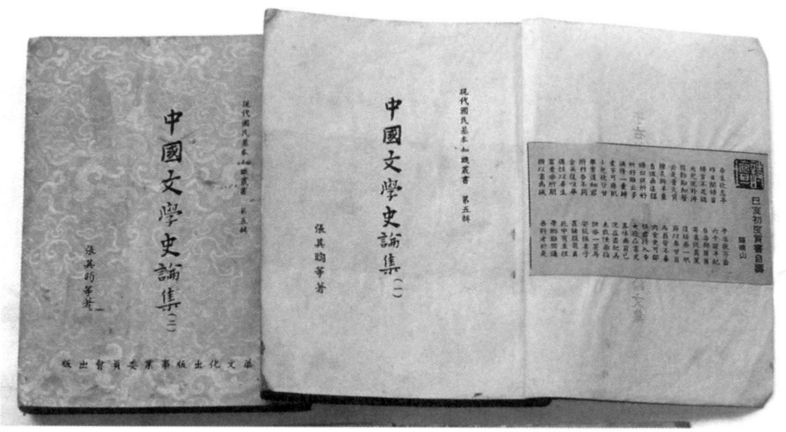

晴山66寿辰时所购的《中国文学史论集》。（1959年6月12日晴山寿辰，留学澳洲之子敏良寄奉贺寿金，晴山用以买书。此套《中国文学史论集》为当年所购书籍之一。封里页贴有晴山所作《己亥初度买书自寿》剪报。）

第一部分“加餐、甘旨”等语，已点出“美食”之意。下文“脍炙、羊枣、肉食、其味无穷、煮字、疗饥、肥美、分甘、染指、举案、咀华”等，无处不谈美食。长子“节以奉甘旨”，诗人处处说“甘旨”，欣慰之情态，活现纸上。令诗人谓“其味无穷”者，不只是一囊新书。

又陈敏华（其说见《荔子情》）谓“甘旨”或用任昉《上萧太傅固辞夺礼启》“饥寒无甘旨之资，限役废晨昏之半”典故。按任昉《上萧太傅固辞夺礼启》谓无“甘旨之资”奉父。如是，则晴山用此典，意在庆幸敏良能节“膏火资”以奉。

第十二、十三两句，“脍炙与羊枣，而翁皆不喜。”表面上谓不喜“脍炙、羊枣”，实则以曾子比敏良。其自豪欣慰之情，溢于言表。

“煮字可疗饥”一语，反黄庚句“煮字不疗饥”之意而用之，甚有新意。“疗饥”者，不但所煮之字，而在儿子之孝，晴山“乐以忘饥”。又“煮字”一句，从上文之“甘旨”美食，转而用之于书，起转折作用。其后“分甘、染旨、举案、咀华、腹笥”等语，直把书卷当作美食，似谓书卷即敏良所奉之“甘旨”，兴味盎然。

本诗数处提及妻子，“妇曰从所好”、“举案遗细君”，乃妻贤之意。其中，“举案”一词，用梁鸿、孟光故事。原典中妻子举案齐眉，此诗晴山自举案，乃敬妻之意。

子孝妻贤，晴山之乐也融融。

· 卷二

棠棣桃李

手足情 · 师生义

第十六篇

guāng hé dì sì shí chū dù zhāo yǐn
光河弟四十初度招饮，
wéi yùn yǔ zhù zhī
为韵语祝之

zhuó jiǔ hé bì jīn pǒ luó
酌酒何必金叵罗，(1)

jǐn yī wèi bì shèng bì luó
锦衣未必胜薜萝。(2)

dàn shǐ miào táng mǐ gàn gē
但使庙堂弭干戈，(3)

huán yǔ shēng píng hǎi bù bō
环宇升平海不波。(4)

hán bǔ yì zú yǎng tiān hé
含哺亦足养天和，(5)

yuàn yǐ cǐ zhù wú dì hé
愿以此祝吾弟河。

sān nián bā yuè wàn jié guò
三年八月万劫过，

bào rì yì nán nài rǔ hé
暴日亦难奈汝何。

qián tú qǐ fù yú kǎn kē
前途岂复虞轗轲，(6)

nián nián cǐ rì bǐ wú é
年年此日俾无讹。

jí ěr fù zǐ yàn qiě gē
及尔妇子宴且歌，

wǒ zhǎng shí líng fā yǐ pó
我长十龄发已皤。

jiè rǔ jiǔ bēi yán yóu tuó
借汝酒杯颜犹酡，

lǎo dāng yì zhuàng shǎo zé nuó
老当益壮少则那？(7)

qiáng shì bú rú shàn jiǎ duō
强仕不如善贾多，(8)

zuì zhōng suì yuè mò cuō tuó
醉中岁月莫蹉跎。(9)

语译

饮酒畅叙，又何必要贵重的酒杯，
华美的服装，不一定比朴素衣服好。
只要身居高位的人能够平息战乱，
天下便太平，海水平静，无浪无风。
终日饱腹，生活安闲，身体健康，
这是我对弟弟光河你的祝福。
那三年零八个月，你经历了重重劫难，
连残暴的日本鬼子也奈何不了你，
那么你又何必担忧前路崎岖不平。
我相信你会年年有今日，这不会错，

在这日，就跟妻子儿女，欢宴高歌吧。
我比你大十岁，头发已经斑白，
借你的杯喝酒，脸色也红润起来。
酒使老年人更加健壮，对年轻人则不知如何。
读书人再强，也远远比不上成功的商人，
这饮酒畅叙的日子，你可别白白渡过。

注释

(1) 叵罗：古代饮酒用的一种敞口的浅杯。金叵罗：金制酒器。

(2) 薜萝：即薜荔、女萝。《楚辞・山鬼》“被薜荔兮带女萝”。薜荔：蔓生香草。女萝：又名兔丝。蔓生植物，俯生于松。后世用“薜荔、女萝”或“薜萝”称隐士的服装。

(3) 庙堂：朝廷，古诗中亦借指以君主为首的中央政府。弭：平息，停止。干戈：干与戈，古代常用兵器，比喻战争。

(4) 环宇：同寰宇，意即“天下，全世界”。升平：太平。海不波：海上不起波浪。比喻天下太平无事。明梅鼎祚《玉合记枯海》：“吾闻太平之世，海不扬波，安有今日。”

(5) 含哺：含哺鼓腹，口含食物，饱食挺腹。语出《庄子・马蹄》：“夫赫胥氏之时，民居不知所为，行不知所之，含哺而熙，鼓腹而游，民能以此矣。”后因以“含哺鼓腹”形容人过着安乐的生活。天和：谓人体之元气。《文子・下德》：“目悦五色，口肥滋味，耳淫五声，七窍交争，以害一性，日引邪欲，竭其天和，身且不能治，奈治天下何！”

(6) 虞：忧虑。轗轲：坎坷，道路高低不平；比喻事情不顺利或不称心。

(7) 则那：语出《左传・宣公二年》：“牛则有皮，犀兕尚多，弃甲则那？”据顾炎武《日知录》，“那”乃“奈何”之合音字。

(8) 不如多：远远比不上。这里指读书人财富比不上商人。

(9) 蹉跎：时间白白地去；虚度光阴。

背景故事

光河，即王光河，晴山夫人王义宋女士幼弟。光河年幼时，不幸丧母。其父续弦，继母常虐待年幼之光河，而义宋往往挺身护弟。故姐弟两人感情深厚。后姐弟两家同逃难至马来亚。光河经商，经济较好，常接济义宋一家。光河乃有原则之成功商人，对“借”与“赠”两观念分辨清楚。接济其姐义宋时，是“借”是“赠”，必先说明。

光河少义宋十岁，生于1907年，此诗作于1946年，光河四十岁（按华人传统说法）时。

赏析

此诗另题为“光河弟四十初度招饮意授晴山为韵语祝之”，并附“民国卅五年夏历九月十二日姊义宋”等语。则此诗作于1946年，乃晴山代夫人王义宋女士所作。诗中“我长十龄”中之“我”，即义宋。

此为祝寿诗，“含哺亦足养天和，愿以此祝我弟河”、“年年此日俾无讹”等句，即其祝愿。

除祝愿外，本诗亦多劝勉之词。首二句“酌酒何必金叵罗，锦衣未必胜薜萝”即谓只要生活安稳，不必讲求锦衣美食。第三至九句，从光河战乱时经历而加劝慰，谓战乱亦可安然渡过，故太平时世更不应担忧。此诗作于日本投降后一年，“三年八月万劫过，暴日亦难奈汝何”，即述日本侵略时光河之经历。

末两句“强仕不如善贾多，醉中岁月莫蹉跎”，谓读书人远远不比成功商人。据陈敏良，光河战时经商，生活比一般读书人好，常接济其姊义宋女士及家人。如是，则本句谓光河虽非大富大贵，亦可庆幸，应珍惜与家人欢聚日子。

本诗乃祝寿之作，但充满义宋对其弟关切之情，非泛泛祝寿诗文可比。

晴山夫人王义宋女士及其弟王光河。
（1947年摄于怡保；时义宋50岁；光河40岁）
“含哺亦足养天和，愿以此祝吾弟河。”

晴山妻舅王光河全家。（1949年前后摄于怡保。）
“及尔妇子宴且歌，我长十龄发已皤。”

第十七篇

guāng hàn jiàn shì liù shí zì shòu shī
光汉见示六十自寿诗，
yī yùn hè zhī
依韵和之

其一

piān piān qún jī yì dāng nián
翩翩裙屐忆当年，(1)

chuí lǎo qíng huái shàng yuè rán
垂老情怀尚跃然。

dàn shǐ tóng xīn cháng bù gǎi
但使童心长不改，

jìn jiào suì yuè àn zhōng qiān
4 尽教岁月暗中迁。

其二

kè zhōng liǎng dì hún xiāng wàng
客中两地浑相忘，

xuǎn shèng zhēng gē wèi suàn kuáng
选胜征歌未算狂。(2)

diǎn jìn jǐn yī yú yī zhàng
典尽锦衣余一杖，

yè xíng hé bì dìng huán xiāng
4 夜行何必定还乡？(3)

语译

其一

每当回忆起那衣香鬓影，翩翩少年的日子，
即使已经垂垂老去，心中仍然跃跃欲动。
只要能长期保持着这样的一颗年轻人的心，
就可任由那岁月暗中流逝，而不必感伤。

其二

作客他乡，完全忘记了故乡与异乡的分别，
即使是到处游玩，终日吟唱，也未算狂放。
又何必一定要把华衣美服都典当，剩下拐杖
也要回乡。即使是锦衣，也可夜行，不必回乡。

注释

(1) 翩翩裙屐：裙，下裳；屐，木鞋。裙屐是六朝贵族子弟的衣着。翩翩：举止洒脱，多用以形容青年男子。翩翩裙屐，通常用以指风度翩翩之青少年。

(2) 选胜征歌：选胜：寻游名胜之地。征歌：这里指竞相吟唱。古诗中选胜征歌也作选色征歌，意即挑选美女，征召歌伎。指放荡的生活方式。

(3) 夜行还乡：上句“锦衣”与此四字，用《史记・项羽本纪传》“富贵不归故乡，如衣锦夜行”之意。又“衣锦还乡”是传统华人常有的想法。

背景故事

本诗作于1950年前后。王光汉生于1890年，1914年随父至马来亚，即任波德申小学校长，时年仅24岁。

王光汉乃晴山夫人王义宋女士之兄，比晴山长四岁，二人甚相亲密。晴山与义宋之婚姻，即光汉所撮合。1923年至1940年期间，光汉任金宝培元学校校长时，晴山即任教于培元。二人情谊深厚，而又同好旧诗。

关于王光汉，详见《海屋唱酬集序》（本书第62篇）。

赏析

如题所示，此乃和王光汉《六十自寿》之作。王光汉乃晴山夫人王义宋兄。光汉诗作于1949年12月18日，则晴山诗或作于是年底或1950年初。为便论述，兹并列二诗如下：

王光汉《六十自寿》	陈晴山之和诗
坐拥青毡卅五年，	翩翩裙屐忆当年，
自矜故我尚依然。	垂老情怀尚跃然。
横眉冷看人间世，	但使童心长不改，
朝市于今几变迁。	尽教岁月暗中迁。
归欤梦寝未曾忘，	客中两地浑相忘，
海外常怀简与狂。	选胜征歌未算狂。
只为故乡烽火急，	典尽锦衣余一杖，
故乡犹是杖他乡。	夜行何必定还乡？

光汉《六十自寿》第一首，以“年、然、迁”为韵，晴山之和诗步其韵。光汉诗首句谓“坐拥青毡卅五年”。所谓“青毡”，即“青毡故物”之略，谓珍惜卅五年前之故乡旧物。此诗作于六十岁，则此句乃追忆廿五岁时往事。晴山和诗首句“翩翩裙屐忆当年”，正是写廿五岁之翩翩少年。光汉诗谓时光流逝，但自己依然故我，冷眼看人间名利。晴山和诗即从“依然故我”切入，所谓“垂老情怀尚跃然”“童心不改”，即“依然故我”之意。末句“尽教岁月暗中迁”，劝勉光汉永葆年轻心情，但不必追怀往事，甚能应和光汉原诗。

光汉诗第二首，以“忘、狂、乡”入韵，晴山和诗亦步其韵。光汉诗首句谓“归欤梦寝未曾忘”，表达对故乡之怀念，梦中不忘。次句“海外常怀简与狂”，谓未能忘怀在故乡时年少狂简之日子。晴山和诗首句“客中两地浑相忘”，和应光汉原诗首句，劝其浑忘故乡与异乡之别，并为后三句作铺垫。次句“选胜征歌”，即光汉时“简与狂”之意，但又加按语曰“未算狂”，引出下文，暗谓能浑忘故土异乡之别，始乃真狂。光汉诗末二句谓故乡烽火（1949年，国共内战刚结束；前此，则有抗日战争），阻断归路，叹息自己只能杖行异乡。晴山谓不必如一般华侨，不惜变卖一切，也要还乡，并回应首句“相地浑相忘”之意。晴山此两句，显然化自《史记·项羽本纪传》“富贵不归故乡，如衣锦夜行。”句，但反其意，用以劝勉光汉不必缅怀故土，甚为恰当。据陈敏华，晴山常谓“人生无处不故乡”，此即本诗之意。

清·吴乔《答万季埜诗问》论和诗，谓“依其次第者，谓之步韵。步韵最困人，如相殴而自絷手足也。盖心思为韵所束，于命意布局，最难照顾。”晴山和光汉诗，既步其韵，和其词，而又能出己意，命意布局俱能照顾。晴山善于步韵，此又一例。

第十八篇

zài zèng nèi xiōng guāng hàn èr shǒu
再赠内兄光汉二首

guāng hàn nèi xiōng zì jí lóng pō lái chū shì liù shí zì shòu shī jì yī yùn
光汉内兄自吉隆坡来，出示六十自寿诗，既依韵
hè zhī yì yǒu wèi jìn zhé chéng èr lǜ guāng hàn jīng yú yī rán bù qīng
和之，意有未尽，辄成二律。光汉精于医，然不轻
shì cóng shì qiáo jiào sà yú nián qí liǎng láng yì zhí jiào biān kě chēng
试；从事侨教卅余年，其两郎亦执教鞭，可称
yī mén shī fàn lìng mèi wáng yì sòng nǚ shì xiàn zhǎng pī lì fù nǚ cái jiǎn
一门师范。令妹王义宋女士，现长霹雳妇女裁剪
xùn liàn suǒ yǐ dāo chǐ shòu tú fāng zhì lì yú zhí yè jiào yù gu bìng
训练所，以刀尺授徒，方致力于职业教育，故并
jí zhī bīng láng jù yòng liú mù zhī shì qióng chóu yóu xī jiè yǐ
及之。“槟榔”句用刘穆之事，穷愁犹昔，借以
zì cháo ěr
自嘲耳。

其一

wén zhāng shòu shì bǐ rú chuán
文章寿世笔如椽，(1)

zhǒu hòu kuàng jiān tàn mì piān
肘后况兼探秘篇。(2)

shù wèi huó rén xiān huó jǐ
术未活人先活己，

xué céng chuán zǐ gèng chuán xián
学曾传子更传贤。(3)

zhí kàn wǔ cǎi wéi ér xì
直看舞彩为儿戏，(4)

wèi miǎn chēng shāng lèi sú yuán
未免称觞累俗缘。(5)

shì yè qiān qiū zhèng wú xiàn
事业千秋正无限，(6)

hé xū huā jiǎ jì liú nián
何须花甲记流年。(7)

其二

xiāng féng kè lǐ tài láng dāng
相逢客里太郎当，(8)

qiè fù jiāng chú jìn yī shāng
挈妇将雏进一觞。(9)

qiě xiàng pán zhōng yín mù xu
且向盘中吟苜蓿，(10)

xiū cóng fàn hòu xiào bīn láng
休从饭后笑槟榔。(11)

jūn jiā jiù wù qīng zhān zài
君家旧物青毡在，(12)

tiān xià yīng cái yù chǐ liàng
天下英才玉尺量。(13)

què bèi zuǒ fēn zhēng yī xí
却被左芬争一席，(14)

bié xún qī jìng shù mén qiáng
别寻蹊径树门墙。(15)

语译

其一

你的笔力雄健，你写的文章有益世道，
你也精于医术，懂得各种各样的秘方。
你的医术，未用于行医，却可以疗治自己，
你的学问，传授给儿子，更传授给贤才。
在你看来，老莱子彩衣娱亲，有点儿戏，
但未能免俗，要接受儿女为你举杯祝寿。
你作育英才，你的教育事业功在千秋，
何必在你六十时，记怀那逝去年华。

其二

在异乡与你相逢，我的生活贫困，
我带着妻小，来向你举杯祝寿。
没有别的礼物，只能献上这两首诗，
可不要笑我像那饭后讨吃槟榔的刘穆之。
你家世代书香，教书育人，你家旧物——
那衡量天下人才的玉尺，仍然存在。
你妹妹，却像左芬一样，争了一席位，
她用她那裁衣的刀尺，另立门户。

注释

(1) 寿世：谓造福世人。清・陈康祺《燕下乡脞录》卷十六：“每出入场屋，必召至案前，谆谆以名士寿世相勖。”笔如椽：椽笔，犹言“大手笔”，指重要的文字。也比喻笔力雄健。《晋书・王珣传》：“珣梦人以大笔如椽与之。既觉，与人曰‘此当有大手笔事’。俄而帝崩，哀册、谥议，皆珣所草。”

(2) 肘后：肘，上臂和前臂相接处向外面突起的部分；这里兼指“肘后方”，即指医书或药方。晋·葛洪曾撰医书《肘后备急方》，简称《肘后方》。探秘篇：这里指医药秘方。

(3) 传子更传贤：儒家政治理想，推崇天下为公，反对家天下。天下为公，则君位传贤不传子。家天下，则传子不传贤。“传子更传贤”谓光汉学问传子又传贤，公私兼顾。

(4) 舞彩儿戏：用老莱子彩衣娱亲典故。《北堂书钞》卷一二九引《孝子传》言老莱子年七十，父母尚在，因常服斑衣，为婴儿戏以娱父母。

(5) 称觞：举杯饮酒，表示祝寿。《陈书·侯安都传》：“明日，安都坐于御坐，宾客居羣臣位，称觴上寿。”俗缘：佛教以因缘解释人事，因称尘世之事为俗缘。唐·许浑《记梦》诗：“尘心未尽俗缘在，十里下山空月明。”

(6) 事业千秋：即千秋事业，指文教工作。

(7) 花甲：即一甲子。由天干、地支组合，每一干支代表一年,六十年为一循环。因干支名号错综参互，故称花甲子。后称年满六十为花甲。流年：如水般流逝的光阴、年华。

(8) 客里：作客他乡。郎当：颓唐，潦倒。

(9) 挈妇将雏：携带着妻子和孩子。挈和将都是携或带的意思。雏：幼儿。

(10) 苜蓿：古代用作马的饲料。盘中苜蓿：指生活清贫，语出宋·计有功《唐诗纪事·薛令之》：“（薛令之）及第，迁右遮子。开元中，东宫官僚清淡，令之题诗自悼曰：‘朝日上团团，照见先生盘。盘中何所有，苜蓿长阑干。’”。

(11) 饭后槟榔：用刘穆之因贫困而遭戏弄故事。《南史·刘穆之传》：“（刘）穆之少时，家贫诞节，嗜酒食，不修拘检。好往妻兄家乞食，多见辱；不以为耻。其妻江嗣女，甚明识，每禁不令往江氏。后有庆会，属令勿来。穆之犹往，食毕求槟榔。江氏兄弟戏之曰：‘槟榔消食，君乃常饥，何忽须此？’”

(12) 青毡：《太平御览》卷七零八引晋·裴启《语林》：“王子敬在斋中卧，偷人取物，一室之内略尽。子敬卧而不动，偷遂登榻，欲有所觅。子敬因呼曰：‘石染青毡是我家旧物，可特置否？’于是群偷置物惊走。”《晋书·王献之传》也载此事。后遂以“青毡故物”泛指仕宦人家的传世之物或旧业。

(13) 玉尺：玉制的尺，借指选拔人才和评价诗文的标准。“玉尺”一词，出自相传为李白所作的《上清宝鼎诗》：“仙人持玉尺，度君多少才。玉尺不可尽，君才无时休。”（据今人阮堂明考证，此诗作者应是苏轼。）

(14) 左芬：西晋时才女；著名文学家左思之妹。左思即写那名赋《三都赋》而“洛阳纸贵”的作者。

(15) 蹊径：門路，方法。

背景故事

本诗作于1950年前后，王光汉六十寿辰时。

王光汉书法甚为时辈推崇，常为商家写大字招牌。本诗谓“笔如椽”即指此而言。又王光汉之父亲王淡如及伯父王学丹皆以书画闻名于乡里。王学丹精于医术，王光汉之医术，相信是从伯父所学。

本诗《序》谓王光汉“令妹王义宋女士，现长霹雳妇女裁剪训练所，”王义宋即晴山夫人。1939年，晴山鼓励义宋往吉隆坡习裁剪。义宋毕业后回金宝自创裁剪学校。裁剪学校在日据期间被迫关闭，1947年在怡保重开。本诗创作时，裁剪训练所业务已上轨道。

赏析

此一题两首，如序说述，乃酬光汉六十自寿诗而作。两首诗意，在序中已有提示。

第一首称颂光汉在侨教方面之贡献，并及其二子。首联“文章寿世”“肘后秘篇”指其学养。颔联上句中“术”字，言其医术，“术未活人”，即序中“精于医术，让不轻试”之意。下句之“学“字，指其文章；“传子更传贤”，引出后四句：颈联谓其子孝顺，故光汉虽以老莱子之彩衣娱亲之举为儿戏，但未免从俗，接受儿子祝寿。“事业千秋”指其教育事业。所谓传子，即序中所说，“其两郎亦执教鞭”一事。所谓“传贤”，指其“从事侨教卅余年”；但紧承老莱娱情故事，则所谓“贤”，亦暗指其“子”。末句“何须花甲记流年”，言及其《六十自寿》诗。按光汉《六十自寿》诗二首，叹光阴流逝，缅怀故乡。晴山前此曾和诗两首，从正面劝说光汉不必缅怀故乡。此诗则从其教育事业之成就及其两子之贤孝切入，劝其不必叹息光阴流逝。

第二首记晴山祝寿。首二联谓自己清贫，故只能以诗为寿礼，其中用“饭后槟榔”典故，即序中说言，“用刘穆之事，穷愁犹昔，借以自嘲”。颈联“旧物青毡”回应光汉《六十自寿》诗中“坐用青毡卅五年”句。但光汉原诗中，“青毡”指故乡旧物，晴山此诗，以“玉尺”指其“青毡”，即谓其家传旧物，乃在教尺。“君家旧物青毡在，天下英才玉尺量”，谓其作育英才，教育事业，父子相传，即序中“从事侨教卅余年，其两郎亦执教鞭，可称一门师范”之意。尾联“左芬”，指晴山夫人王义宋女士，即光汉之妹。称义宋为“左芬”，即把光汉比拟为左芬之兄长左思。按左思乃文学大家，其《三都赋》出，而洛阳纸贵。称其妻而实颂其妻舅，甚为得体。末句“别寻蹊径树门墙”，即序中所说“令妹王义宋女士，现长霹雳妇女裁剪训练所，以刀尺授徒，方致力于职业教育”。光汉父子一门师范，以教尺相传，而义宋从事职业教育，以刀尺授业，故谓“别寻蹊径树门墙”。“玉尺”兼言教尺与裁缝之刀尺，甚为巧妙。

此两首祝寿，称颂光汉事业，并及其二子与妹，又兼言自己身世，两家之亲，见于字里行间，隐然可感。

第十九篇

xīn bié lí cí zèng wáng guāng hé

新别离词赠王光河

guāng hé nèi dì jiāng jiù shāng jí lóng pō yī yī yǒu xī bié yì gù fǎn qí cí yǐ shì zhī

光河内弟将就商言隆坡，依依有惜别意，故反其词以释之。

zì gǔ shāng lí bié
自古伤离别，
lí bié yì hé shāng
离别亦何伤？
rén shēng yǒu jù sàn
人生有聚散，
hún rú xì yī chǎng
浑如戏一场。
gē tái yǔ wǔ xiè
歌台与舞榭，(1)
zuó xiāo fāng dǎ yàng
昨宵方打烊；
jīn yè huá dēng shàng
今夜华灯上，
xiān yuè yòu piāo yáng
仙乐又飘扬。

rén shēng jù bì sàn
人生聚必散，

sàn yì bù fù cháng
散亦不复长。

fú píng chuī hū jù
浮萍吹忽聚，(2)

lí hé jù yǒu cháng
离合讵有常？

hé kuàng wú yǔ zǐ
何况吾与子，

qù guó jiǔ qī huáng
去国久栖遑。(3)

cǐ qù bǎi yīng lǐ
此去百英里，(4)

yī yàng shì tā xiāng
一样是他乡。

xiāng chǔ màn yú jì
相处漫逾纪，(5)

xiǎo bié gù wú fáng
小别固无妨。

pì rú sān cān fàn
譬如三餐饭，

rì xī yàn gāo liáng
日夕餍膏粱。(6)

ǒu rán jiá lí huò
偶然夹藜藿，(7)

zhuǎn jué cài gēn xiāng
转觉菜根香。(8)

yòu rú jī lín jiǎ
又如鸡林贾，(9)

mǎn zài bái yǔ huáng
满载白与黄。

yǒu shí sī fēng yǎ
有时思风雅，

yì fù zhòng cí zhāng
亦复重词章。

shí jiān yǒu zhòu yè
时间有昼夜，

qì hòu yǒu yán liáng
气候有炎凉。

xiāng xíng suī chéng chù
相形虽成绌，

xiāng dé nǎi yì zhāng
相得乃益彰。

zòng wèi bié lí kǔ
纵谓别离苦，

cǐ wèi yì yìng cháng
此味亦应尝。

xuě zhōu fēng yuè hǎo
雪州风月好，(10)

mǎi zuì rèn qiān shāng
买醉任千觞。

shǒu dōu duō míng huì
首都多名卉，(11)

kàn huā bù yàn kuáng
看花不厌狂。

xíng xíng mò sì gù
行行莫四顾，

qián lù chèn chén guāng
前路趁晨光。

kuì fá qióng yáo zèng
愧乏琼瑶赠，

hū ér chàng wèi yáng
呼儿唱渭阳。(12)

yī jiǔ wǔ sì jiǎ wǔ zhī qiū qī yuè jì wàng
一九五四甲午之秋七月既望(13)

chén qìng shān yú yí bǎo
陈掅山于怡保

语译

古来人们都为离别而感伤，
离别，其实又何必感伤？
人生本来就是有聚也有散，
就像是一场戏，真假难分。
又像歌台舞榭，笙歌曼舞，
昨晚歌终落幕，才刚刚打烊，
今夜又仙乐飘飘，歌声悠扬。
人生有相聚，也必然有别离，
别离也不会久，很快便可相聚。
浮萍分散，遇到风吹，忽又相聚。
离离合合，那会有常久不变的。
这道理，一般人都懂，何况你和我，
我们都离开故乡，长久奔波在外。
你要去的地方，只有百多英里，
我们都还是一样，同样身居在他乡。
我们住在一起，已经超过十二年，
现在小别，其实也没有什么大不了。

譬如说，如果一个人一日三餐，
早午晚吃的，都是精馔美食，
偶然粗茶淡饭，吃些粗糙的蔬菜，
反而会觉得菜根特别的美味可口。
又譬如一个商人，像那古代的鸡林贾，
经商致富，赚来满车白银和黄金。
有时候，也仍然想要附庸风雅，
兴之所至，也会舞文弄墨，填词写诗。
一天的时间，分为白天和黑夜。
一年的气候，有炎热，也有清凉。
如果要互相比较，一方会显得逊色，
如果能互相配合，便显得更为完美。
虽然说，离是愁，别是苦，
但离愁别苦的滋味，也应该尝尝。
你要去的雪州，风清月美，有家风月酒家，
要买醉寻欢的话，尽可以喝上千杯。
你定居的，是首都，那里名花处处，
你大可以，尽情看花，尽情享乐。
你就去吧，去吧，不要四处张望，
趁着晨光熹微，你就启程上路去吧。
没有珍贵的东西能送给你，真是惭愧，
我只能吩咐儿子，为舅舅殷殷送行。

注释

(1) 歌台舞榭：榭：建筑在高台上的房屋。歌台舞榭，演奏乐曲、表演歌舞的场所。

(2) 浮萍：浮生在水面上的一种草本植物。古诗中常用以比喻飘泊无定的身世或变化无常的人世间。如杜甫《又呈窦使君》“相看万里外，同是一浮萍。”

(3) 去国：“国”，指晴山及王光河之故乡福建。栖遑：忙碌不安，奔忙不定。

(4) 百英里：指怡保和吉隆坡之距离。

(5) 逾纪：一纪为十二年，作者一家和光河一家自1941年移居怡保，此诗写于1954年，前后十三年。

(6) 餍：吃饱、满足。膏粱：肥肉和细粮；泛指精美食品。

(7) 藜藿：藜和藿。亦泛指粗劣的饭菜。

(8) 菜根：咬得菜根，比喻安于过清苦的生活。宋·吕本中《东莱吕紫微师友杂志》：“汪信民尝言：‘人常咬得菜根，则百事可做。’”

(9) 鸡林贾：《新唐书·白居易传》：“（白）居易于文章精切，……鸡林行贾售其国相，率篇易一金。”这里比喻光河为鸡林贾，知道好诗有价。

(10) 雪州：马来西亚雪兰莪州之简称。风月：双关语，一指自然风物之美，亦指吉隆坡兴化菜馆“风月酒家”之名字。

(11) 首都：这里指马来西亚首都吉隆坡。

(12) 渭阳：《诗·秦风·渭阳》“我送舅氏，曰到渭阳。”朱熹《集传》：“舅氏，秦康公之舅，晋公子重耳也。出亡在外，穆公召而纳之。时康公为太子，送之渭阳而作此诗。”后人以“渭阳”表示甥舅情谊。

(13) 既望：“望”即“望日”，指阴历十五。“既”即完成、达到之意。“既望”就是“望日”后一天，即农历十六日。

背景故事

据晴山所记，此诗作于“一九五四年甲午之秋七月既望”，查即公历1954年8月14日。此诗之作，晴山于诗序已加说明：

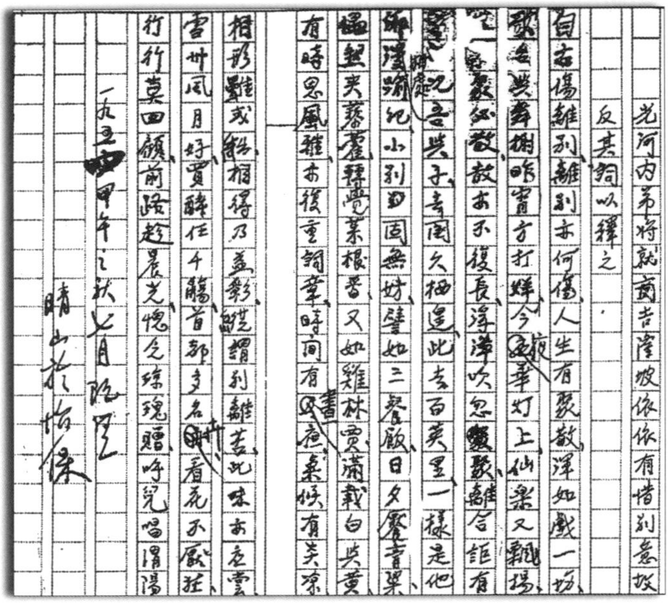

光河内弟将就商吉隆坡，依依有惜别意，故反其词以释之。

自古伤离别，离别亦何伤，人生有聚散，浑如戏一场。歌舞兴犹酣，昨宵方打烊，今夜华灯上，仙乐又飘扬。[illegible]一聚一散，散亦不复长，浮萍吹忽聚，聚离合讵有[illegible]吾与子，吾国久栖迟，此去百英里，一样是他乡。漫论小别回，固无妨，譬如三餐饭，日夕飨膏粱，[illegible]夹藜藿，转觉菜根香。又如雏林贾，满载白头黄[illegible]有时思风雅，亦复重词章，时间有书[illegible]候，有关[illegible]相形虽或绌，相得乃益彰，谩谓别离苦，此味亦在尝[illegible]雪州风月好，买醉任千觞，首都多名胜，看花不厌狂。行行莫回顾，前路趁晨光，愧乏琼瑰赠，呼儿唱渭阳。

一九五[illegible]年之秋七月既望

晴山於怡保

《新别离词赠王光河》（晴山手稿）。
（1959年，晴山妻舅王光河从怡保迁居吉隆坡，晴山作此诗送别。）

雪州“风月酒家”。
（摄于2002年。风月酒家为兴化菜馆，1950年代起即深受当地兴化人欢迎。）
“雪州风月好，买醉任千觞。”

光河内弟将就商吉隆坡，依依有惜别意，故反其词以释之。

按光河，即王光河，晴山夫人王义宋女士幼弟。光河年幼时，不幸丧母。其父续弦，继母常虐待年幼之光河，而义宋往往挺身护弟，故姐弟两人感情深厚。后姐弟两家同逃难至马来亚，光河经商，经济较好，常接济义宋一家。

王家五兄弟中，长兄及四弟皆从事教育，并以书法及诗词闻名。五弟光河则不喜读书，但精于营商，在怡保与数位同乡开店，经营汽车零件生意。1954年，为发展业务，光河决定移居吉隆坡，告别共处多年之姐姐王义宋女士一家，故“依依有惜别意”。晴山遂作此诗，并发表于《建国日报》副刊，传诵一时。

光河虽未受高深教育，但继承其父之传，写得一手好字，并亦尝写诗。晴山诗中以“鸡林贾”喻之，即暗示光河虽为商人，亦颇懂诗。

赏析

关于此诗之艺术特色，《荔子情》曾作介绍，兹撮述其要，并稍作补充。

此为“别离词”。别离之作，每多愁绪，例如李白“举杯销愁愁更愁”（《宣州谢朓楼饯别校书叔云》），王维“劝君更尽一杯酒，西出阳关无故人”（《渭城曲》），杜牧“蜡烛有心还惜别，替人垂泪到天明”（《赠别》）等，皆悲伤之辞。

晴山此作，一反“依依惜别”之态，而多勉励之词：“首都多名卉，看花不厌狂”、“行行莫四顾，前行趁晨光”，皆勉励语。又诗中多一正一反之句，述说人生聚散无常，带出“别离”不须“依依”之旨，甚见巧思。例如“自古伤离别，离别亦何伤？”、“昨宵方打烊，今夜华灯上”、“人生聚必散，散亦不复长”等句。

晴山最爱白居易诗，常引用乐天“天下无正声，悦耳即为娱”一语，尝谓“香山之诗，老妪都解，此真诗人也！”此别离词用字浅白易解，即继乐天风格。

晴山诗善能巧用典故、成语，灵活变化，此诗亦为一例。

“鸡林贾”一典，切合光河商人身份，并言其懂诗，已如上述。又此诗第33至36句（雪州风月好，买醉任千觞。首都多名卉，看花不厌狂），嵌入“风花雪月”四字，谓光河去处，正为乐土，故不必忧伤。又“风月”乃吉隆坡兴化菜馆“风月酒家”之名字，故“风月”、“买醉”实亦同时嵌入该菜馆名字。末句用春秋时代秦康公送舅至渭阳之典故，巧妙记述差遣敏良、敏华送舅之事，既言惜别，亦喻甥舅情谊，并寄寓晴山、义宋之情，兴味深长。

第二十篇

tí wáng guāng hé wǔ shí chū dù xiǎo yǐng
题王光河五十初度小影(1)

guò xì jū guāng guò yǎn yān
过隙驹光过眼烟，(2)

wú shēng zhī mìng biàn chāo rán
吾生知命便超然。(3)

zhù yán yǒu shù píng hóng yǐng
驻颜有术凭鸿影，(4)

liú qǔ tā shí zì gù lián
留取他时自顾怜。(5)

语译

光阴逝，快如骏马过隙缝；身外物，轻如过眼云烟；
五十岁了，能乐天知命，便可以超脱于尘世功名是非。
留住容颜，留下人生印记，通过照片，是有效的方法，
留住容颜，让将来可以，看着照片，回味现在这一切。

注释

(1) 影：影像，即照片。

(2) 过隙驹光：隙：空隙；白驹：原指白马，后比喻日影。比喻时光像骏马一样在细小的缝隙前飞快地越过。语出《庄子·知北游》“人生天地之间，若白驹之过却［同“隙”］，忽然而已。”过眼烟：过眼云烟。从眼前飘过的云烟。比喻身外之物，不必重视。语出苏轼《宝绘堂记》：“见可喜者，虽时复蓄之，然为人取去，亦不复惜也。譬之烟云之过眼，百鸟之感耳，岂不欣然接之，然去而不复念也。

(3) 知命：谓懂得事物生灭变化都由天命决定的道理。语出《易·系辞上》：“乐天知命，故不忧。”又孔子曾说自己“五十而知天命。”（见《论语·为政》）后因以“知命”代称五十岁。这里兼用本义及引申义。超然：超脱世事，安闲快乐。

(4) 驻颜：使容颜不衰老。驻，留住。语出晋·葛洪《神仙传·刘根》：“草木诸药，能治百病，补虚驻颜。”鸿影：大雁的影子。宋·苏轼《和子由渑池怀旧》曰：“人生到处知何似？应似飞鸿踏雪泥。”成语“飞鸿踏雪、雪泥鸿爪”出自此，比喻事情经过所留下的痕迹。这里用“鸿影”而不说“鸿爪”，是因为以“鸿影”可兼言“鸿爪”与照片之意。

(5) 自顾怜：即顾影自怜。“顾影自怜”有两种意思。一是顾望身影，自己怜惜自己。形容处境孤苦，潦倒失意。如晋·陆机《赴洛道中作》：“伫立望故乡，顾影凄自怜。”“顾影自怜”也可解释为“转过头看着影子也自觉可爱。”多谓自矜其美；自我欣赏；如《初学记》卷二七引南朝梁张率《绣赋》：“顾影自媚，窥镜自怜。”

背景故事

本诗作于1956年王光河五十寿辰时。是年三月，义宋往吉隆坡探望姐锦宋、弟光河。三人聚首，拍照留念。此诗即晴山在照片之题诗，全用光河口吻。

光河嗜酒，不幸于1958年逝世。

赏析

此七绝题中之“王光河”乃晴山夫人王义宋女士之亲弟。如题所记，王光河五十岁时拍照留念，晴山题诗照片，全诗用光河口吻。

首句用两“过”字，看似重复，实则精当。细读之，两“过”字之涵义实不相同：“过隙驹光”指时间之飞逝；“过眼烟”则言视身外物，如眼前飘过之云烟。故此句从两方面切入“五十初度”之主题：一为时间，一为人生态度，引出第二句。次句“知命”承前句，亦含两层意义：一用孔子“我五十而知天命”之典故，言年已五十，点题；一用“知命”之本义，揭示乐天知命之人生态度。故此句可理解为，“到了五十岁便轻看尘俗”；也可理解为“乐天知命，便可坦然面对人生”。能“超然”，则功名富贵，成败得失，皆如“过眼烟。”第三句又从容颜之变化切入“五十初度”之主题，并引出“留影”驻颜之术，呼应标题中“小影”一词。末句“自顾怜”即“顾影自怜”之意，而“影”字先见于第三句。“顾影自怜”有两种用法，一用以形容处境孤苦，自己怜惜自己。一用以形容自矜其美，自我欣赏。此句呼应并补充“吾生知命便超然”之句意：不知命，则易自叹自怜；知命，便大可自我欣赏。如是，则他时所欣赏者，非单照片。

总之，此诗巧于衍化成语典故，句句皆可作不同解读，而各种解读又可并存，并又紧密呼应，从时间、态度、容颜等方面切入主题，甚为高妙。

第二十一篇

yì sòng jǐn sòng guāng hé sān jiě dì hé zhào tí shī
义宋锦宋光河三姐弟合照题诗

liù shí chū dù, xié jǐn sòng jiě、guāng hé dì hé zhào shū huái。yú sān rén zhě, xù chǐ gè yǐ shí chà, ér lù lù fú shēng, zé yǒu tóng gǎn。
六十初度，偕锦宋姐、光河弟合照书怀。余三人者，序齿各以十差，而碌碌浮生，则有同感。

wǔ shí wú wén kuì hòu shēng,
五十无闻愧后生，(1)

liù xún qī zhì yì xū shēng。
六旬七秩亦虚声。

shòu yán wèi gǎn yāo chóu lǚ,
寿筵未敢邀俦侣，

chūn jiǔ wéi yìng gòng dì xiōng。
4 春酒惟应共弟兄。(2)

táo shí fēn wéi sān chù zhǒng,
桃实分为三处种，(3)

dì huá yuàn jiàn yī jiā róng。
棣华愿见一家荣。(4)

lǎo lái shǒu zú qíng hé xiàn
老 来 手 足 情 何 限，

rěn xiàng tiān yá gè lǚ chéng
忍 向 天 涯 各 旅 程。

yì sòng
义 宋

bǐng shēn sān yuè chū shí rì yú yí bǎo
丙 申 三 月 初 十 日 于 怡 保

语译

五十岁而碌碌无闻，愧称后生，
六十的、七十岁的，也是寂寂无名。
祝寿的宴会，也不敢邀请朋友参加，
饮酒畅叙，也只应该跟兄弟姐妹同醉。
同一棵桃树的种子，却分开了三处栽种，
惟愿全家安好，像欣欣向荣的棠棣之花，
兄弟手足之情，到老来，更无限珍惜，
无奈天涯分隔，各奔前程，这伤痛怎堪忍受。

注释

(1) 五十无闻：五十岁而仍然没有名声；不为人知。语出《论语·子罕》："子曰：'后生可畏。焉知来者之不如今也？四十五十而无闻焉，斯亦不足畏也已。'"

(2) 春酒：春季酿制的或春季酿成的酒。民间习俗，春节时宴请亲友叫"吃春酒"。此诗作于农历三月，故应指春季酿成之酒。

(3) 桃：喻兄弟。

(4) 棣华：《诗·小雅·常棣》：“常棣之华，鄂不韡韡。凡今之人，莫如兄弟。”常棣，即棠棣。后以“棣华”喻兄弟。

背景故事

此诗乃晴山代妻义宋之作，诗后有义宋识语。识语其后改为序，并稍作删减。识语对背景有更详尽说明，兹抄录如下：

> 丙申六十初度，省兄吉隆坡，与锦宋姊、光河弟共话家事，渐及身世。予三人者，序齿各以十差，而碌碌浮生，则有同感。复念三弟久客芜湖，侘傺尤甚，诵白傅一夜乡心句，凄然久之。既又强自抑制，举杯相属为寿，合照纪年，归述其事，晴山为作韵。谨此志之。
>
> 义宋识　1956年4月10日

据识语，则义宋六十初度与姊弟共聚时，话及身世，并念及远居中国芜湖之三弟，复诵读白居易“一夜乡心五处同”之句，更感凄然。

此诗作于义宋六十岁生日时。义宋姐弟三人，“序齿各以十差”。可知其姊锦宋当时七十岁，弟光河五十。当时义宋主持霹雳州女子裁剪训练所，光河在吉隆坡经营汽车零件业务，锦宋寡居吉隆坡。识语中谓“省兄吉隆坡”，所谓“兄”，即“女兄”（《说文》：“姊，女兄也。”），指锦宋。三人年齿虽然相差甚远，但感情深厚。

按白居易诗，有助于理解晴山诗，抄录如下：

> 自河南经乱，关内阻饥，兄弟离散，各在一处。因望月有感，聊书所怀，寄上浮梁大兄，于潜七兄，乌江十五兄，兼示符离及下邽弟妹。

晴山夫人王义宋［右］与姊锦宋［中］、弟光河［左］合照。（1956年义宋60岁时摄于吉隆坡；姊弟三人序齿各以十差，时锦宋70岁，光河50。照片下为晴山为义宋所题诗。）

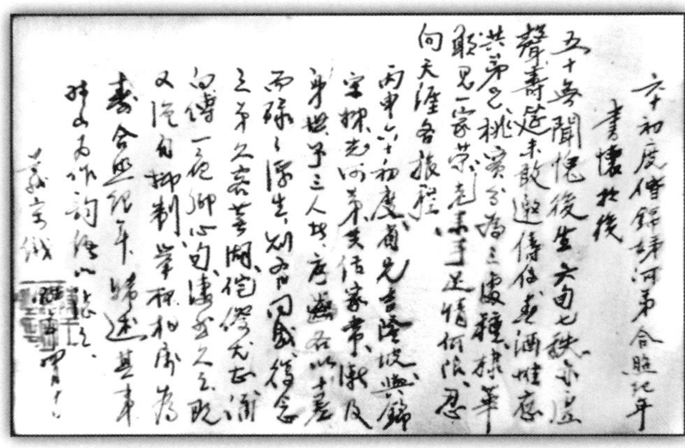

晴山《为义宋锦宋、光河三姐弟合照题诗》手抄本。

（附义宋识语；识语有句曰：“复念三弟久客芜湖，侘傺尤甚，诵白傅一夜乡心句，凄然久之。”时光坡在中国芜湖。）

白居易

时难年荒世业空，弟兄羁旅各西东。
田园寥落干戈后，骨肉流离道路中。
吊影分为千里雁，辞根散作九秋蓬。
共看明月应垂泪，一夜乡心五处同。

赏析

此七言律诗，押下平声八庚韵（“生、声、兄、荣、程”同属庚部）。

首联述三人年岁。上句“五十无闻愧后生”，指光河，时年五十。“愧后生”双关语，既指光河为三人中最为“后生”，亦用《论语·子罕》典故，谓年到五十而寂寂无闻，虽“后生”而不足畏，反觉愧称“后生”。下句指“六旬”指义宋，“七秩”言锦宋。

颔联交待背景：义宋寿宴不请别人，只姐弟三人共饮春酒。（下联中“弟兄”之“兄”，指“女兄”，即“姊”。）

颈联“桃、棣”皆喻兄弟，承颔联。上句“桃实分为三处种”，指姐弟分居三处：义宋居怡保，锦宋、光河居吉隆坡，而三弟光坡则远在中国安徽芜湖。此句为尾联作铺垫。

尾联上句“老来手足情何限”，“老来”二字，呼应首联“五十、六旬、七秩”等语，下句“忍向天涯各旅程”，呼应颈联“桃实分为三处种”句，并点出诗旨，即义宋识语中引白居易诗句“一夜乡心五处同”之意。

第二十二篇

guǎng jià nǚ cí， zèng pī lì nǚ zhōng
广嫁女辞，赠霹雳女中

gāo shī bì yè bān tóng xué
高师毕业班同学

xiàng zuò jià nǚ cí， péng bèi xǔ wéi dá， yīn guǎng qí yì， gèng zuò èr shǒu
向作嫁女辞，朋辈许为达，因广其意，更作二首

shì zhū tóng xué， wéi lín bié zhī zèng
示诸同学，为临别之赠。

其一

jià nǚ fù jià nǚ
嫁女复嫁女，

xiāng duì liǎng wú yǔ
相对两无语。

dài rǔ wéi mǔ shí
待汝为母时，

fāng shí mǔ xīn kǔ
方识母心苦。

mǔ kǔ xiàng shuí yán
母苦向谁言？

tiān xìng suǒ fù yǔ
天性所赋予。

zhé niǎo shàng jiāng chú
鷙鸟尚将雏，[1]

wū tú yì bǔ rǔ
於菟亦哺乳。[2]

gù zhān xià yí dài
顾瞻下一代，

qì zhì qǐ yóu rǔ
弃置岂由汝。

其二

rì rì zhì jià zhuāng
日日治嫁妆，
ā niáng wèi rǔ máng
阿娘为汝忙。
wú rú shí zhǐ zhuō
无如十指拙，
liǎng zǎi bù yíng xiāng
两载不盈箱。
qù qù qiě mò yuàn
去去且莫怨，
mén qián lù zhèng cháng
门前路正长。
rén shēng guì zì lì
人生贵自立，
hé yòng duō yōu shāng
何用多忧伤？
duō shǎo péng mén nǚ
多少蓬门女，
wèi shí qǐ luó xiāng
未识绮罗香，(3)
yī bié jǐn sān rì
一别仅三日，(4)
yī jǐn huán gù xiāng
衣锦还故乡。(5)

语译

去年刚嫁了女儿，现在又要嫁女，
和女儿相对着，彼此对着说不出话来。
女儿呀，当你成为母亲的时候，
你才能真正体会当母亲的苦。
母亲的苦处，又能向谁诉说呢？
母性，本来就是与生俱来的啊。
凶猛的鹰和枭，也会养育它的幼鸟。
猛虎也会喂养它的小老虎。
照顾下一代，是母亲天生的职责，
又怎么可以任由你抛弃不理？

其二

一天又一天，每天都在准备嫁妆，
娘为你准备嫁妆，忙得不可开交。
可是啊，娘的手指不够灵巧，
花了两年，嫁妆仍然不满两箱。
你就姑且出门去吧，不要埋怨，
踏出娘家的门后，要走的路正长呵。
做人最可贵的，是能够自力更生，
能够自立，又哪来那么多的忧伤？
这社会里，有多少出生贫寒的女子，
从没见识过富贵荣华，绫罗软香。
有志气的话，暂别那么的几天后，
便可以有所成就，衣锦还乡。

注释

(1) 鸷鸟：凶猛的鸟，如鹰、雕、枭等。将：养。《诗・小雅・四牡》“不遑将父。”

(2) 於菟：虎的别称。

(3) 蓬门、绮罗香：语出唐・秦韬玉《贫女》“蓬门未识绮罗香”。意谓出生贫寒的女子，从未见识绫罗软香。

(4) 一别三日：《资治通鉴・孙权劝学》“士别三日，即更刮目相待”，指长进的人，在很短的时间便有进步。三日：指短时间。此为嫁女词，或亦指“三朝回门”之婚姻礼俗。女子婚后三天会娘家探亲，有女儿不忘父母养育恩之意。

(5) 衣锦还乡：穿着锦绣的衣服还乡，即指富贵而回到故乡。

背景故事

此诗作于1957年底，前此，晴山有《嫁女词示美瑜》，训谕女儿美瑜“事业无性别”，“慎勿长自卑”，并告诫她勿荒废事业。此诗广其意，“人生贵自立”，乃晴山赠霹雳女中毕业诸生之词。

霹雳女中校长为彭士驎。彭氏于1954年接掌霹雳女中，当时女中高中部已停办。1957年新校舍落成复办高中，须增聘教师。福建公会会长白成根力荐晴山，盛称晴山之人品与学问。彭士驎遂亲往怡保桑商街义宋之女子裁剪训练学院拜谒晴山。晴山自此在霹雳女中兼职教中国语文，上午教书，下午处理福建公会事务。

赏析

此一题两首古体诗，晴山为毕业同学而作。晴山时为吡叻［Perak，今译作霹雳］女子中学高中部及高师部华文教师。

第一首把教师比拟作母亲，女生为出嫁女子。按毕业同学皆师范生，即将步晴山后尘，而为人师表。故“待汝为母时，方识母心苦”，即谓毕业生正式当人师时，应体谅老师之苦心。“母苦向谁言，天性所赋予”，乃是劝勉学生尽其本分，努力教育下一代，亦末两句“顾瞻下一代，弃置岂由汝”之意。

第一首劝勉学生尽其教师本分，第二首则勉励要耐得清寒，努力自立。首两句“日日治嫁妆，阿娘为汝忙”，比喻教师每天辛劳，为的是好好培育学生成才。第四句“两载不盈箱”，“两载”，应指高师两年课程；“不盈箱”，自谦谓所传授给学生者不多，但同时也暗喻教师待遇并不丰厚，故女儿“嫁妆”不多。下文“忧伤”“蓬门女”，即从此意而来。“人生贵自立，何用多忧伤”，谓教师生活虽清贫，但能自立，便是可贵。末二句“一别仅三日，衣锦还故乡”为祝福语，愿学生长进，能有所成就。

两诗用字浅白，把毕业女生比喻为出嫁之女子，并自拟为母亲，关切甚殷。

第二十三篇

yǒu xíng
有行 (1)

hǎi kuò tiān liáo kuò
海阔天寥廓，

xiū jiē xíng lù nán
休嗟行路难。(2)

yǒu fēng jiē kě yù
有风皆可御，(3)

wú làng bú qí guān
无浪不奇观。

hèn měi yīn jīn wū
恨每因金屋，(4)

chóu duō yǐ huà lán
愁多倚画栏。

qū jū guò shèng mǔ
驱车过胜母，(5)

shèn wù wàng cháng ān
慎勿望长安。(6)

语译

前路是壮阔的大海，辽远的苍天。
不必伤别，更不要埋怨路途艰难。
纵然可能会遇到风雨，但都可抵挡。
4 人生中没有风浪，便没有精彩的景象。
旧妇女的悲剧，是因为被藏于金屋，
忧伤的时候，也往往只能凭栏叹息。
驾车前进吧，要胜过你们母亲的一代，
8 可千万不要，贪图长期安逸的生活。

注释

(1) 有行：出嫁。语出《诗经·邶风·泉水》：“女子有行，远父母兄弟。”

(2) 行路难：字面意思即“路途艰难”。此外，“行路难”乃乐府《杂曲歌辞》调名，内容多写世路艰难和离别悲伤之意。

(3) 有风皆可御：“御风”一词见《庄子·逍遥游》：“列子御风而行，泠然善也。”《庄子》此句中，“御风”多解释为“乘风”。又“御”字也可理解为“抵御”。

(4) 金屋：华丽的房子。“金屋”一词，见《汉武故事》（旧题为班固所作）。据该书记载，汉武帝少年时，他的姑母曾问他是否喜欢他的表姐“阿娇”。他说“若得阿娇作妇，当作金屋贮之也。”这是成语“金屋藏娇”的出处。“阿娇”即后来的陈皇后。陈皇后后来失宠，郁郁以终。这里所谓“恨每因金屋”中所谓“恨”，或指失宠之怨恨。

(5) 胜母：出自《史记·鲁仲连、邹阳列传》“县名胜母而曾子不入”一句。胜母是地名，据司马贞的解释，曾子不肯进入这个县，是因为它的名字不合孝顺之道。（“曾子不入，盖以名不顺

晴山与霹雳女中高中毕业班同学合照。（摄于1959年；晴山诗《有行》即为赠毕业同学之作。诗歌鼓励女学生独立，甚有现代精神。）

故也。”）。按，“胜母”字面的意思是“胜过母亲”，曾子是孝子，所以不肯进入。但在本诗中，晴山可能是用“胜母”的字面意思。

(6) 长安：地名，历史上曾是多个王朝的首都。字面是“长久安逸”的意思。这句中，用的是字面的意思。

背景故事

此诗作于1959年，收录于是年《霹雳女子中学毕业特刊》。特刊由霹雳女中高中第一届以及初中第廿二届毕业同学合编。

晴山为霹雳女中教师，负责初三及高一两班，主讲中国语文，引导学生欣赏古今文学作品，运用中国语言文字，为学生打下坚实之语文基础。

赏析

此诗作于1959年，是为怡保霹雳女中高三毕业生而作。晴山当时在该校任教华文。诗题中所谓“有行”，即毕业离校而去之意。

此诗格律符合五言律诗之标准。首联上句“海阔天寥廓”，既有路途危险之意，亦有海阔天高，前景远大之意。下句“休嗟行路难”即承上句而来：路途危险，故难免嗟叹；但换一角度，则海阔天高，故不必嗟叹。颔联“风、浪”即路途危险之意；“可御、奇观”乃谓坦然面对人生风浪，则“海阔天寥廓”，正可欣赏，不必怨叹。颈联转出新意，劝勉毕业诸生，切勿如旧时妇女，作金屋中之阿娇，凭栏自叹之弱女，为末句“勿望长安”作铺垫。尾联上句用“胜母”典故，但又取其字面意义，劝勉诸生勇往直前，胜过母亲一代。下联以“长安”对“胜母”，既以地名对地名，又取“长安”字面意义，勉励诸生切勿贪图安逸，引申颈联之意，并遥应首联“无嗟行路难”，首尾呼应。

总之，本诗之特点在巧用典故，而寓意深刻。此诗作于传统与现代女性意识并存之时，用来送毕业女生，最为恰当。

第二十四篇

kě mó xiōng sǎo jīn hūn zhì qìng

可模兄嫂金婚志庆

zhǔ juàn fāng lóng rì
主眷方隆日，

chūn guāng dà hǎo shí
春光大好时。

huá yán chéng cǎi wǔ
华筵呈彩舞，

yín zhú zhào jīn xǐ
银烛照金禧。

qiè fā cuī zhuāng gǎo
箧发催妆稿，(1)

lián sōu què shàn shī
奁搜却扇诗。(2)

kě céng fān jiù pǔ
可曾翻旧谱，(3)

chóng yǔ huà shuāng méi
重与画双眉？(4)

语译

上主对你们的眷顾，正为隆盛，
在这大好的日子里，春光明媚。
庆祝会上，衣香鬓影，歌舞翩翩，
银色的烛光，映照着金婚的喜气。
打开旧箱子，拿出你当年催妆诗的稿本，
搜搜化妆箱，找出他当年为你写的却扇诗。
可曾翻开，你们当年合婚的庚帖，
重温当年美事，为她细画双眉？

注释

(1) 催妆稿：催妆诗之稿本。所谓“催妆诗”，是新郎或傧相催促新娘尽快完成梳妆打扮，早登花轿所作，多颂赞吉利语。催妆诗在唐代已盛行。

(2) 却扇诗：却，即拿开、放下之意。却扇诗在唐代亦已盛行。新娘初下花轿，需以扇遮面，如今人之面纱。拜堂时，新郎须咏却扇诗，始可见新娘芳容。

(3) 谱：此处指合婚谱，实际指合婚后互换的庚帖。合婚，民间又叫“合八字”，是女方将姑娘之“生辰八字”（又叫“年庚”）送到男方，由男方请相命先生课算，看男女双方“生辰八字”是否相合。相命先生认为“合婚”后，男方便向女方送庚帖。传庚过帖，实际上是互相交换定婚文约，双方换庚帖以后，就算婚事已定。

(4) 画双眉：用张敞为妇画眉之故事。

背景故事

晴山夫人义宋女士五岁时即为福清棉亭郭家养女。此家郭公与义宋女士父亲王淡如公为好友，婚后多年无子女。义宋出生于1897年，郭刘氏见义宋娟好，要求淡如公让义宋为郭家养女。当时风俗，以为养子、养女能为养父母带来后嗣。当时淡如公已有一子一女，遂答允郭刘氏要求。1902年义宋乃正式居郭家，时年仅五岁。自后至十六岁，义宋在郭家生活，前后十一年。

义宋养父为郭家六房，而诗中之郭可模，又名郭可钦，为郭家另一房之公子，生于1891年3月12日，比义宋长六岁，义宋视之如亲兄，故诗题中“兄嫂”之称，并非客套语。

郭可模自幼笃信基督，据其家族传闻，可模六岁时更劝服祖父改信基督教。

郭可模成年后为神职人员，是新加坡圣公会真光堂之教区牧师，新加坡神学院创办人，新加坡圣安德烈教堂牧师会荣誉会员。

郭可模牧师之夫人为陈添宋女士，两人于1910年结婚。本诗作于1960年两人金婚纪念时。

郭可模牧师伉俪七秩双寿暨金婚纪念全家合照。
（摄于1959年。晴山夫人为郭家养女；郭可模牧师为郭家公子。）
“主眷方隆日，春光大好时。”

郭可模牧师及夫人陈添宋女士合照。
“可曾翻旧谱，重与画双眉？”

赏析

此为五言律诗，中间两联对仗，颈联尤为工整。平仄合乎标准，第二、四、六、八句末字（“时、禧、诗、眉”）押韵，属支部。

本诗首联与颔联点题。题中之郭可模乃牧师，首联上句“主眷”二字契合其身份。“春光、华筵、金禧”点出金婚志庆之意。颔联下句中，“银烛”、“金禧”二语本极平常，但“银、烛、照、金”四字并列，则灯光映照、璀璨豪华之景顿现。又“金禧”本是抽象名词，本不可见，但四字并列，则“金禧”似乎具体可见。故此句看来自然，实见巧思。其中“银烛”一词，又引起传统洞房“花烛”之联想，想必是晴山不用“灯光”一词之本意（此诗作于1960年，宴会上实际应点电灯，而非蜡烛）。颈联、尾联中“催妆稿、却扇诗、旧谱、画眉”等词，即从“银烛”而来。结构上，首四句写实，后四句应为想象之景。颈联分写郭可模牧师及其夫人。“箧发催妆稿”者，应指郭可模；而“奁搜却扇诗”者，则言其夫人。当年催妆、却扇之诗，仍藏箧、奁之中，二人珍惜情缘，可想而知。尾联“翻旧谱、画双眉”之意，即由此而来。“重与画双眉”既写当年景，又述今日情，可圈可点。

第二十五篇

jì jūn yú nèi dì wú hú hè guāng guó yùn

寄君余内弟芜湖和光国韵(1)

其一

tiān yá láo yàn juàn yóu fēi

天涯劳燕倦犹飞，(2)

shēng jì nián lái bǎi shì fēi

生计年来百事非。(3)

chà xìng yǎng shēng chuán miào shù

差幸养生传妙术，(4)

bǎo cháng yōu huàn zì wàng jī

饱尝忧患自忘饥。(5)

其二

jǐn jiāng chūn sè shuǐ dōng liú

锦江春色水东流，(6)

lǐng lüè dāng nián huǐ wèi zhōu

领略当年悔未周。

duō shǎo cuō tuó jiāng shòu bǔ

多少蹉跎将寿补，(7)

yī shēng bù xiàng lǎo dī tóu

一生不向老低头。

语译

其一

分隔天涯，如分飞燕子，虽然疲倦，仍然奋飞，
仍然奋力谋生，虽然这些年来，事事都不如意。
但我没有消沉，因为我幸好有保养身心的良方—
历尽了沧桑，饱尝了忧患，自然可以浑忘饥困。

其二

鹭江，春色似锦，柔媚的江水蜿然东流，
回想起来，真后悔当年没有好好地欣赏。
不知蹉跎了多少岁月，愿用长寿去弥补，
要好好过这一生，始终不低头，不认老。

注释

(1) 和韵：清・吴乔《答万季埜诗问》曰："和诗之体不一：意如答问而不同韵者，谓之和诗；同其韵而不同其字者，谓之和韵；用其韵而次第不同者，谓之用韵；依其次第者，谓之步韵。步韵最困人，如相殴而自縶手足也。盖心思为韵所束，于命意布局，最难照顾。"晴山这两首是"步韵"诗，是和诗中最难的一种。

(2) 劳燕倦犹飞：《乐府诗集・杂曲歌辞八・东飞伯劳歌》："东飞伯劳西飞燕，黄姑织女时相见。"后以劳燕分飞比喻别离。

(3) 百事非：纳兰性德《采桑子》词曰："而今才道当时错，心绪凄迷。红泪偷垂，满眼春风百事非。情知此后来无计，强说欢期。一别如斯，落尽梨花月又西。"这里似隐括《采桑子》词意，呼应光国原诗。

(4) 差幸：尚幸；幸好。

(5) 忘饥：柳宗元《鹘说》有"乐以忘饥"之说。这里反其意而说。

(6) 锦江：这里应指光国诗所提及的鹭江，在福建厦门与鼓浪屿之间。水东流：李后主《虞美人》曰“一江春水向东流”。

(7) 蹉跎将寿补：用长寿去弥补那些蹉跎的岁月。出自刘禹锡《岁夜咏怀》诗：“念昔同游者，而今有几多？以闲为自在，将寿补蹉跎。”

背景故事

此诗作于1960年5月。同年5月底，晴山因肝硬化而留医于怡保中央医院，至6月6日辞世。故此诗信是晴山最后遗作。

诗题中之“君余”，即王光坡，晴山夫人王义宋之弟，比光国长两岁。晴山在福建江兜时曾为光国之塾师，当时或已认识光坡。光坡曾于1913至1915年、1916至1922年以及1923至1927年三度居于马来亚。晴山于1917年初到马来亚，1931年至1934年回莆田。晴山与光坡于1917年至1927年期间，同在马来亚，应有往来，至1926年，晴山与义宋结婚，两家往来更频密。

1935年，光坡父亲王淡如逝世，光坡回乡办理后事。至1936年，光坡本已买船票回马来亚。但此时接到光国来信，谓其大学同学黄某为安徽芜湖某医院院长，刚购新车，欲聘一同乡当司机。光坡遂北上芜湖应聘。其后日本侵华，国共内战，大陆变色，光坡滞留中国，兄弟从此分离。

光坡共有四子女，战乱期间，曾先后作地方官员及中国红十字会会长之司机。大陆变色后，光坡以在路边卖香烟以维持一家生计。1960年前后，则在油站工作。

光坡生活艰苦，但性格乐观。好饮“高粱酒”，外甥辈皆称之为“高粱舅”。

晴山有《高粱舅》一文写光坡，发表于1945年6月《中国报》。该文后收录于陈敏良、陈敏华编译之《荔子情》一书。

赏析

此诗题中之“君余”及“光国”皆晴山之妻舅。光国曾赋诗两首为其兄光坡（即君余）六十祝寿，晴山此两首乃和诗。

清·吴乔《答万季埜诗问》曰：“和诗之体不一：意如答问而不同韵者，谓之和诗；同其韵而不同其字者，谓之和韵；用其韵而次第不同者，谓之用韵；依其次第者，谓之步韵。步韵最困人，如相殴而自縶手足也。盖心思为韵所束，于命意布局，最难照顾。”晴山此两首，虽题为“和韵”，如用吴乔术语，则实为“步韵”，乃和诗中最难者。为便说明，兹抄录光国原诗及晴山和诗于后，并排作比较：

光国诗 **寿君余兄六十时在芜湖**	**晴山诗** **寄君余内弟芜湖和光国韵**
鹭江犹记惜分飞， 北上当年计已非。 酌酒天南聊献寿， 一杯难疗一家饥。	天涯劳燕倦犹飞， 生计年来百事非。 差幸养生传妙术， 饱尝忧患自忘饥。
大好年光似水流， 自怜花甲亦将周。 纵教明月圆时有， 相对何堪两白头？	锦江春色水东流， 领略当年悔未周。 多少蹉跎将寿补， 一生不向老低头！

光国原诗写离愁、叹贫困。晴山既写光坡之乐天安贫，又似自言其志，与光坡共勉。以此祝寿，实别开生面。

光国原诗第一首，以上平声五微为韵，依次为“飞、非、饥”；晴山诗亦然。第二首改押下平十一尤，依次为“流、周、头”，晴山亦步其韵。吴乔谓步韵诗“心思为韵所束，于命意布局，最难照顾”。但晴山此两首，既步韵，并呼应光国诗意，但又另出己意，功力非凡。

晴山夫人三义宋女士三弟王光坡全家照。（约摄于1946年。）
（光坡自1935年起即居芜湖。义宋兄弟间，独光坡在中国，其余皆在马来亚。1964年义宋及姐锦宋曾回大陆，并与阔别30年之光坡重聚。）

晴山夫人三义宋女士（中）、姊王锦宋（右）、弟王光坡合照。
（1964年7月11日摄于福建莆田。当时义宋与锦宋回乡探亲，光坡特地从芜湖到莆田，与阔别30年之两位姐姐相聚。）

第一首第一句“天涯劳燕倦犹飞”，用“劳燕分飞”典故，呼应光国诗“惜分飞”之意，但又续以“倦”字，使“劳燕”之“劳”字又含疲倦之意，带出光坡（即君余）之处境。晴山又进一步曰“倦犹飞”，写光坡顽强之精神，为第四句铺垫。

第二句“百事非”三字，似极平常，但实呼应光国“北上当年计已非”句意，并为晴山第二首作铺垫：纳兰性德《采桑子》词曰：“而今才道当时错，心绪凄迷。红泪偷垂，满眼春风百事非。”晴山“百事非”三字，相信已隐括纳兰词“而今才道当时错”之意，紧扣光国“北上当年计已非”句。又纳兰词“满眼春风百事非”，言“春风”，晴山第二首“春色”之语，由此而来。按光坡于1936年本已买船票回马来亚。但此时接到光国来信，谓其大学同学黄某为安徽芜湖某医院院长，刚购新车，欲聘一同乡当司机。光坡遂北上芜湖应聘。其后日本侵华，国共内战，大陆变色，光坡滞留中国，兄弟从此分离，而光坡穷困一生。所谓“北上当年计已非”、“而今才道当时错”，应即指此事。

光国第一首末句曰“一杯难疗一家饥”，意甚凄凉。晴山则曰“饱尝忧患自忘饥”，写光坡养生妙术，积极乐观。又柳宗元《鹘说》有“乐以忘饥”之说，晴山则曰“饱尝忧患”自可“忘饥”，写光坡之乐天精神，可谓奇巧独步。

第二首“锦江春色水东流”句中，“锦江”应指光国第一首诗中所说之“鹭江”，在福建厦门与鼓浪屿之间。所谓“锦”，即“锦绣、美好”之意。“春色水东流”句，呼应光国“大好年光似水流”句，又使人想起李后主《虞美人》“一江春水向东流”句。光国、李后主以春水比喻美好岁月，晴山亦然。但光国用以叹息美好时光之流逝，而李后主用以说愁，晴山则用以形容鹭江之美，写光坡缅怀故乡之情。

次句“领略当年悔未周”，言因当年未有好好欣赏鹭江美景而感后悔，情韵与光国及李后主迥异。又光国诗谓“自怜花甲亦将周”，谓光坡已六十，而自己亦将满六十，是“自怜”语。晴山曰“当年未周”，或反“将周”之意而言，即“当年年轻时”之意。故“周”字一语相关。

第三句“多少蹉跎将寿补”，用刘禹锡《岁夜咏怀》诗“以闲为自在，将寿补蹉跎。”典故，并引出末句“一生不向老低头”，则光坡乐天安贫之精神，跃然纸上，甚为肖妙。

总之，此两首虽是步韵，但却妙用典故，巧写光坡之精神面貌，亦寄寓诗人情怀，是步韵诗中上乘之作。

· 卷三

辅仁会友

思好友 · 忆良朋

第二十六篇

sòng ruì huá jiě huí guó
送瑞华姐回国

tiān nán dì běi gé fēng yān
天南地北隔烽烟，

gū fù shuāng méi bǐ jiǔ xuán
辜负双眉笔久悬。(1)

lù bù kě céng wàng qǐ cǎo
露布可曾忘起草？(2)

hán yī shuí fù wéi zhuāng mián
寒衣谁复为装棉？

miǎn huái gù guó yún qiān lǐ
缅怀故国云千里，

zòu jì zhuāng lóu rì yī jiān
奏记粧楼日一笺。(3)

cǐ qù zhěn biān píng xì yǔ
此去枕边凭细语，

bù láo qīng niǎo zuò yóu chuán
不劳青鸟作邮传。(4)

语译

战争把你们分隔，一个在天南，一个在地北，
你的双眉很久没有画，那眉笔只空挂着。
战争胜利了，军中可有公布消息，让他知道？
他单薄的寒衣，会有谁来加厚，装些棉絮？
你怀念着故国，心已随白云飘去千里，
他怀念着你，每天写信，呈到你的梳妆台前。
这次回去，你俩便可以在枕边细诉情话，
不用再劳烦那青鸟，为你们传书送信。

注释

(1) 双眉、笔：笔，指眉笔。双眉，用张敞为妇画眉故事。

(2) 露布：汉代皇帝制书用玺封，但赦令赎令均露布下州郡。所谓“露布”即不加玺封，以显露内容的意思。后世露布有不同种类与作用，在此诗中，应指军旅告捷文书。

(3) 奏记：原意为用书面向公府等长官陈述意见。

(4) 青鸟：神话传说中为西王母传信的神鸟。在古诗词中，常用作男女间信使的代称。

背景故事

日本侵华期间，瑞华女士之丈夫留在中国，参加抗战，而把妻儿送到马来亚姊家避难，但未料到日本后来亦侵占马来半岛。

瑞华女士丈夫姊郑德音女士居于怡保。1942年1月至1945年8月日本占据马来亚期间，瑞华及一女一子即与郑德音女士同住一店屋。店屋共两层，此期间，晴山一家租住该店屋之二楼。

除瑞华女士之丈夫外，郑德音女士另有一兄弟，日本占据马来亚期间，为日军做事，常戴着日本军帽军服，欺压左邻右里。晴山一家亦常受其欺侮。

瑞华女士及其一女一子与晴山一家相处却甚融洽，情谊甚好。

瑞华姐之女儿若霞1943年时约13岁，比美璇长两三岁；子若雷，比敦良、敏华分别长五岁及两岁。

日本侵据马来亚时期之日本军帽。

此诗是晴山在日本投降后为欢送瑞华女士回国与丈夫团聚而写。

赏析

本诗为七言律诗，第一、二、四、六、八句末字押韵（“烟、悬、棉、笺、传”同属先部。）

此诗是晴山在日本投降后送友人瑞华女士回国与丈夫团聚而写。战争期间，瑞华女士之丈夫留在中国，参加抗战，而把妻儿送到马来亚避难，但未料到日本后来亦侵占马来半岛。首联上句，即带出故事背景，写瑞华女士夫妇因战乱而两地阻隔。一在南洋，一在中国，“天南地北”即指此而言。“隔”字引起下句：因夫妻相隔，瑞华女士固然无心妆扮；而丈夫亦不能为她画眉，所谓“眉笔久悬”，兼含此两意，既言别离之痛，上承“隔”字；亦言两人夫妻之情，为其后三联作铺垫。

颔联“露布”一词，承首句“烽烟”，言战争。所谓“露布”，有不同功能，据此诗背景，应指军中捷报。因此，“露布”一词，亦有承题之作用：战争结束，捷报应已传，故瑞华女士得以启程“回国”。在此联中，诗人代入瑞华女士之角色，她在马来亚，已获悉战争结束，但却在猜想丈夫是否已接到捷报，系念着丈夫之寒衣是否太过单薄，写来委婉细腻。

颈联写两人相思之情。上句写瑞华女士系念丈夫，“云千里”象征她心远神飘、情怀故土之状；下句写丈夫每天写信，“奏记”一词，原意为用书面向公府等长官陈述意见，此句用以指丈夫书信，表示他对妻子亦爱亦敬之情。

尾联总结全诗，而又转出新意：“此去”二字，遥应诗题“回国”一词，“不劳青鸟”对照“[每]日一笺”，而“枕边细语”，与颈联比照，祝贺瑞华女士夫妻重复，悬想两人重逢后闺中之景。“枕边细语”，又与“眉笔久悬”遥相对照：“枕边细语”，自然双眉可再画，眉笔不再空悬，构思新颖而有情致。

总之，此诗前后呼应，构想新颖；八句中写相思之情，拟想重逢之景，又带出时代背景，是送别诗中之异品。

第二十七篇

yǔ yì sòng lián yín, sòng bié cài xìn dé mù shī
与义宋联吟，送别蔡信德牧师(1)

chóu chàng wáng yáng mì jiù tú
惆怅亡羊觅旧途，(2)

zhuī suí jiǎng xí sì nián yú
追随讲席四年余。（晴山）

tīng jīng měi wèi tíng zhēn xian
听经每为停针线，

wàng dào cháng chóu kùn bù shū
望道常愁困簿书。(3)（义宋）

shèn yù jí mén tóng wèn zì
甚欲及门同问字，(4)

wèi róng tóu xiá zàn liú jū
未容投辖暂留车。(5)（晴山）

lí yán chàng chè lí gē hòu
离筵唱彻骊歌后，(6)

fāng huǐ píng shí lǐng lüè shū
方悔平时领略疏。（义宋）

语译

难过啊，迷路的羊，寻道，来到这旧路，
追随您，听您讲道，已经四年多。　　（晴山）
专心听您讲经，往往放下针线活，
渴望圣道，却常担忧，困于生活。　　（义宋）
很想来到您的门前，一齐向您问道，
却不能勉强把您留下，让您不能登车上路。　　（晴山）
在这送别的宴会上，唱完了那送别歌，
才后悔，平时没有弄明白，您讲的道。　　（义宋）

注释

(1) 联吟：又称联句，是一种酬唱用的旧诗体，通常是即席之作。联句诗中有二人或数人联句的。有轮番作二句的，也有轮番作二联［即四句］的，也有跨句联法。其中，跨句联法最难，其规则是由第一人作起句，第二人作第二、第三句，第一人［或第三人］接第四、第五句；如此轮番下去。唐代联句诗多是律诗，联句时要符合律诗平仄、押韵、对仗等要求。联吟的律诗，如果每人作二句或四句，概念是完整的，对偶也是由各人自己结构。但在跨句联法中，第二人［联句者］“须从第二句联起，就必须先对上句，然后作第二联的上句，留给对方去找下句。这样就避免了一人自作对联。在思想内容方面，要先补足对方出句的诗意，然后自己提出半个概念，让对方去补足。这样的联句，就比较难做了。”（参考施蛰存《唐诗百话》第97话《联句诗》［上海：华东师范大学出版社，1996年，页769–775］）此诗是每人轮番作二句的联吟律诗。

(2) 亡羊：迷失的羊。《圣经》常以迷失的羊比喻还没有信主的人。

如《以赛亚书》53章6节、《诗篇》119篇176节、《彼得前书》2章25节等。

(3) 簿书：古诗中有两个意思：一是官署中的文书簿册，而是记录财物出纳的簿册。这里应指出纳的簿册。

(4) 及门问字：及门，意思是“到门前”。成语“及门弟子”，指正式拜师受业的弟子。问字：这里引用成语“载酒问字”的典故。《汉书·扬雄传下》：“家素贫，嗜酒，人希至门。时有好事者载酒肴从游学。”又，“乃刘棻尝从雄学作奇字。”后世称从人受学或向人请教为“问字”。

(5) 投辖留车：辖：车轴的键，去辖则车不能行；投辖：丢掉辖；语出《汉书·陈遵传》：“遵嗜酒，每大饮，宾客满堂，辄关门，取客车辖投井中。虽有急，终不得去。”后世以“投辖留宾、闭门投辖”比喻主人留客的殷勤。

(6) 骊歌：送别的歌。《汉书·王式传》：“谓歌吹诸生曰，歌‘骊驹’。”颜师古注：“服虔曰：‘逸诗篇名也，见《大戴礼》，客欲去，歌之。’文颖曰：‘其辞云：“骊驹在门，仆夫具存；骊驹在路，仆夫整驾。”也。’”后因称送别的歌曰“骊歌”。

背景故事

蔡信德牧师生长于福建一基督教家庭。神学院毕业后，从事传道与教书工作，曾作校长。三十年代中，到马来亚传道，隶属于当地基督教华人卫理公会。其后日本侵华，蔡牧师遂滞留马来亚。期间，出任怡保基督教华人卫理公会署理牧师，1946年，为主任牧师，至1947年，调派回国。此诗即作于是年。

晴山夫人王义宋女士笃信基督，晴山亦偶陪伴夫人到教堂听道，与蔡信德牧师谙熟，晴山两公子敏良、敏华婴孩时之受洗礼均由蔡牧师主持。

蔡信德牧师荣升怡保基督教华人卫理公会正牧时与会友合照（1946年10月18日）。（蔡牧师乃怡保教会初期著名布道家，曾引领众多怡保人信主，在怡保教会史上甚有贡献。）

蔡信德牧师玉照。（蔡牧师为晴山全家精神导师，深受晴山敬仰。）

晴山长女陈美璇与婿梁均元在教堂苎行婚礼时照片。（1951年摄于怡保，结婚仪式由蔡信德牧师主持，图右一即蔡信德牧师。）

蔡信德牧师于1950年代及1960年代曾两度会马来亚。晴山长女美璇于1951年结婚，婚礼即由蔡牧师主持。

赏析

此是联吟诗，由晴山与夫人王义宋女士二人轮番作二句完成。其平仄、押韵与对仗基本符合律诗标准。(关于“联吟”，见注释(1))。

诗题中之蔡信德牧师，于日本侵华前夕被派至马来亚传道，战争爆发后，滞留马来亚。日本投降后，获派回中国福建。此诗应是晴山夫妇在饯别蔡牧师时联吟之作。

晴山作首联二句，以上平声六鱼为韵。颔联（义宋）、颈联（晴山）、尾联（义宋）皆遵此韵。（以“余、书、车、疏”押韵。）晴山首联上句中，“亡羊”一词，乃《圣经》中常用以指未归信上帝者，切合蔡信德牧师身份。下句记载其夫妇二人随蔡牧师听经已四年多。义宋所作颔联，以“听经、望道”承接“亡羊”一词，记述自己每每为听经而放下针线活，却又为生计所困，未能常往听道；一方面颂扬蔡牧师讲道之精彩，一方面写自己慕道，并说明自己之家境，写来具体真切。晴山于颈联中，用载酒问字、投辖留宾之典故，既表达对蔡牧师依依不舍之情，又暗示酒筵之意。义宋尾联上句“离筵”即承二典故而来，承接得甚为自然。“离筵、骊歌”点明主题，下句“方悔”一语，再表达慕道、不舍之情，甚能综合全诗。

比较而言，义宋所吟之颔联，感情较为真切，而晴山所作之颈联，则见巧思。总体而言，此诗虽是联吟，但主题连贯，结构亦甚稳当。

第二十八篇

zèng shàn guāng jiě

赠善光姐

niàn zǎi tiān yá suì yuè yān
廿载天涯岁月淹，(1)

xīn láo yōu huàn liǎng xiāng jiān
辛劳忧患两相兼。(2)

jìn pāo bǐ yàn qīn dāo chǐ
尽抛笔砚亲刀尺，

yòu dìng jīng shū zhì mǐ yán
又订经书志米盐。(3)

xī xià dōu yīn ér nǚ lèi
膝下都因儿女累，(4)

bìn biān jiàn jiàn xuě shuāng tiān
鬓边渐见雪霜添。

xī nián jiě mèi wéi jūn jiàn
昔年姐妹惟君健，

jǐ dù tíng zhēn qǐ yuǎn zhān
几度停针起远瞻。

语译

二十年了，流落天涯的岁月，多么悠长，
二十年来，经历了辛酸劳苦，忧伤患难。
我已经没有再拿起笔砚，拿的只是剪刀与尺，
4 又编订了几本“缝纫经”，为的是柴米油盐。
为了养育依在膝下的儿女，虽然感到疲累，
鬓边，渐渐增添了，如霜似雪的白头发。
当年的姐妹中，只有你，还是那么健康，
8 不知道多少次，我放下针线，遥想着你。

注释

(1) 淹：久。古诗词中，如“淹留、淹延”等语中，“淹”字都是长久的意思。

(2) 刀尺：剪刀和尺。裁剪工具。

(3) 订经书：订定经书，一般指文化事业。据陈敏华先生，义宋于此时期曾编订四本关于缝纫法之书。这里应指此而言。

(4) 膝下：字面的意思是“膝头之下”。子女幼时常依于父母膝下，故常借指幼儿。本诗用的是字面意思，表示子女尚小。

背景故事

“善光姐”，即林善光女士，福清人，为晴山夫人王义宋女士儿时好友。两人曾同在福清馨英女学校附设幼稚园为助理。善光比义宋长数岁，故义宋称之为“善光姐”。

义宋于1926年离闽至马来亚与晴山结合，定居于金宝。善光其后亦到马来亚实兆远，为助产士。金宝与实兆远相隔仅约50公里，

但二人不知对方同居于马来亚，一直到1941年，二人始在机缘巧合下，始知对方所在。

1940年，义宋在金宝开设裁剪学校。1941年，有来自实兆远之毕业生邀请义宋至实兆远开班教授裁剪。义宋须照顾四幼年子女，未暇前往。于是派学生冯德贞为代表，冯德贞带同义宋长女美璇前往。美璇当时年仅十岁，到实兆远时腿部疼痛发炎，须求医就诊。冯德贞带美璇往一华族“医生”就诊。“医生”觉得美璇酷似其儿时好友。通姓名后，始知道“医生”即林善光。

义宋知道善光所在后不久，日本侵占马来亚，故二人未有见面机会。一直到1947年初，二人始能互通音讯。

此诗即作于1947年2月二人始通音讯时。

赏析

此为七言律诗，押下平声十四盐韵。

题中之善光姐，是义宋儿时好友，曾与义宋同学，并同在中国福建福清馨英女学校仍幼稚园助理。两人后来失去联络。二十年后，偶然重逢（见故事背景）。此诗即作于1947年2月二人始通音讯时。

从内容看，本诗应是晴山代入夫人王义宋角色之作，全诗用义宋口吻。首联泛言阔别多年来之情况。颔联二句，具体说近况，转业裁缝，编写缝纫书，为生计而忙。颈联承上，言因养儿育女而致身体疲惫，白发渐生。尾联“惟君健”应是祝愿之辞，末句表达系念之情。

总之，全诗是别后初通消息之作，介绍近况，而又表达眷怀之思。

第二十九篇

sòng wáng fú wén shì xué shēng diào jí lóng pō

送王宓文视学升调吉隆坡

rén shēng yù hé qǐ sù yīn
人生遇合岂宿因？(1)

dì běi tiān nán hū bǐ lín
地北天南忽比邻。

lùn jiāo yǐ yù èr shí zǎi
论交已愈二十载，

píng jū bù jiàn yún ní zài
平居不见云泥在。(2)

hū chuán kǎo jì bào shēng qiān
忽传考绩报升迁，(3)

huàn qíng bié yì liǎng máng rán
宦情别意两茫然。

xiān shēng yú zhōng wú suǒ dòng
先生于中无所动，

lín qí dàn suǒ shī yī piān
临歧但索诗一篇。(4)

xiān shēng yàn tīng gōng wéi yǔ
先生厌听恭维语，

shāng lí yòu kǒng dà ér nǚ
伤离又恐大儿女。(5)

shī liào jìn duō xuǎn zé nán
诗料尽多选择难，

bǐ xià bù zhī hé suǒ qǔ
笔下不知何所取。

qǔ qí dào dé yǔ wén zhāng
取其道德与文章，

xiān shēng zì shì què xún cháng
先生自视却寻常。

wǒ yì yī cí bù gǎn zàn
我亦一辞不敢赞，(6)

běn wú suǒ duǎn wù hū cháng
本无所短恶乎长。

qǔ qí zuò rén yǔ zào shì
取其作人与造士，(7)

xiān shēng wèi cǐ fēn nèi shì
先生谓此分内事。

páo rén zhì páo ruò lùn gōng
庖人治庖若论功，(8)

zǐ jiàng lún yú níng yǒu yì
梓匠轮舆宁有异？(9)

chí gōng jǐn chì jié yǐ lián
持躬谨饬洁以廉，

zì yún lǜ jǐ fēi tè yán
自云律己非特严。

ān pín lè dào xìng zé ěr
安贫乐道性则尔，

bó fèng kuàng zú gòng mǐ yán
薄俸况足供米盐。

shì rén zuò guān jū chǐ qì
世人作官居侈气，(10)

xiān shēng zuò guān hún bù sì
先生作官浑不似。

tǎng yǐ xué zhě chēng xiān shēng
倘以学者称先生，

dàn yún běn shì shū dāi zǐ
但云本是书呆子。

wǒ suǒ yù yán jiē yuē fǒu
我所欲言皆曰否，

zhí bǐ rú yǒu rén qiè zhǒu
执笔如有人掣肘。(11)

gào yǐ yǒu guò xǐ kě zhī
告以有过喜可知，

yì céng chuī máo suǒ qí cī
亦曾吹毛索其疵。(12)

bái bì zhī xiá qiú bù dé
白璧之瑕求不得，(13)

qiáng zuò zhèng yǒu chǐ tóu jī
强作诤友耻投机。(14)

dào shàn bù kě dào è wú
道善不可道恶无，

zūn qián hé yǐ zhì qū qū
尊前何以致区区。(15)

dàn yuàn dào lǚ cháng kāng tài
但愿道履长康泰，

yǎ fàn cháng wéi shì mó kǎi
雅范常为士模楷。

xiān shēng zì wèi yōng rén ěr
先生自谓庸人耳，

ān dé rén rén yōng rú cǐ
安得人人庸如此？

yōng yán zhī jǐn yōng dé xíng
庸言之谨庸德行，(16)

tiān xià cóng zī tài píng yǐ
天下从兹太平矣！

语译

人与人的相遇与投合难道真的是前生注定的？
您来自江苏，我来自福建，忽然成为邻居。
您我结交为友，不经不觉已经超过二十年了，
平时没有感觉到您我身份地位原来是那么悬殊。
忽然间听到您通过政绩考核而获得擢升的消息，
我想到前程，想到要与您分别，不禁感到茫然。
先生您却无动于衷，离情别绪一点儿都没有，
临分别的时候，您只要求我为您写一首诗。
我知道，先生您不喜欢听客套恭维的话，
如果写离情别绪，又恐怕太过像痴男怨女。
虽然可以写的题材很多，但却很难作选择，
拿起笔来，真不知道应该写些什么才好。
要写关于您的道德修养与学问文章吧，
先生您却认为自己的道德文章很普通。
而我也不敢妄加评论，一句话也不敢说，
您没有什么缺点，那么我又从何说优点。
要写关于您怎样作育英才，提拔后进吧，
先生您却说作育英才、提拔后进是分内事。
说如果从事教育的人作育英才而夸口邀功，
他跟那些无关教育的技工木匠有什么分别？
要写您是怎样的以身作则，廉洁自守吧，
您却说您对自己的要求不是特别的严格。
说您安贫乐道，本来就是顺应您的天性，
更何况微薄的薪金已经足够基本生活所需。
一般人当官，总是颐指气使，不可一世，
先生您当官，却完全不像这个样子。

如果要把先生您尊称为“学者”吧，
28 您却又谦虚的说自己本来是个书呆子。
无论我想要说什么，您都说不是那样，
我拿起笔来，真好像被人握着手肘。
先生您说乐意听到批评您的过失的话，
32 我也尝试吹毛求疵，尝试找出您的过失。
您却像完美的碧玉，一点点瑕疵都没有，
勉强作您的诤友吧，却又耻于投其所好。
不可以称颂您的优点，又没法找到缺点，
36 真的不知道怎样才可以向您表达心意。
只好衷心祝愿您前程万里，一路平安，
您高雅的典范能作读书人学习的榜样。
先生您说自己不过是一个平常的人，
40 怎样才可以使人人都做一个这样的平常人?
如果人人都像您，慎于平常的一言一行，
我想，天下从此以后便可以太平无事了。

注释

(1) 遇合：相遇而彼此投合。

(2) 云泥：云在天，泥在地。古诗中多用“云泥”比喻地位的高下相差极大。

(3) 考绩：考核官吏政绩。

(4) 临歧：本为面临歧路之意，后亦用为赠别之辞。如杜甫《送李校书》诗：“临岐意颇切，对酒不能喫。”

(5) 大儿女：大，太，太过像。儿女，指痴男怨女。曹植《赠白马王彪》：“丈夫志四海，万里犹比邻。……忧思成疾疢，无乃儿女仁。”王勃《送杜少府之任蜀川》：“无为在歧道，儿女共沾巾。”这里或用曹植、王勃之意。

(6) 一辞不敢赞：变化自成语“不赞一词”。“不赞一词”语本《史记·孔子世家》：“至于为《春秋》，笔则笔，削则削，子夏之徒，不能赞一辞。”原意谓孔子的《春秋》用字精确，高足弟子不能改动一个字。后谓道德文章完美，别人连一句批评的话也不能说。

(7) 作人：成就人才，语出《诗·大雅·棫朴》：“周王寿考，遐不作人。”（《棫朴》二句，屈万里《诗经释义》注云：“二语言周王寿高，历事既久，何不成就人才乎？言其成就也。”）造士：造就学业有成就的士子。《礼记·王制》：“顺先王诗、书、礼、乐以造士。”郑玄《注》：“顺此四术而教以成是士也。”

(8) 庖人：厨师，在古典作品中，“庖丁”往往比喻治国有道、或技艺神妙的人。《墨子·尚贤中》：“伊挚，有莘氏 女之私臣，亲为庖人，汤得之，举以为己相。”伊挚，即伊尹，庖人出身，后为商王汤的宰相。《庄子·养生主》中有“庖丁解牛”的故事，后世以“庖丁解牛”作为神妙的技艺的典型。郑瑞侠指出，伊尹和庖丁是古代早期庖人形象的代表。伊尹、庖丁形象都是以技喻道。（郑瑞侠《寓大道于庖艺之中——伊尹、庖丁形象的典型意义》，辽宁大学学报 [哲学社会科学版]，2006年34卷5期）。这里应指王宓文作为教师、视学官的身份。

(9) 梓匠轮舆：古代对梓人、匠人、轮人、舆人的并称，亦泛指木工。木工。梓，梓人，造器具；匠，匠人，主建筑，轮，轮人，制车轮，舆，舆人，制木箱。韩愈《符读书城南》诗：“木之就规矩，在梓匠轮舆；人之能为人，由腹有诗书。”这里似隐括“人之能为人，由腹有诗书”之意。

(10) 侈气：侈，侈慢，傲慢。侈气，自高自大，盛气凌人。

(11) 挈肘：挈，用手提着。肘，手肘。挈肘，往往有牵制、控制之意。

(12) 吹毛求疵：吹开皮上的毛，寻找里面的毛病。比喻刻意挑剔过失或缺点。

(13) 白璧之瑕：洁白的玉上的小斑点，比喻很好的人或事物还有小缺点。

(14) 诤友：能直言规劝的朋友。

(15) 区区：形容人的心。汉·李陵《答苏武书》："区区之心，切慕此耳。"清·黄生《义府·区区》："'区区'少意，盖指此心而言，犹云'方寸'耳。"引申谓真情挚意。《玉台新咏·繁钦〈定情诗〉》："何以致区区？耳中明月珠。"

(16) 庸言庸德：《礼记·中庸》第十三章："庸德之行，庸言之谨，"（平常的德行努力实践，平常的言谈尽量谨慎。）又明·洪应明《菜根谭》："庸德庸行，和平之基。"

背景故事

本诗见于1952年3月1日怡保《建国日报》副刊《闲趣》，为祝贺王宓文擢升为马来亚教育部华校总视学官之作。

王宓文，字艺初，号惕斋，祖籍中国江苏泰州。早年毕业于南京高等师范学校及东南大学。到南洋后，先后在吉隆坡尊孔中学，马六甲培风中学，新加坡华侨中学校任教，并曾担任印尼泗水华侨中学校长。1931年获聘为霹雳州华校视学官，1952年升任马来亚教育部华校总视学官，1955年退休。1959–1968年期间，又出任马来亚柔佛州宽柔中学校长。1972年病逝。

王宓文先生及夫人合照（约摄于1941年）。
"先生自谓庸人耳，安得人人庸如此？"

王宓文生平好诗，著有《王宓文先生烬余稿》、《惕斋文存》等。

其子王赓武，为享誉中外之历史学家、教育家，1986–1995年期间曾任香港大学校长，退休后曾任新加坡国立大学东亚研究所所长。

赏析

此七言古诗，共42句，可分三部分。

首八句为前言，简述两人情谊，并说明写作背景。前四句述两人本一南一北（晴山原籍福建，王宓文原籍江苏），却在马来亚霹雳州相遇而相交。第三句谓“论交已愈二十载”，应是实录：晴山在自1917年福建莆田到马来亚即定居霹雳州怡保，从事教育，王宓文于1931年获聘为霹雳州华校视学官，两人结交，应始于是年，至1952年升任马来亚教育部华校总视学官而赴吉隆坡，前后21年。第八句“临歧索诗”，承上启下，点出离别之意，并说明写诗原因。

第9至34句从不同角度称颂王宓文。第11–12句“诗料尽多选择难，笔下不知何所取”总起下文个句：下文分别从其道德文章、作人造士、律己以严、为官清廉、为人谦虚等方面称颂王宓文。其中“道德、文章、作人、造士、庖人”等，切合王宓文教育家之身份；“洁以廉、浑不似、有过喜”等句，称颂其为视学官本色。此部分处处说不知何所取，却处处都在取，似是恭维，却是实录，既描摹王宓文之面貌，亦反映晴山自己之情操，含蓄得体。

第三部分从35句起，共八句，总结全诗。末二句“庸言之谨庸德行，天下从兹太平矣！”，引用《菜根谭》“庸德庸行，和平之基”之说，总结第二部分关于王宓文之描述，亦带出晴山之信念，简洁有力。

第三十篇

hè guāng dì xīn shà luò chéng
贺光地新厦落成

qíng shān guāng guó lián yín
（晴山、光国联吟）

hú hǎi yuán lóng háo qì shē
湖海元龙豪气赊，(1)（晴）

bàn shēng zōng jì jì tiān yá
半生踪迹寄天涯。（国）

bǔ jū hé chù fēi wú tǔ
卜居何处非吾土？(2)

jù zú yú sī biàn shì jiā
聚族于斯便是家。（晴）

bù wèi fù yán shū qū niè
不为妇言疏麴孽，(3)

měi xìng xiāng sī huà sāng má
每兴乡思话桑麻。(4)（国）

gù shān zuì lǐ yī xī jiàn
故山醉里依稀见，

lǐng shàng hán méi zhèng zhuó huā
岭上寒梅正著花。(5)（晴）

语译

你豪情万丈，志气远大，像那湖海元龙，（晴山）
半生漂泊江湖，浪迹天涯，寄居海外。（光国）
你四海为家，对于居所，并不挑剔选择，
4 能和家族聚在一起的地方，便是美好家园。（晴山）
不要因为妇人的啰里啰唆，而少喝美酒，
每当思念故乡时，便让我们把酒话桑麻。（光国）
喝醉了，便可以隐约看见故乡的山河，
8 故乡的山岭上，那寒梅正绽放枝头。（晴山）

注释

(1) 湖海元龙气：元龙，即三国时之陈登，字元龙。《三国志·魏志·陈登传》：“陈元龙 湖海之士，豪气不除。”后以“湖海气”指豪气。赊：长。

(2) 卜居：择地居住。

(3) 不为妇言疏麹糵：麹糵：指酒。刘义庆《世说新语·刘伶病酒》记载，刘伶渴酒，向妻子求酒，妻子劝其戒酒，刘伶满口答应，但说须要求神帮忙，请妻子备酒，妻子喜而从之，但刘伶祝祷时却说：“天生刘伶，以酒为名……妇人之言，慎不可听！”便饮酒至大醉。晴山此句引用刘伶典故。

(4) 话桑麻：孟浩然《过故人庄》：“把酒话桑麻。”

(5) 岭上寒梅正著花：岭，大庾岭，即梅岭，“庾岭寒梅”是中国历史上有名探梅胜地。寒梅著花：王维《杂诗》：“君自故乡来，应知故乡事。来日绮窗前，寒梅著花未？”

晴山夫人王义宋与亲戚合照。
（1954年前后摄于王光地在怡保之新居。）

王光地先生玉照。

背景故事

此联吟作于1954年，为晴山与王光国祝贺王光地新居落成之作。王光国乃晴山夫人王义宋亲弟。王光地生于福建福清下坡，原为福清江兜[旧名江皋]人，与光汉为同辈远亲。

王光地父亲入赘于郑姓富户，居下坡。光地三岁时，母郑氏去世，父亲迁回江兜，重操制作水桶旧业。因家境穷困，光地自八岁起，在海边捡蠔，帮补家用。十二岁，飘洋过海到新加坡，在其兄之器械工厂为学徒。二十岁前后，光地移居马来亚怡保，后自创器械工厂。日本侵略期间，工厂关闭。日本投降后，光地与友人经营市区交通巴士业务，家境渐富，开始购置产业。

本诗所提及之新厦，即其产业之一，位于怡保拿乞路（Lahat Road），邻近英华学校。

赏析

二人联吟之作，往往一人起首联上句，联吟者接首联下句，并开颔联上句，再由第一人接颔联下句，开颈联上句，联吟者再接颈联下句，开尾联上句，最后由其句者完成尾联下句。本诗即从此例，由晴山起首句，辗转轮唱后，再由晴山完成末句。

晴山首句“湖海元龙豪气赊”中，“元龙豪气”一词，出自三国时陈登故事，元龙乃陈登别字。但本诗用此典，重点在“湖海”“豪气”，“元龙”用“龙”之意象。按王光地幼时居福清江兜，近海，曾在海边拾蠔，晴山起句或指此。所谓豪气，则指其儿时坚强，有志气。

光国联句“半生踪迹寄天涯”接晴山“湖海”一词，述光地十二岁即飘洋过海到新加坡。颔联上句“卜居何处非吾土”点题，记其定居马来亚怡保，并置新居。

晴山作颔联下句，“聚族于斯便是家”，紧接上句“卜居何处非吾土”，自然有致。“聚族于斯”兼言光国及自己与光地同在怡保，言三人同族共聚，情谊亲切。晴山颈联上句“不为妇言疏麹蘖”，转出新意，鼓励光地继续饮酒，与前两联似无关涉，如何承接，甚考功夫。

光国以“每兴乡思话桑麻”承接，用孟浩然“把酒话桑麻”句意，接“不疏麹蘖”之意，而“乡思”一词，遥接“寄天涯”、“非吾土”，十分巧妙。

光国作尾联下句，“故山”承“乡思”，“醉里”承“麹蘖”、“话桑麻”，晴山接以“岭上寒梅正著花”句，用王维“君自故乡来，应知故乡事。来日绮窗前，寒梅著花未？”典故，巧接“乡思”、“故山”等句，而“寒梅正著花”，形象具体，所写即上句“依稀见”之象，隽永有味。

全诗用平声六麻韵，虽为联吟，而前后一贯，甚见二人功力。

第三十一篇

chóu yuǎn táng yáng máo hūn jì niàn zhào tí shī

酬远堂羊毛婚纪念照题诗

yuǎn táng yǐ yáng máo jié hūn jì niàn zhào tí zèng nèi shī yóu shì， yòu zèng
远堂以羊毛结婚纪念照题赠内诗邮示，又赠

yǔ fū fù yī lǜ； lüè xiào qí tǐ yǐ chóu zhī
予夫妇一律；略傚其体以酬之。(1)

其一

ōu huà dōng jiàn biàn jiǔ zhōu
欧化东渐遍九州，

zòng fēi míng shì yì fēng liú
纵非名士亦风流。(2)

qī nián zhī bìng bēi huáng liǎn
七年之病悲黄脸，(3)

jǐ gè xiāng suí dào bái tóu
几个相随到白头？

chuí lǎo fāng zhī kàng lì dǔ
垂老方知伉俪笃，

píng shēng bù shí bié lí chóu
平生不识别离愁。

yáng máo chū zài yáng shēn shàng
羊毛出在羊身上，(4)

duō fú yóu lái zhǐ zì qiú
多福由来只自求。

其二

sì shí nián lái huà duǎn cháng
四十年来话短长，

gù yuán běi wàng jǐ cāng sāng
故园北望几沧桑。(5)

fēng yún yī shì jīn ān zài
风云一世今安在？

pín jiàn zhī jiāo shàng bù wàng
4 贫贱之交尚不忘。

huí yì tóng nián rú zuó rì
回忆童年如昨日，

xiāng kàn ér bèi gè chéng háng
相看儿辈各成行。

dāng jūn huā zhú huī huáng yè
当君花烛辉煌夜，

wǒ xiàng tiān nán zhèng fàng yáng
8 我向天南正放洋。(6)

yī jiǔ wǔ liù nián qī yuè sà rì qíng shān
一九五六年七月卅日 晴山

语译

其一

欧洲的风俗传到东方，传遍了中国，
即使不是才俊之士也变得“风流”，
也染上了七年之痒，嫌弃妻子老丑。
4 现代社会，有多少对夫妻能共偕白首？
到老相随的人才懂得夫妻情深的真义，
一生厮守，才不用经历夫妻分离的伤痛。
俗语说，羊毛出自羊身上，因果自受，
8 你家庭幸福，全因为你自己努力维持。

其二

你我相交这四十年来，说起来很多变故，
抬头北望，家乡也经历了很多变化。
谁又知道，曾经叱咤风云的人如今在哪里？
难得的是，你我贫贱之交，未曾相忘。
回忆起童年往事，就像发生在昨天一样，
眼下，你我彼此都已经儿女成行。
当年，那花烛照亮着你的洞房的时候，
我正漂泊南方，在那七洲洋的船上。

注释

(1) 羊毛结婚纪念：法国等地习俗，即结婚七周年纪念。

(2) 名士风流：古典文学中有“名士风流”的说法。名士，指恃才放达不拘小节的人。风流，指风度和习气，往往形容英俊而有才华的人。现代“风流”一词，则指男女爱情不专一。

(3) 七年之病悲黄脸：七年之病：据晴山自注，乃从“七年之痒”一词而来。“七年之痒”翻译自英文“The Seven Year Itch”一词。该词原指一种皮肤病，但在玛丽莲梦露主演的电影中，“七年之痒”指人们婚姻到了第七年可能会因婚姻生活的平淡规律，感到无聊乏味，可能发生婚外情。黄脸：俗语“黄脸婆”，指因操劳家务而变得老丑的家庭主妇。

(4) 羊毛出自羊身上：俚语，一般用法，是比喻表面上给了人家好处，但实际上这好处已附加在人家付出的代价里。在本诗是说自己的遭遇是自己行为的结果。

(5) 沧桑：晋·葛洪《神仙传·麻姑》：“麻姑自说云，接待以来，已见东海三为桑田。”桑田：农田。大海变成桑田，桑田变成大海。比喻世事变化很大。

(6) 放洋：据晴山自己记述，他当时在七洲洋的船上。七洲洋在海南岛东部，是由泉州泛海到外国必经之地，自古以凶险著称。

背景故事

此诗作用1956年7月。关于此诗，晴山《诗话七则》曾记述如下：

> 远堂为予总角之好，少余一岁。与游德馨女士婚四十年矣，子女成群，皆已知名。去岁丙申三月廿九日，曾以羊毛婚纪念合照寄赠，并附一诗，系之以序："予以民国丁巳年三月廿九日结婚，今年是日，适为羊毛婚纪念之日，因与在家诸人合拍一照，书示内子。"诗云："唱随轮指卌年才，纪念婚龄又一回。夫子信诚吾岂敢，母亲模范汝何猜。生儿十九不豚犬，在学寻常俱斗魁。但觉糟糠情味好，未妨重醉合欢杯。"伉俪之情，活现纸上。予曾作七律二首以贺之。其一云："欧化东渐遍九州，纵非名士亦风流。七年之病悲黄脸，几个相随到白头。垂老方知伉俪笃，平生不识别离愁。羊毛出自羊身上，多福由来只自求。""七年之病"原作"七年之痒"，嫌过于俚，后易之。羊毛一句，则因远堂以乙未生，其肖为羊，双关意皆切，然全以俚语入诗，近于打油矣。其二云："四十年来话短长，故园北望几沧桑。风云一世今安在？贫贱之交尚不忘。回忆童年如昨日，相看儿辈各成行。当君花烛辉煌夜，我向天南正放洋。"回忆远堂婚日，予将去国，适在七洲洋舟中，匆匆四十年矣。抚今追昔，不胜感慨系之！（《诗话七则》全文及语译见本书第63篇。）

远堂与晴山为儿时好友，情如兄弟，常共弹琴赋诗。远堂于民国丁巳年（1917年）与游德馨女士结婚时，晴山曾协助安排婚礼事宜。但因出洋谋生，终未能出席婚宴。晴山到南洋后，一直与远堂保持书信往来。1932年至1934年，晴山回莆田任教于砺青中学，二人重逢。1934年晴山回马来亚后，二人未能再会，但始终保持联系。

晴山好友林远堂先生全家照。（摄于1963年，时林远堂68岁。坐于前排左一者为林远堂夫人；左三为林远堂。）
“羊毛出自羊身上，多福由来只自求。”

林远堂夫妇画像（作于60年代，时林远堂七十多岁。）
“垂老方知伉俪笃，平生不识别离愁。”

赏析

此一题两首七言律诗，乃晴山酬赠好友林远堂之作。

如题中所记，远堂曾以羊毛结婚纪念照题赠内诗邮寄晴山。第一首第三行“七年之病”即从此而来。此诗首四句写时人受欧洲风气影响，自命“风流”，轻易厌弃妻子。其中“七年之病”改自“七年之痒”，后加上“悲黄脸”，表达晴山对遭遗弃女性之同情。后四句写远堂伉俪情笃，与时人之轻易离弃作对比。据晴山记述，远堂肖羊，“羊毛出在羊身上”句，为双关语。谓因果自受，亦远堂因忠于爱情而可与妻白首共偕，即末句“多福自求”之意。又“七年之病”与“羊毛出自羊身上”连用，暗示“痒”者乃因自身之“毛病”。晴山巧用俚语，于此可见一斑。

第二首记两人四十年之交情。首联下句“故园北望”指远堂仍北在福建，尾联下句“天南放洋”暗示晴山当年已出国，两句对照，表示两人虽南北相隔，但情谊长存。前四句言四十年来几经变故，第四句“贫贱之交尚不忘”引出后四句。尾联“当君花烛辉煌夜，我向天南正放洋”，虽是纪实，但甚能表达诗人不忘故人之情，亦即颈联往事“如昨日”之意。总体而言，此诗结构甚稳当。

第三十二篇

bái chéng gēn huì cháng róng yīng pī lì zhōu sū dān
白成根会长荣膺霹雳州苏丹

xī fēng tài píng jú shēn zhì xǐ
锡封太平局绅志喜

xiāng bāng tuī shuò yàn
乡 邦 推 硕 彦，

guī gé yǎng xián míng
闺 阁 仰 贤 名。

dàn zuò cāng shēng yǔ
但 作 苍 生 雨，(2)

yìng jiào bì hǎi qíng
应 教 碧 海 晴。

gǎn shí rén wàng zhì
感 时 人 望 治，(3)

yǒu zhì shì zhōng chéng
有 志 事 终 成。

yì zàn píng cháng cè
翊 赞 凭 长 策，(4)

chuí shēn zhì tài píng
垂 绅 致 太 平。(5)

pī lì fú jiàn gōng huì fù nǚ zǔ tóng rén jìng hè
霹雳福建公会妇女组同人敬贺

语译

福建同乡中的俊彦，首推白会长，
就连在闺阁中的妇女也仰慕他的大名。
他希望像雨露滋润大地一样，造福人群，
我相信他可以使一切美好，像晴天碧海。
感触时局，因此人们都渴望时世太平，
他立志为民服务，事业终于有成就。
他有好的计策，辅助苏丹治理霹雳州，
作为太平局绅，让霹雳州达致太平。

霹雳福建公会妇女组同人敬贺

注释

(1) 苏丹：源出阿拉伯语，意即国王、统治者。马来亚各州都有世袭的苏丹。锡封：即赐封。

(2) 苍生雨：比喻帝王恩泽如雨露滋润大地，使百姓获益不尽。如汉中饮马池石刻对联：“神龙能作苍生雨，饮马长怀赤帝风”。

(3) 人望治：字面意义是人民希望治世，过太平日子。

(4) 翊赞：辅助，辅佐。长策：好的计策。

(5) 垂绅：大带下垂。《礼记·玉藻》：“凡侍於君，绅垂。”孔颖达《疏》：“绅，大带也。身直则带倚，磬折则带垂。”言臣下侍君必恭。后借指在朝为臣。

背景故事

白成根乃成功之橡胶商，时任怡保霹雳福建公会会长，晴山于1945年起，即为该会受薪书记。该会妇女组组长乃白成根夫人，而副组长则为晴山夫人王义宋女士。

查白成根于1956年获太平局绅封衔，此诗应作于是年。诗后附有“霹雳福建公会妇女组同人敬贺”字样，可知乃晴山代公会妇女组所作贺词。

白成根虽为商人，但深好诗词，与晴山既是宾主，亦是诗友。晴山《奉和白成根先生六十感怀二首》及《既和成根先生六十感怀二首复奉放翁全集为寿赋卅六韵纪之》等作（见本书第42、43篇），对白成根其人有更详细措述。

福建公会会长、霹雳州太平局绅白成根先生玉照。

赏析

此五言律诗，为祝贺白成根会长荣膺霹雳州苏丹锡封太平局绅之作，全诗即从“太平”二字推展而来。

首联“乡邦硕彦”，谓白成根为同乡中之俊彦，切合白成根之福建公会会长身份。“闺阁仰贤名”，提及福建公会妇女组，表示公会妇女组对会长之敬慕。按此诗为晴山代该组所作，此句甚为得体。

其余三联中，“苍生雨、碧海晴、人望治、垂绅、致太平”等语，皆环绕“太平局绅”而来。末句“致太平”一语双关：既谓白成根辅助苏丹使霹雳州达致太平之治，亦指白成根获封太平局绅。

全诗结构稳当，措辞得体。

第三十三篇

mǎ lái yà dú lì rì huái měi yīng wàn lóng
马来亚独立日，怀美英万隆

hǎi guó tūn chū chū
海国暾初出，(1)

dōng fāng sàn qǐ xiá
东方散绮霞。

xīn cháng píng děng guǒ
新尝平等果，

zhèng kàn zì yóu huā
争看自由花。

yīng yìn yóu tóng shì
英印犹同室，

huá wū gòng yī jiā
华巫共一家。

rú hé guī gé lǚ
如何闺阁侣，

cháng shì zài tiān yá
长是在天涯？

语译

马来亚岛国上，朝阳初上，一片光明，
美丽的彩霞飘散在东方的上空。
第一次，我们尝到那平等的果实，
我们争相观看，那自由的大红花。
英族与印度族，和谐共处，在同一屋檐下，
华族与巫族同胞，相亲相爱，仿似一家。
为什么啊，我年轻时的闺阁好友，
却还是远在天边，长期不得相见？

注释

(1) 暾：刚出的太阳。

背景故事

义宋五岁时为福清棉亭之郭家收为养女，自后至16岁，义宋在郭家生活，前后11年。义宋终生与郭家保持紧密联系。诗题中之美英，即为义宋在郭家之儿时好友。美英后来移居印尼，而义宋定居马来亚，但二人仍互通信息。

如题所示，此诗作于马来亚独立日，即1957年8月31日。题中之“万隆”，应是美英之丈夫。

赏析

本诗为五言律诗，对仗工整，平仄押韵合乎标准。

此诗是晴山代其妻王义宋女士而作，诗中“闺阁侣”一词，即指义宋女士当年之闺中好友美英。

全诗不用典故，用字浅白。前四句以“暾、绮霞、平等果、自由花”绘画出一幅红日初上、花果处处的欢乐景象。“独立、平等、自由”前后连贯，写“独立日”之喜气洋洋，点出诗题前半。“喜气”本不可见，晴山以“暾[朝阳]、绮霞”象之，“平等、自由”本抽象之词，诗人称之曰“果”、曰“花”，则平等可尝，自由可见。故此四句虽然清淡，仍堪品尝。颈联写马来亚四大种族“英、印、华、巫”相处犹如一家，亦即“平等”之意。不同种族犹能“同室、一家”，不禁令人想起远隔他方之当年好友；而在万众同欢之日子里，此种思念，尤其自然。尾联“闺阁侣”一词，即由“室、家”二字而来。结构上，颈联上承颔联，下引出尾联；尾联则点出题中“怀美英万隆”之意。

古人有以“起、承、转、合”分析诗歌结构者，此诗可作一例。

第三十四篇

xiàng tài píng bái yǎng fēng xiān shēng suǒ hè
向太平白仰峰先生索和

wén jūn kāng kǎi lè shū jiāng
闻君慷慨乐输将，(1)

ān dé yín náng sì yì náng
安得吟囊似义囊？

yàn shǐ běi lái pín wèn xùn
雁使北来频问讯，(2)

jī lín hé rì fù tōng shāng
鷄林何日复通商？(3)

jū qí mò qiǎn sāo tán jì
居奇莫遣骚坛寂，(4)

yǒu měi xiū jiào yùn dú cáng
有美休教韫椟藏。(5)

shī shì qǐ tóng jiāo shì kàn
诗市岂同胶市看，

yù qiú shàn jià shǐ zhuāng xiāng
欲求善价始装箱。(6)

语译

听人家说你慷慨解囊，乐善好施，
怎样才可以让你也解开诗囊施赠？
邮差来时，我常问有没有你的消息，
4 我们两地什么时候才可以恢复通商？
你要囤积居奇，可不能让诗坛寂寞，
好的东西，不要藏起来不让人分享。
看待诗歌的市场怎么能和橡胶市场一样，
8 怎么能等待有好的价钱，才装箱出货！

注释

(1) 输将：输：捐献。将：扶持，扶助，如将助，将美，皆扶助之意。

(2) 雁使：送信的使者。语出《汉书》卷五十四《李广苏建传》所记关于苏武之故事："教使者谓单于，言天子射上林中，得雁，足有系帛书，言武等在某泽中。"

(3) 鸡林：《新唐书·白居易传》："（白）居易于文章精切，……鸡林行贾售其国相，率篇易一金。"按鸡林为古国名，即新罗，首都在金城（今庆州）。唐高宗时，曾在新罗领土上设立了鸡林州都督府。又中国黑龙江省有鸡林乡。但古典诗歌中之"鸡林"，多指新罗，或用以指朝鲜。

(4) 居奇：囤积奇货以待善价。《史记·吕不韦列传》："（子楚）居处困，不得意。吕不韦贾邯郸，见而怜之，曰：'此奇货可居。'"裴駰《集解》："以子楚方财货也。"

(5) 韫椟藏：韫椟而藏。韫：蕴藏。椟：木匣子，把玉裹在匣子里藏起来。比喻怀才隐退。语出《论语·子罕》："有美玉于斯，韫椟而藏诸，求善贾而沽诸？"

(6) 求善价：语出《论语・子罕》（见上注）；“价”本作“贾”。《红楼梦》第一回贾雨村诗“玉在椟中求善价，钗于奁内待时飞”，已有改“贾”为“价”之例。

背景故事

此诗作于1957年。是年，晴山夫人王义宋女士六十一寿辰，其所主持之裁剪学校亦庆祝创业十周年。晴山乃作《寿内三章》以贺，并分发知交。关于此事，晴山《诗话七则》曾记述如下：

> 拙作寿内三章，虽曾油印若干份，分发知交，但亦非望门投止……拙稿发出后，远近知交，纷纷投报，惟太平白仰峰先生后至。……曾戏作一诗以催之。
>
> （《诗话七则》全文及语译见本书第63篇。）

白仰峰乃福建安溪人，曾为陈嘉庚属下，后自立门户，成立仰峰公司，定居于马来亚霹雳州之太平。1937年7月7日卢沟桥事变揭起中国全面抗日序幕。陈嘉庚在新加坡组织“马来亚新加坡华侨筹赈祖国难民大会委员会”，发动新马华侨支援中国抗日。白仰峰当时为太平橡胶公会会长，领导太平区委员会。同一时期，马来亚共产党发动群众示威，抵制日本货。英国殖民地政府因此视白仰峰为共产党员，于1939年递解出境。此后，白仰峰居留中国，直到1945年日本投降后始能回马来亚。1969年白仰峰到北京探望女儿，不幸逝世。

白仰峰与晴山另一好友白成根乃堂兄弟，二人皆是成功之儒商。

霹雳州橡胶业巨子兼诗人白仰峰先生玉照。（白仰峰在抗战时期曾响应陈嘉庚支援中国抗日号召，领导太平区酬赈祖国难民委员会，为著名爱国华侨。）

赏析

白仰峰乃“霹雳胶商钜子”，“早岁即负诗名”，为晴山知交。晴山寄赠《寿内三章》，白仰峰久未回赠，晴山乃作此诗催其早惠和诗。

全诗从“胶商钜子”“早负诗名”切入。“鸡林、通商、居奇、韫椟、胶市、善价、装箱”皆用其经商之事。“吟囊、骚坛、诗市”则用其早岁能诗之事。

首联“闻君慷慨乐输将，安得吟囊似义囊”，求其和诗，隐用“慷慨解囊”一语，大方得体，白仰峰难以推辞。其中“吟囊”一词尤妙。

颔联下句“鸡林通商”，既切合仰峰商人身份，亦涉及其诗名。上承首联，下开颈联。

颈联“居奇”一语，巧称颂其诗为“奇货”，又以“有美”二字承之。“居奇、韫椟”，已将其商才与诗才合为一谈。

尾联“诗市、胶市”回应颔联、颈联，而翻出新意：“诗市”非同“胶市”，故不应“求善价始装箱”。

总之，此诗活用典故，妙趣有余，而不失体统。友侪情谊，温馨可感。

第三十五篇

jì tái běi xīn zài dà shī qǐng shì qí shī què wén yī zì
寄台北心在大师请示其诗阙文一字

shī chéng zuò yōng jiǔ chēng wáng
诗城坐拥久称王，

zhà jiàng lún yīn xǐ yù kuáng
乍降纶音喜欲狂。(1)

gǔn zhí ǒu rán chà yī zhāo
衮职偶然差一着，(2)

dùn jiào bǔ què shí yí máng
顿教补阙拾遗忙。(3)

语译

您在诗的国度里，久已称帝称王，
突然接到您的诏书，令人欢喜若狂。
皇上的诏书里，偶然欠缺了一个字，
臣下顿时忙起来，要为皇上拾补遗漏。

注释

(1) 纶音：又作纶言，语出《礼记·缁衣》："王言如丝，其出如纶；王言如纶，其出如綍。"后世遂称帝王诏令为"纶言"、"纶音"。

(2) 衮职：衮，天子之服，借指天子。职：职责。《诗·大雅·烝民》："衮职有阙，维仲山甫补之。"郑玄《笺》："衮职者，不敢斥王之言也。王之职有阙辄能补之者，仲山甫也。"孔颖达《疏》："衮职，实王职也。"

(3) 补阙：官名。唐武则天垂拱元年置，职务为对皇帝进行谏及举荐人才。又"补阙"可作动词，即补充缺漏之意。拾遗：唐代谏官名。唐武则天垂拱元年置，职掌与左右补阙相同，同掌供奉讽谏、荐举人才。又"拾遗"可作动词，即 "捡拾遗漏"之意。

背景故事

关于此诗，晴山《诗话七则》曾记述如下：

> 心在自台北寄赠一律，颈联"盈门桃李儒家X"末句一字阙文。余与禄宽、成根、光国、亭又，各拟一字以补，若猜诗谜然。一面空邮寄台询心在，拜塍以一诗云："诗城坐拥久称王，乍降纶音喜欲狂。衮职偶然差一着，顿教补阙拾遗忙。"未几得回信，乃为一"乐"字，盖取孟子三乐之义。予等所猜，竟无一是，乃知古史阙文，非无故也。来书亦附和韵一首："旧日槟城无冕王，一时诗酒少年狂。而今酒减诗才拙，却累褚家补缀忙。"心在南游时，曾主槟城《光华日报》笔政，故云。

（《诗话七则》全文及语译见本书第63篇。）

按晴山诗中之“心在大师”，即庄心在，国民党高级党员。槟城《光华日报》创立于1910年，为孙中山先生所创，是马来亚华文报纸历史最久之舆论机关。对孙中山先生革命事业曾起重大作用。北伐成功后，该报渐成为国民党的机关报。（参考姚尔融《抗战前英荷两属的华侨报馆史略》一文，见2009年7月14日网上资料；网址如下：http://www.gzzxws.gov.cn/gzws/cg/cgml/cg6/200808/t20080826_4081.htm）关于《光华日报》，可参考维基百科网站。

赏析

此为友侪间之欢言戏语。全诗从“阙”字而来：由阙字而想到“补阙”，再而想到“拾遗”。又因“补阙”、“拾遗”皆官职，职责之一在补拾天子诏书缺漏，因而联想到“称王”，再得“纶音、衮职”等语。

此诗趣味盎然，似顺手拈来，全不费工夫。

第三十六篇

jì fēn xiān shēng chū shì shū huái yī lǜ
季芬先生出示书怀一律，
yī yuán yùn yǐ chóu
依原韵以酬

bǎi suì guāng yīn rèn liǎng suō
百岁光阴任两梭，(1)

xián cíng yì xìng lǎo lái duō
闲情逸兴老来多，

shēng huā yóu zì ráo jiāng bǐ
生花犹自饶江笔，(2)

fǎn rì hé xū jiè lǔ gē
反日何须借鲁戈。(3)

shī sī jiǔ chén xīn wèi yǐ
诗思久沉心未已，

yín jiān lǚ yì mò zhòng mó
吟笺屡易墨重磨，

sāo tán duì dié shū jūn jiàn
骚坛对叠输君健，(4)

qiě dàng shū hán zài qǐ hé
且当书函再乞和。

语译

百年光阴任随如梭的日月，转瞬即过，
人到晚年，便越来越有闲情逸志。
您那江淹妙笔，自然能多生如花文采，
要使时光倒退，又何必挥动鲁阳的戈。
诗的灵感已经沉淀，但心里却未能定稿，
写诗的稿纸换了好几次，墨也重新再磨。
和诗对韵，比快捷，我恐怕要输给您，
姑且把诗当作书信来写，再向您求和。

注释

(1) 两梭：指太阳和月亮。成语“日月如梭”。梭：织布时牵引纬线的工具。太阳和月亮象穿梭一样地来去。形容时间过得很快。

(2) 生花笔：五代・王仁裕《开元天宝遗事・梦笔头生花》：“李太白少时，梦所用之笔头上生花，后天才赡逸，名闻天下。”后以“生花妙笔”形容才思横溢，诗文佳美。饶：富饶；多。江笔：即“江淹笔”。传说南朝梁代江淹少时，梦人授以五色笔，故文采俊发（见《太平广记》卷二七七引《南史・梁江淹》）。后以“江淹笔”比喻杰出的文才或文才出众者。

(3) 反日鲁戈：《淮南子・览冥训》：“鲁阳公与韩搆难，战酣日暮，援戈而撝之，日为之反三舍。”（鲁阳公与韩国结仇交战，战斗正处难分难解、太阳西沉之时，鲁阳公挥戈大喝，太阳竟为之退避三舍。）后以“鲁阳挥戈”、“鲁阳回日”谓力挽危局。这里用“反日”（使太阳后退）之原意，表示使光阴倒退。

(4) 对叠：互相对和诗，叠用对方所用的韵。

背景故事

晴山诗友杨季芬先生玉照（摄于1957年）。（杨季芬为怡保育才中学华文老师。）
“骚坛对叠输君健，且当书函再乞和。”

此诗作于1957年前后，杨季芬原诗已佚。

“季芬先生”即杨季芬，时为怡保育才中学国文教师。当时马来亚华人所谓“国文”指中国语言与文学。或因其学问渊博、为人严肃，学生称之为“老夫子”。无独有偶，晴山任教于霹雳女中，亦以“老夫子”称。

杨季芬在印尼教授国文。50年代，马来亚之橡胶业发展蓬勃，华文教育亦蒸蒸日上，华文教师短缺。育才中学校长蔡任平力邀，杨季芬乃加入。

杨季芬长晴山九岁，是晴山诗友。晴山为其《寿内三章》征集和诗时，杨季芬共和四首。晴山选诗甚严，而录杨氏诗四首，可见晴山对杨季芬之敬重。

赏析

此七言律诗，乃晴山酬和友人杨季芬所作。据陈敏良，此诗约作于1957年，杨季芬时年七十三，晴山六十四。

首四句称颂杨季芬之诗才，言其生花妙笔，自能使时光倒退，不必挥动鲁阳之戈。后四句谦称和诗对韵不如杨季芬快健，只好求和。

本诗特点，在成语之活用：首句“两梭”变化自成语“日月如梭”，“两梭”即指“日月”，而“光阴任两梭”，又保留“日月如梭”之意。第三句“生花犹自饶江笔”，融合李白生花妙笔与江淹笔两典故，自然巧妙。第四句用鲁阳反日典故，以称颂杨季芬妙笔自可使光阴流转，立意新奇。

第三十七篇

dài jìng bīn tí xiǎo yǐng

代静滨题小影

rén hǎi máng máng jì cǐ shēn
人海茫茫寄此身，(1)

dà qiān shì jiè yī wēi chén
大千世界一微尘。(2)

fú shēng zì gǔ yuán rú mèng
浮生自古原如梦，(3)

wǎng shì hé céng gǎn rèn zhēn
往事何曾敢认真。

qiū shuǐ chūn shān réng gù wǒ
秋水春山仍故我，(4)

xīn chóu jiù hèn liǎo wú hén
新愁旧恨了无痕。

xiāng kàn bù yàn zhī shu suǒ
相看不厌知谁所，

gù yǐng huán lián jìng lǐ rén
顾影还怜镜里人。(5)

语译

在苍茫的人海里，寄寓了这短暂的人生，
在广大无边的世界里，人渺小得像微尘。
人生飘浮无定，古来就像如梦觉之难分，
对于前尘往事，我又何曾敢当真。
我的眼一样，我的眉一样，我仍然是我，
愁与恨，无论新旧，都消散得全无痕迹。
和照片中的我互相对看，不知道此身是谁，
看着照片，不觉珍惜起，那镜头里的人。

注释

(1) 寄此身：即“人生如寄”，谓人生短促，犹如暂时寄寓世间。曹丕《善哉行》：“人生如寄，多忧何为。”

(2) 大千世界：佛教用语。世界的千倍为小千世界；小千世界的千倍为中千世界；中千世界的千倍为大千世界。后泛指广大无边纷纭复杂的世界。微尘：《法华经》：“书写三千大千世界事，全在微生中。” 李商隐《北青萝》：“世界微尘里，吾宁爱与憎。”

(3) 浮生如梦：即“浮生若梦”。《庄子·刻意》：“（圣人）其生若浮，其死若休。”（[圣人]生时如浮游，死去如休息）又《庄子·齐物论》称庄周梦为胡蝶；“不知周之梦为胡蝶与，胡蝶之梦为周与？”意谓死生之辨，亦如梦觉之分，纷纭变化，不可究问。此用其意。

(4) 秋水春山：前人惯以“眉如春山”、“眼如秋水”之类的譬喻来形容女子容颜之美。又古诗往往以自然山水之永恒，衬托人生之短促，并用以表示人们应超脱爱恨忧患。这里应指女子眉眼。

(5) 顾影还怜：顾：看；怜：怜惜。“顾影自怜”通常指“回头看看自己的影子，怜惜起自己来”之意，此句中之“影”则是指题中“小影”之“影”，又“镜里人”应指“镜头”里的人。

背景故事

此诗及《题静滨女士玉照》作于1958年元旦。

静滨姓卢，原居金宝。1942年日本侵占马来亚时，静滨约20岁，嫁至霹雳州宜力 (Gerik)。宜力当时为反日阵地，静滨之丈夫或涉嫌反日，被日军拘捕，从此失去踪影。静滨曾参加华侨抗日合唱团筹款支援中国抗日，故亦须潜逃。日本投降后，静滨任槟城《现代日报》业务经理。《现代日报》反对英国殖民政府，后被关闭。

静滨对儿童尤其关爱，曾义务为救世军所办女童院作裁剪，但从未受裁剪训练。1943年，得悉怡保有裁剪训练所，即晴山夫人王义宋女士主持之霹雳妇女裁剪训练所，决定入学；1949年3月毕业。

晴山夫人之爱徒卢静宾女士玉照（时37岁）。
“相看不厌知谁所，顾影还怜镜里人。”

代静滨题小影

静滨为义宋爱徒，能欣赏晴山古诗，与晴山一家甚谙熟，与美璇尤其友好。静滨聪慧而有办事能力，义宋遂于1949年5月邀请静滨合伙开设裁剪训练所分所。同年十月，静滨决定在吉隆坡自办裁剪学校，义宋只得玉成。

静滨在吉隆坡邂逅陈姓男子，两人开始往来。其后，静滨迁回怡保旧居，并与陈生成婚。数年后，两人婚姻破裂，虽已有儿女，亦以离婚告终。

此诗即作于静滨二次婚姻失败之时，静滨当时37岁。

赏析

此七言律诗，晴山代卢静滨女士题其照片而作。全诗拟想静滨之心态，但寄寓晴山开解之语。

首联言人生短暂渺小。颔联上句谓“浮生如梦”，隐含庄周梦蝶之意，承首联，并引出“往事何曾敢认真”句。颈联上句中“秋水春山”一词，通常指女子眉眼，此句形容照片中之静滨，点题。“仍故我”，与下句“新愁旧恨了无痕”，即不必认真之意。“相看不厌”，谓与自己之照片相看，点题，而“不知谁所”回应“浮生如梦”。末句“顾影还怜镜里人”，意义丰富：“顾影自怜”一词中指“影”，通常指“影子”。此句中，则指诗题中之“小影”，即照片。如是，“顾影”一词承接上句“相看”，而看照片而怜惜镜头中人，则虚中见虚，绾合“大千世界”、“浮生如梦”之意，寄意深远。

第三十八篇

tí jìng bīn nǚ shì yù zhào

题静滨女士玉照

shān xià mí wú rèn qù liú
山下蘼芜任去留，(1)

běi táng xuān cǎo kě wàng yōu
北堂萱草可忘忧。(2)

fāng yán rú yù xīn fēi shí
芳颜如玉心非石，(3)

xiào kǒu cháng kāi lèi bú liú
笑口常开泪不流。

wú xiàn yún yān píng guò yǎn
无限云烟凭过眼，

xǔ duō ēn yuàn sù cóng tóu
许多恩怨溯从头。

qíng huái wàn zhǒng dōu pāo què
情怀万种都抛却，

bì jìng jūn jiā yǒu mò chóu
毕竟君家有莫愁。(4)

语译

让一切过去吧，虽然你的遭遇像古诗上山采蘼芜的妇人，
像那忘忧的萱草，忘记过去一切不如意的事吧。
你貌美如玉，你的心不是小卵石，不要让命运任意摆弄。
4 要保持心境开朗，要笑口常开，不要伤心，不要流泪。
种种不如意的事，都是过眼云烟，都是会过去的，
从头回想起来的时候，从前的许多恩怨，都已过去。
把那千愁万恨，悲愤忧伤，全部抛开吧，
8 毕竟，你们卢家有著名的莫愁，可莫忧愁。

注释

(1) 蘼芜：蘼芜，香草名。徐陵《玉台新咏》载弃妇诗一首，其中有“上山采蘼芜，下山逢故夫。长跪问故夫，新人复何如？……新人不如故。”等句。后以“蘼芜”喻弃妇。

(2) 北堂：《仪礼·士昏礼》：“妇洗在北堂。”指士大夫家主妇居室。后亦也用来代指母亲，或指母亲之居室。唐·李白《赠历阳褚司马》诗：“北堂千万寿，侍奉有光辉。”句中，指母亲。宋·王禹偁《寄金乡张赞善》诗：“年少辞荣自古稀，朝衣不着着斑衣。北堂侍膳侵星起，南亩催耕冒雨归。”诗中“北堂”指母亲之居室。萱草：《诗·卫风·伯兮》：“焉得諼草，言树之背。”毛传：“諼草令人忘忧。背，北堂也。”谖草，即萱草，俗名忘忧草。后世又以“北堂萱”指母亲。宋·王楙《野客丛书·萱堂桑梓》：“今人称母为北堂萱，盖祖《毛诗·伯兮》诗：‘焉得諼草，言树之背。’……其意谓君子为王前驱，过时不反，家人思念之切，安得諼草种於北堂，以忘其忧，盖北堂幽阴之地，可以种萱。初未尝言母也，不知何以遂相承为母事。”

(3) 心非石：非，同匪。《诗经·邶风·柏舟》：“我心匪石，不可转也。我心匪席，不可卷也。威仪棣棣，不可选也。”诗中弃妇表示自己的心不像小卵石，可以任人翻转，也不是草席，可以随意翻卷，表示她不会屈挠退让。

(4) 莫愁：人名。古典文学中，有两“莫愁”。宋·郭茂倩编的《乐府诗集》里署名梁武帝萧衍的《河中之水歌》之“莫愁”为洛阳良家女子，嫁到姓卢的富贵人家。另一“莫愁”为郢州石城人，《唐书·乐志》曰：“《莫愁乐》者，出于《石城乐》，石城有女子名莫愁，善歌谣。”古词曰“莫愁在何处？莫愁石城西，艇子打两浆，催送莫愁来。”此“莫愁”似为风尘女子。本句“毕竟君家有莫愁”，“莫愁”应指卢家之莫愁。“莫愁”字面意思为“不要忧愁”。

卢静滨女士玉照（时37岁）。“情怀万种都抛却。”

南京市莫愁湖莫愁塑像。（相传莫愁为洛阳良家女子，嫁姓卢富人。晴山安慰卢静滨女士《代静滨题小影》有句曰：“情怀万种都抛却，毕竟君家有莫愁。”即医其姓“卢”。）

背景故事

此诗及《代静滨题小影》作于1958年元旦，当时静滨37岁，刚离婚。

关于静滨事迹，见《代静滨题小影》一诗之背景故事。

赏析

晴山曾有《代静滨题小影》一首，拟写卢静滨女士心中所想，并寄寓晴山之开解。此诗则晴山题诗，直接表达晴山劝慰静滨女士之语。

1942年，卢静滨女士之丈夫被日军俘虏后失信息。八年后，静滨邂逅陈姓男子，并结为夫妇。但数年后却遭抛弃。静滨当时仅37岁。

晴山此诗作于1958年元旦，是静滨初遭抛弃之时，诗中“蘼芜”、“心非石”两典故，皆与弃妇有关。

首联上句“山下蘼芜”出自古乐府《上下采蘼芜》诗。在乐府诗中，弃妇上山采蘼芜，下山时遇到前夫。前夫自叹息新人不如旧人。晴山改“上山采蘼芜”为“山下蘼芜”，突出“山下”情景，似谓静滨胜于负心汉所娶之新人。下句“北堂萱草”承接“蘼芜”句弃妇之意，劝静滨忘却忧伤。此句中“北堂”、“萱草”两典故，均可含“母亲”之意。或谓静滨得母亲之安慰。但从上下文判断，则似只有“主妇居室”、“忘忧”之意。

颈联上句“芳颜如玉心非石”，“如玉”称赞静滨之美，点出题中“玉照”之意，“心非石”勉励静滨不要为命运摆弄，在命运前不要屈挠退让。下句“笑口常开泪不流”，即“心非石”之表现。

颈联“云烟过眼”，言一切尽将过去，亦劝慰之词，引出下句。

尾联“毕竟君家有莫愁”，用乐府诗莫愁典故。静滨姓卢，乐府诗中之莫愁嫁卢姓人家，故曰“君家”。古典诗中“莫愁”常用指好女子，而“莫愁”二字，为“不要忧愁”之意。以“毕竟君家有莫愁”作结，含静滨姓氏，又有劝慰之意，含蓄深婉。

第三十九篇

tí zhāng rèn shī nǚ shì mǔ dān shī huà cè hòu
题张纫诗女士牡丹诗画册后

nán huāng jǐ jiàn mǔ dān kāi
南荒几见牡丹开，

yī niǎn zhī hén zhǐ shàng cāi
一捻脂痕纸上猜。(1)

guó sè qǐ zhēn chén shì yǒu
国色岂真尘世有？(2)

tiān xiāng yí tòu bìn yún lái
天香疑透鬓云来！(3)

gāo rén bǐ xià wú fán huì
高人笔下无凡卉，

dà jiàng mén qián kuì qì cái
大匠门前愧弃材。(4)

chóu chàng hú jī tài xiāo shòu
惆怅胡姬太消瘦，

pān yuán wú jì bàng lóu tái
攀缘无计傍楼台。

语译

在南洋荒芜之地，何曾见过牡丹花开，
那画纸上，胭脂染痕的，猜想应是一捻红。
这样的倾国美色，难道世界上真的有吗？
4 这美色渗透着阵阵沁人香气，飘散开来。
高人的画笔下，自然没有平常的花卉，
在大画家面前，自愧是平庸无用之材。
那南洋胡姬，伤心惆怅，因为太过瘦削，
8 无法攀缘，不能与那国色天香共赴楼台。

注释

(1) 一捻：即一捻红，牡丹之一种。宋·高承《事物纪原·草木花果·一捻红》："今牡丹中有一捻红，其花叶红，每一花叶端有深红一点，如半指。明皇时，民有以此花上进者，值妃子正作妆，偶以妆指捻之，燕脂之痕染焉。植之明年，花开俱有其迹。"关于"一捻红"之故事，宋·刘斧文言小说总集《青琐高议》已有记载。

(2) 国色：指牡丹花。语出刘禹锡《赏牡丹诗》："唯有牡丹真国色，花开时节动京城。"

(3) 天香：亦指牡丹花。唐·李浚《摭异记》："太和开成中，有程修已者，以善画得进，谒会暮春内殿，赏牡丹花。上颇好诗，因问修曰：'今京邑传唱牡丹诗，谁为首出?'修已对曰：'尝闻公卿间多吟赏中书舍人李正封诗，曰：国色朝酣酒，天香夜染衣。'上闻之嗟赏，移时笑谓贤妃曰：'汝妆镜台前，饮一紫金盏酒，则正封之诗可见矣。'"后代以"国色天香"指牡丹，亦以形容美人。据《摭异记》，则"国色、天香"连用以形容牡丹，或始自唐文宗时中书舍人李正封。而又用以形容美人者，则是唐文宗。

(4) 大匠：技艺高超的木工；借称学术或艺术上有大成就而为众人崇敬的人。弃材：无用之材；指物或人。

背景故事

本诗题中之张纫诗女士 (1911–1972) 乃现代著名女诗人、画家，其画以牡丹著称。

据郭志标《水陆兼程漫步长洲宜亭——南国千秋回首望诗坛第一女才人》一文（见2008年7月8日香港《文汇报》），张纫诗小名宜，广东南海人，原居广州。廿八岁归中山唐氏子，后离婚。迁居香港后邂逅越南寿星公炼奶厂创办人蔡念因，结为连理，居于香港半山上之宜楼。两人因爱长洲，经常往游，并在一万松掩映处，建亭以供游人憩息；亭用张纫诗小名，名宜亭。张纫诗逝世后，即葬于宜亭附近之长洲坟场，其墓旁有挽联如下：

宜楼相守吟诗书，九载无猜，愿来世再为连理树；
渔舫初逢知肺腑，百年有数，到今朝休问牡丹花。

写蔡念因、张纫诗情缘，下联“休问牡丹花”，隐括张纫诗以画牡丹花著称之事。

据杜南发《书画江湖自在行——许祥杰四十年经验谈》（见2009年4月26日新加坡《联合早报》）一文，

张纫诗女士为怡保霹雳洞壁画之牡丹图（1959年春）。
“国色岂真尘世有？天香疑透鬓云来。”

大画家张大千曾于1971年画《荷花图》赠张纫诗，因两人同姓，故该画上款以“纫诗宗姑”称之。

赏析

1959年，张纫诗曾南来新加坡举行诗书画展。晴山此诗应作于是年。

首联上句“南荒几见牡丹开”点题，著一“开”字，化画为花。下句写一捻红，巧用杨贵妃妆指捻花，燕脂痕染之典故，亦花亦人，引出颔联“国色天香”两句。

颔联“国色”、“天香”两词，唐诗中常用以指牡丹花，或用以形容人。晴山此处写花亦写人。“香透云鬓”四字，使人顿觉花如人艳，人如花香。

颈联上句“无凡卉”，既言牡丹非凡卉，亦引出尾联“胡姬”。下句“愧弃材”带出“胡姬”。此联明比较牡丹与胡姬，实亦称颂张纫诗为“高人、大匠”，含蓄得体。又“大匠门前愧弃材”，似亦谦称无材。

尾联上句“胡姬太消瘦”，同样亦花亦人，与“国色天香”比照，十分巧妙。下句“攀缘无计伴楼台”，“攀缘”一语相关，既写胡姬花之攀缘向上之姿，亦自谦无法与张纫诗比附，含蓄蕴藉。

诗中“牡丹、一捻、国色、天香、无凡卉、伴楼台”皆指牡丹，句句呼应，结构谨严。

此题牡丹诗画册诗，摹写牡丹画，如写真花，而又以花比人，以人比花，写来惟妙惟肖，芳香渗纸。

第四十篇

zhèng zhū wéi kè yìn
郑珠为刻印

juān míng fǎn tǐ qià xiāng yí
镌名反体恰相宜，(1)

fǎn lǎo huán tóng yì sì zhī
返老还童亦似之。

qī shí gāo líng chéng shí qī
七十高龄成十七，

nián guāng zhēn yǒu dào liú shí
4 年光真有倒流时。

语译

镌刻印章，文字反体，本应如是，
人到老年，却像孩童，与此相似。
七十岁高龄的人，言行却像十七，
人生岁月，看来真的有倒流之时。

注释

(1) 镌刻印章时，字须刻成反体。一种方法，是先把浆糊或胶质涂在木版上，然后把写有文字的半透明稿纸贴在木版上，字就成了反体（参考郑荫柯著《中国古代发明》[北京：五洲传播出版社，2005年]，第22页）。

背景故事

晴山赠郑珠之印章。
“镌名反体恰相宜，返老还童亦似之。”

郑珠，福建兴化人，长晴山五岁。

郑珠定居马来亚日期不详，但二战前已与晴山谙熟。敏良等称之为珠伯。郑珠单身，驼背；敏良等孩提时常以“珠伯”为“单身、驼背”之同义词。

日本攻占马来亚之初，郑珠随晴山一家避难，从霹雳州之金宝逃至附近之冷甲 (Langkap) 之橡胶园。

郑珠读书不多，略能认字。此诗写于1959年郑珠七十岁时，晴山请人为郑珠刻印章，从印章之反体文字联想到郑珠之人老而心不老。

赏析

此七言绝句，第一、二、四句末押韵（“宜、之、时”皆属“支部”；第三句末之“七”字在现代汉语与三字同韵，但在《佩文诗韵》中，属“质”部，是入声字）。

晴山好友郑珠。
“七十高龄成十七，年光真有倒流时。”

诗题中之郑珠，乃晴山友人，晴山曾赠以印章。全诗从印章之“反体”而来。第3句中之“七十”乃郑珠当时之年龄，“七十”二字横排，其反体正成“十七”。晴山“返老还童”、“时光倒流”之句，应是诗人从印章上“反体”之文字，凭空联想而致，并又衍出“七十高龄成十七”等语，甚为妙创。总之，印章上文字反体，本是平常不过之事，但晴山却衍生出此诗，新鲜可喜。

第四十一篇

chóu yuǎn táng chái hè jiàn zèng

酬远堂侪鹤见赠

niàn zǎi lí qún gǎn suǒ jū
廿载离群感索居，(1)

gù rén jiàn jué bìn máo shū
故人渐觉鬓毛疏。

duō shí bù zuò huán xiāng mèng
多时不作还乡梦，

gé suì fāng chéng bào yǒu shū
隔岁方成报友书。

shuò guǒ jǐn cún zhī yǒu jǐ
硕果仅存知有几？(2)

bǎi huā qí fàng fù hé rú
百花齐放复何如？(3)

jù qín wú bǔ měi xīn zhuō
剧秦无补美新拙，(4)

zhī hé líng yún fù zǐ xū
只合凌云赋子虚。(5)

语译

我背井离乡，独自生活在南洋，已经二十年了，
故乡的朋友越来越少，而我的头发也越来越稀疏。
很久很久，我已经再也没有做回乡的梦了，
你去年来信告诉我你的近况，信我到现在才能收到。
老朋友，像你这样的知识分子，剩下来的还有几人？
那“百花齐放”方针推出之后，情况又怎样呢？
批评暴秦无补于事，歌颂新政权却是愚蠢笨拙，
看来，你只好写些远离现实政治，子虚乌有的文章了。

注解

(1) 离群索居：离开群众，过孤独的生活。《礼记•檀弓上》：“子夏投其杖而拜，曰：‘吾过矣！吾过矣！吾离群而索居，亦已久矣！’”

(2) 硕果仅存：大的树上唯一留存下来的大果子。比喻由于时间的推移；留存下来仅存的人或事物。《易 • 剥》：“上九，硕果不食。”清 • 侯方域《彭容园文序》：“今则曾未须臾；而生死聚散；升沉显晦之变不可胜穷；而彭子获以硕果独存；岂非天哉。”

(3) 百花齐放：本来用来形容百花盛开，丰富多彩。比喻各种不同形式和风格的艺术自由发展。1956年毛泽东提出“百花齐放、百家争鸣”的“双百”方针，提倡不同艺术形式和风格自由发展竞赛。允许不同学派并存；学术、文艺领域的是非问题，通过自由讨论和学术研究、文艺实践去解决。当时的文艺界和无党派民主人士无不欢欣鼓舞，相信中国民主的春天已到，对文艺与政治纷纷发表意见。1957年整风反右运动掀起后，“双百方针”变作引蛇出洞的诱饵，使中国五十万知识分子被打成右派，倾家荡产，妻离子散。

(4) 剧秦美新：剧，疾速。新，王莽篡汉自立，国号新 。王莽篡汉后，扬雄呈上《剧秦美新》篇，指秦朝邪政导致其剧亡，又美化新朝，称其遵行古道。

(5) 凌云：语出《汉书·扬雄传下》："往时武帝好神仙，相如上《大人赋》，欲以风，帝反缥缥有凌云之志。"意为直上云霄，原比喻飘飘然得意之状，这里比喻远离现实。子虚：司马相如《子虚赋》中二人名"子虚"、"乌有"，"子虚"是虚假之意，"乌有"则不存在之意。两人名字皆属虚构。后人把虚假不实或是不存在之事，叫做"子虚乌有"。

背景故事

林远堂，生于1895年，少晴山一岁，为晴山儿时好友。在福建莆田，两人常相聚弹琴赋诗。晴山于1917年移居马来亚，期间曾两度回乡，最后一次乃在1932年1月，在莆田教书，至1934年初回马来亚，前后在莆田两年。其后日本侵华、国共内战、大陆变色，故晴山再未回乡。据林远堂记述，"解放后，予思晴山兄出门日久，尝以诗代柬，盼他回国观光，记有句云：'天涯倘亦怜予季，海外能无念女媭？'以予少他一岁，而其姊时在国内也。"（转引自林启贤《兰水鹭江》。）

莆田古谯楼。（古谯楼建于宋朝，为晴山故乡莆田著名城楼。）

晴山在莆田之姐姐。

此诗即晴山回复林远堂诗柬之作。

此诗提及之“百花齐放”，指毛泽东于1956年4月提出之“百花齐放、百家争鸣”“双百方针”。“双百方针”之目的，据云乃在提倡不同艺术形式和风格自由发展竞赛。允许不同学派并存；学术、文艺领域之是非问题，通过自由讨论和学术研究、文艺实践去解决。当时文艺界和无党派民主人士无不欢欣鼓舞，相信中国民主之春天已到，对文艺与政治纷纷发表意见，大量批评指向共产党。1957年5月中旬，毛泽东视批评者为敌人，至6月，反右运动正式爆发，至1957年底始入尾声。据统计，全国划定为右派分子者多达55万多人。

又此诗与王光国题为“己亥七月十六日怡保高中师训班设宴叙别即席口占”一诗同刊于马来亚《建国日报》。查己亥七月十六日即1959年8月19日，故此诗最迟作于1959年8月上旬。晴山诗中谓“隔岁方成报友书”，指其友林远堂之来信一年后始收到，则林远堂之诗柬，可能写于1958年。

此诗作于1959年，而晴山自1934年后未踏足故乡，则诗中“廿载离群感索居”句中“廿载”一说，应是约数。

赏析

此酬应阔别多年好友之作。其友林远堂时在中国，适值“双百”方针发表之后，反右运动爆发之时。晴山则在南洋，二十多年未曾踏足故里。首联上句“廿载离群”即此意。下句“故人渐觉鬓毛疏”，原作“故人原似鬓毛疏”。观此，则“鬓毛疏”应兼有年华老去、日渐稀少之意，指故人，亦指鬓发。

颔联上句“多时不作还乡梦”，回应首句“廿载离群”，同时引起读者疑问：诗人“不作还乡梦”，原因为何？下句“隔岁方成报友书”，同样亦引人疑问。书信一年后始收到，原因何在？

颈联、尾联暗示自“双百”反右之后，知识分子凋零，不能批评政治，但又不屑歌颂新朝者，只能写些不干现实之文章。此乃作者“不作还乡梦”之原因，亦“隔岁方成报友书”之原因。尾联“剧秦无补美新拙，只合凌云赋子虚”，乃作者慰勉故人之语，对大陆知识分子之无奈，亦深表同情。

此酬友之作，既表达作者对故人之关怀，亦表达对大陆时政之看法，言中有物。

第四十二篇

fèng hè bái chéng gēn xiān shēng liù shí gǎn huái èr shǒu
奉和白成根先生六十感怀二首

其一

dà zhì yìng dāng xiǎng dà nián
大智应当享大年，(1)

bù xū wèn shě bù qiú tián
不须问舍不求田。(2)

yǎng shēng zhī jué xīn qíng tài
养生只觉心情泰，

dào lǎo cóng wú shì lǜ qiān
到老从无世虑牵。

kàng lì qíng tóng qín sè yǒu
伉俪情同琴瑟友，(3)

dú shū yùn dé zǐ sūn xián
读书孕得子孙贤，

yán fāng sì yuè rú cháng xià
炎方四月如长夏，(4)

yī shì chūn fēng bié yǒu tiān
一室春风别有天。

其二

cè zhàng tā xiāng rèn chàng yóu
策杖他乡任畅游，(5)

nán tiān cǎo mù bù zhī qiū
南天草木不知秋。

zhōng yuán jiǔ wèi wén sān hù
中原久未闻三户，(6)

hǎi wài hé fáng gèng jiǔ zhōu
海外何妨更九州。(7)

xīn guì jìn duō tú gǒu bèi
新贵尽多屠狗辈，

gù jiā shí jiàn mài guā hóu
故家时见卖瓜侯，(8)

bo jū xìng zài táo yuán lǐ
卜居幸在桃源里，(9)

shàng yǒu táo lín kě fàng niú
尚有桃林可放牛。(10)

语译

其一

你大智大慧，自然应当能安康长寿，
你不须为买屋子而愁，没有想要买地。
善于保养身心，只觉得心情舒泰。
一直到老，你从未牵挂世俗事。
你夫妻恩爱，琴瑟和谐，相敬如宾。
你爱读书，子孙在你教导下，个个成才。
南洋的四月，却像夏天，总是那么炎热，
但在你家，却温馨如春，别有天地。

其二

提着手杖，随意地在异乡畅快悠游，
南洋的草木，四季常青，没有秋意。
很久已经没有听过反攻大陆的事了，
身居南洋，又何妨把这里当做海外九州。
在大陆，新官权贵都是杀狗屠猪之辈，
在故乡，到处都是落难的旧官贤才，
幸好选择了定居南洋，这里桃花处处，
还可以在桃林放牛，可以安享太平。

注释

(1) 大智大年：大智慧、长寿。词出《庄子·逍遥游》“小知不及大知，小年不及大年。”

(2) 问舍求田：置屋买田。多形容只求个人小利，没有远大志向。语本《三国志·魏志·陈登传》：“望君忧国忘家，有救世之意，而君求田问舍，言无可采。”

(3) 琴瑟友：《诗经·关雎》“窈窕淑女，琴瑟友之。”原意谓弹琴弄瑟追求淑女。这里用作名词。又琴瑟，多用于形容夫妻感情和谐。

(4) 炎方：南方，这里指南洋。中国南方较炎热，故称炎方。《吕氏春秋·有始》“南方曰炎天”。李白《古风》（其三十四）：“炎方难远行。”

(5) 策杖：唐·杜甫《戏题寄上汉中王》诗之二：“策杖时能出，王门异昔游。”仇兆鳌注：“慈水姜氏曰：杖策者，策杖而行……则古人於杖，虽少年皆用之矣。”

(6) 三户：语出《史记·项羽本纪》：“楚南公曰‘楚虽三户，亡秦必楚’也。”传统上，对“三户”有不同解释。《集解》“瓒曰；

‘楚人怨秦，虽三户犹足以亡秦也。’”《索隐》“韦昭以为三户，楚三大姓昭、屈、景也。”《正义》“服虔云‘三户，漳水津也’。……南公辨阴阳，识废兴之数，知秦亡必于三户，故出此言。后项羽果度三户津破章邯军，降章邯，秦遂亡。是南公之善谶。”据《正义》，“三户”即三户津，项羽破秦将章邯大军之处。这里应指项羽破秦故事。

(7) 九州：指中国。中国传说中的中原行政区划。起于春秋、战国时代，说法不一。

(8) 卖瓜侯：指秦末汉初之邵平（亦作召平）。邵平原为秦之东陵侯，负责监护秦始皇之父母庄襄王和赵姬之陵墓。秦亡不仕，隐居长安城东，种瓜为业。事见《史记·萧相国世家》。后以“召平瓜”、“东陵瓜”为安贫隐居之典。卖瓜侯，则喻富贵不长久。司空曙《独游寄卫长林》“身外唯须醉，人间尽是愁。那知鸣玉者，不羡卖瓜侯。”

(9) 卜居：选择居处。桃源：世外桃源，理想之邦。用陶渊明《桃花源记并序》典故。

(10) 桃林放牛：桃林，古地区名。在今河南灵宝以西，陕西潼关以东地区。为周武王放牛处。《尚书·武成》：“偃武修文，归马于华山之阳，放牛于桃林之野。”桃林放牛，这里指得享太平，安闲度日。

背景故事

白成根乃福建安溪人，生于1900年。1934年，在马来亚怡保经营橡胶生意，历任霹雳福建公会会长33年之久。晴山于1945年至1960年为福建公会秘书，与白成根谙熟。

据诗题，白成根曾作六十感怀诗，晴山此两首为和诗。白成根“六十”之岁数，依华人传统算法，若以西方算法，应为59岁，故此诗应作于1959年。

霹雳福建公会会长白成根先生夫妇同庆六十大寿合照(1959年)。

赏析

此一题二律，第一首押下平一先韵，第二首押下平十一尤韵（在现代汉语中，“游、秋、州、侯、牛”读音不同，在《佩文诗韵》同属尤部）。

据诗题，白成根曾作六十感怀诗。晴山此两首为和诗。白成根原诗未见，但从晴山和诗之二，可推知白成根原作有故国之思。

晴山和诗中第一首，主要在祝贺白成根家和子贤。首联上句“大智大年”为全诗纲目：白成根时已六十，故上句“大年”并非虚言。“大智”引出下文各句：大智，故不须问舍求田，故无世虑，夫妻和顺，子俊孙贤。下句“不须问舍”一语双关。按白成根橡胶生意成功，早已置屋，故“不须问舍”，此“大智”之表现。但“求田问舍”一般指没有远大志向。今谓“不须问舍不求田”，则有大志，亦“大智”之表现。

颔联、颈联称其养生有方，夫妻和顺，子孙俊贤，是称其“大智”，亦是祝福之词。

尾联“一室春风”回应颈联，写其家庭和乐。“炎方”、“别有天”在暗言其迁寓南洋之事，为第二首铺垫。

第二首之意，在中原多事，而南洋可为乐土。据此诗意，白成根原诗或有故国之思，而晴山和诗乃有此见。

首联“策杖他乡任畅游，南天草木不知秋”已点出诗意。其中“不知秋”为双关语：既言南洋天气，亦暗谓大陆正值“多事之秋”，而南洋则无事。

颔联即写中原“多事之秋”：上句“中原久未闻三户”，用项羽大破秦兵于三户津之典故，谓反攻大陆已无望，同时暗喻共产政权为暴秦。“海外何妨更九州”，承接首联及本联上句，中原多事，而南方正好，故可视作“九州”。

颈联具体写中原之“秋”：上句以“屠狗辈”借指大陆新贵，讽刺其粗野无知；而“卖瓜侯”则指落难文人。

尾联回应首联，用桃花源及桃林放牛典故，谓南洋可作乐土，即“策杖他乡任畅游”之意。其中桃花源，乃避秦隐居之故事，故亦有暗喻共产政权为暴秦之意。

南洋第一代华侨多本系念故土，但后则决定长久落户南洋，大陆变色，乃其中重要原因之一。此诗第二首可反映当时部分南洋华侨心态。

第四十三篇

jì hè bái chéng gēn xiān shēng liù shí gǎn huái èr shǒu fù fèng fàng wēng quán jí wéi shòu fù sà liù yùn jǐ zhī
既和白成根先生六十感怀二首复奉放翁全集为寿赋卅六韵纪之

píng shēng guǎ jiāo you
平生寡交游，

xǐ yǔ gǔ rén yǒu
喜与古人友。

měi dú gǔ rén shū
每读古人书，

gǔ rén zài zuǒ yòu
4 古人在左右。

yǎn juǎn tài xī jiān
掩卷太息间，

hū jīng gǔ rén zǒu
忽惊古人走。

lái qù hé cōng cōng
来去何匆匆，

wǒ shēng xìng dú hòu
我生幸独后。

gǔ rén jù jīn rén
古人距今人，

dòng zhé qiān nián jiǔ
动辄千年久。(1)

jīn rén suǒ dú shū
今人所读书，

gǔ rén jìn jiàn fǒu
古人尽见否？

duō dú qiān nián shū
多读千年书，

bù chì qiān nián shòu
不啻千年寿。(2)

sù xī wéi cǐ yán
宿昔为此言，

wén zhě duō bìng gòu
闻者多病詬。

fāng yà shì hào shū
方讶嗜好殊，

jū rán yì yǒu ǒu
居然亦有偶。

jūn shēn chù wǔ dū
君身处五都，(3)

xīn bù wàng èr yǒu
心不忘二酉。(4)

yú shī xǐ fàng wēng
于诗喜放翁，

láng láng cháng kāi kǒu
琅琅常开口。(5)

duàn jiān yǔ cán piān
断笺与残篇，

ài zhī bù shì shǒu
爱之不释手。

ǒu ér yǒu suǒ zuò
偶而有所作，

yì lèi jiàn nán sǒu
亦类剑南叟。

bù yǐ zǎo huì gōng
不以藻绘工，

mí jué xìng qíng hòu
弥觉性情厚。

jīn nián jiǎ zǐ zhōu
今年甲子周，

gǎn huái jiàn èr shǒu
感怀见二首。

bā rén hè yáng chūn
巴人和阳春，(6)

jūn jì bù xián chǒu
君既不嫌丑。

yuàn jiè fàng wēng bēi
愿借放翁杯，

gèng jìn nán shān jiǔ
更进南山酒。(7)

jūn dàn yǐn qí chún
君但饮其醇，
zāo pò qiě mò qǔ
糟粕且莫取。
fàng wēng xué shào líng
放翁学少陵，
cǎo táng gòng chú gǒu
草堂供刍狗。(8)
zōng pài chū jiāng xī
宗派出江西，(9)
xià bǐ wú huáng jiǔ
下笔无黄九。(10)
nǎi zhī shàn xué rén
乃知善学人，
shī fǎ bù mò shǒu
师法不墨守。
dé yú ér wàng quán
得鱼而忘筌，(11)
shuí fù zhēn zhú gǒu
谁复珍竹笱？(12)
jūn ruò xué fàng wēng
君若学放翁，
xíng dāng qiào yī mǔ
行当翘一拇。
yǒu rú rù táng ào
有如入堂奥，(13)
biàn zì kāi hù yǒu
便自开户牖。(14)

néng rù guì néng chū
能入贵能出，
shèn fáng luò kē jiù
慎防落窠臼。(15)
rú cǐ xué fàng wēng
如此学放翁，
fàng wēng sī bù xiǔ
放翁斯不朽。
nán dù bǎi yú nián
南渡百余年，
shén zhōu méng chén gòu
神州蒙尘垢。
āi shí shī zhōng kè
哀时诗中客，
fàng wēng dú qí gǒu
放翁独耆耇。(16)
suī yuè zhàng cháo lùn
虽越杖朝论，(17)
shī dǎn yóu rú dòu
诗胆犹如斗。
sù yuàn yǒu wèi shēn
素愿有未伸，
shí zuò shī zi hǒu
时作狮子吼。(18)
jūn jiàn yǔ wēng tóng
君健与翁同，
shī chéng zhēng suǒ shòu
师承征所受。

yǎng shēng chuán mì fāng
养生传秘方，

dé wú fā qí bù
得毋发其蔀？(19)

jiàn zǐ bǎi wú chéng
贱子百无成，

jū héng duō zǔ niǔ
居恒多诅忸。(20)

dāo bǐ shū xiǎo lì
刀笔输小吏，

chú lí shū jiàn fù
锄犁输健妇。

shì shì bù rú rén
事事不如人，

mǎ chǐ tú zì fù
马齿徒自负。(21)

wéi zī wén zì yuán
惟兹文字缘，

yǔ jūn cháng gòng yòu
与君长共囿。(22)

语译

我平生结交的人不多，
但喜欢与古人作朋友。
每当我读古人的作品时，
古人便好像就在我身旁。
在我掩卷叹息的时候，
忽然惊觉古人已经离去。
古人来也匆匆，去也匆匆，
我庆幸出生在他们之后。
古人与今人相距的时间，
动不动便有千年那么久。
今人可以读到的书籍，
古人曾经都看过吗？
我们读了千年的古书，
就像活了千年那么久。

我以前这样说的时候，
很多人都批评说不妥。
人的嗜好迥殊，我正感惊讶，
但居然还有您与我同好。
您居住在繁华的都会，
心里却不忘读古人书。
您特别喜欢陆游的诗，
常常吟诵，琅琅上口。
陆游的诗，即使是残篇，
您也时常吟诵，爱不释手，
您兴之所至，写起诗来，
风格也像陆游的作品。
不讲究词藻华美多彩，
更觉得性情醇厚有味。
您今年六十大寿的时候，
写了两首感怀诗，我有幸拜读。
我庸俗的作品，酬和了大作，
您不嫌弃我的作品低俗，
我当然愿意借陆游的杯，
献上寿酒，祝您寿比南山。
香醇的您请慢慢享用，
劣质的您就不要沾口。
陆游写诗，学习杜甫，
诚心供奉杜甫草堂主人。
陆游诗艺出自江西诗派，
作品却没有黄庭坚的痕迹。
从这例子可知，善于学习的人，
学习的是方法，却不墨守成规，

就像捕鱼，捕到鱼便忘记鱼筌，
谁会珍视那用来捕鱼的竹笱？
您如果要学习陆游的话，
一定大有成就，首屈一指，
就好像深入了学问的殿堂，
便可自开门户，自成一家。
最重要的是能入也能出，
避免死跟着前人的成规。
能以这样的态度学习陆游，
陆游的精神才能永垂不朽。
在宋室南渡的一百多年间，
神州蒙受风尘，经历灾劫。
在那些忧伤国事的诗人中，
只有陆游一个能活到高龄。
虽然他已经过了八十岁，
他写诗仍然胆大如斗。
虽然他的志愿未能伸展，
却时常发出洪亮的呼声。
您的诗像陆游的一样刚健，
可证明您与陆游一脉相承。
您得到陆游所传的养生秘方，
不知道是否可以给我些启发。
我身份卑微，没有一点成就，
日常生活往往都不如意。
提笔写字，我要输给文秘书记，
荷锄耕种，我输给健壮的妇女。
我什么事情都比不上别人，
只是越来越老，自夸高龄。

惟有这份与您结的文字缘，

72 能够同您长久维持下去。

注释

(1) 动辄：动不动就；往往。

(2) 不啻：无异于，如同。

(3) 五都：五方都会。泛指繁盛的都市。《文选·宋玉〈登徒子好色赋〉》："臣少曾远游，周览九土，足历五都。"李善注："五都，五方之都。"

(4) 二酉：这里用成语"书通二酉"。二酉：指大酉山、小酉山。《太平御览》卷四九引南朝·盛弘之《荆州记》曰："小酉山，山上石穴中有书千卷，相传秦人于此而学，因留之。故梁湘东王云'访酉阳之逸典'是也。"后世以"书通二酉"比喻读书多，学识丰富。

(5) 琅琅：象声词。形容清朗、响亮的声音。

(6) 巴人：通俗之人，这里是晴山自谦之称。成语"下里巴人"，指通俗音乐。阳春，成语"阳春白雪"，指艺术性高的音乐。二语见战国楚宋玉《对楚王问》："客有歌于郢中者，其始曰：《下里》、《巴人》，国中属而和者数千人。……其为《阳春》、《白雪》，国中属而和者不过数十人。……是其曲弥高，其和弥寡。"

(7) 南山酒：祝寿酒。南山，用成语"寿比南山"之意。《诗·小雅·天保》："如南山之寿，不骞不崩。"孔颖达《疏》："天定其基业长久，且又坚固，如南山之寿。"后用为人祝寿之词。

(8) 刍狗：古代祭祀时用草扎成的狗。

(9) 江西：指江西诗派，北宋文学流派，创始人为黄庭坚。

(10) 黄九：北宋诗人、书法家黄庭坚排行第九，因以称之。

(11) 得鱼忘筌：筌：捕鱼用的竹器。捕到了鱼，忘掉了筌。比喻事情成功以后就忘了本来依靠的东西。语出《庄子·外物》：“筌者所以在鱼，得鱼而忘筌。”

(12) 竹笱：口内装有逆向竹片，类似捕鱼竹笼的一种竹制器具。

(13) 堂奥：堂的深处。喻深奥的义理；深远的意境。晋·枣腆《答石崇》诗：“窃覩堂奥，钦蹈明规。”宋苏轼《上虢州太守启》：“伏惟御府某官，学造渊源，道升堂奥。”

(14) 户牖：门窗，比喻学术上的门户、流派。南朝·梁·刘勰《文心雕龙·诸子》：“夫自六国以前，去圣未远，故能越世高谈，自开户牖。”

(15) 窠臼：门臼。旧式门上承受转轴的臼形小坑。比喻旧有的现成格式；老套子。

(16) 耆耇：年高望重者。耆：六十岁以上的人；耇，同者，老人面部的寿斑，比喻高寿。

(17) 杖朝：《礼记·王制》：“八十杖於朝。”谓八十岁可拄杖出入朝廷。这里指到了八十岁。

(18) 狮子吼：语出《维摩诘所说经·佛国品》，“演法无谓，犹狮子吼，其所讲说，乃如雷震”，代表的是“如来正声”，能降服一切魔鬼。这里指正义的声音。

(19) 发蔀：蔀，遮蔽。《易·丰》：“丰其蔀”。王弼注：“蔀，复暧，障光明之物也。”发蔀，启发。

(20) 诅忸：诅，原指祈求鬼神加祸于所恨的人；现指咒骂。忸：忸恨，愧恨。诅忸，即不如意之事。

(21) 马齿：马的牙齿。马的牙齿随年龄而添换，看马齿可知马的年龄，故常以为谦词，借指自己的年龄。

(22) 囿：囿守；持守。

背景故事

白成根生于1900年，少晴山六岁。此诗作于1959年，白成根60大寿时。

白成根好诗，尤爱陆游，故晴山奉赠《放翁全集》为寿礼。本诗中“放翁、剑南叟”等语，即指陆游。

陆游（公元1125–1210年）乃南宋诗人、词人，字务观，号放翁，越州山阴（今浙江绍兴）人。陆游一生作品丰富，有《剑南诗稿》、《渭南文集》等，至今尚存诗作9,300多首，是中国现有存诗作最多之诗人。其诗词风格雄奇奔放，沉郁悲壮，爱国之情，洋溢纸上，为南宋一代诗坛领袖，在中国文学史上享有崇高地位。

赏析

此五言古诗，三十二韵，除第16句及72句押去声二十六宥韵外，全诗押上声二十五有韵。

全诗72句，共四部分。

第一部分从首句起至第18句，写晴山好与古人为友，似与主题无关，但实乃说明作者与白成根友谊之根基，在于同好古人书，并为第二部分铺垫。其中“多读千年书，不啻千年寿”，既是晴山哲学，亦暗合祝寿之旨。所谓“千年书”，暗指《放翁全集》。

第二部分从第19句“君身处五都”起，至第36句“糟粕且莫取”止，述白成根对陆游诗歌之偏爱，以及白成根曾于“甲子周”示感怀诗二首之事，说明奉《放翁全集》为寿礼并赋此诗之原因，点题。第33–34“愿借放翁杯，更进南山酒”句中，“放翁杯”比喻送赠白成根之寿礼《放翁全集》；“南山酒”则比喻此首祝寿诗，含蓄有致。

第三部分第37句“放翁学少陵”起，至第52句“放翁斯不朽”止，从陆游之诗学源流起，论学诗应“能入能出”，不落前人窠臼。似是泛论，实亦暗称白成根学诗有法。

第四部分记陆游之精神与身体俱健，从第53句“南渡百余年”起，至第64句“得毋发其蔀”止。“耆耇”、“杖朝”言陆游高寿，“哀时”、“诗胆”、“狮子吼”写其精神。“君健与翁同，师承征所受”句中，“健”字兼指身体强健与诗风刚健，著一“同”字，则写陆游之高寿，亦祝愿白成根高寿，写陆游之“诗胆、狮子吼”，亦言白成根诗歌之精神。

第五部分从第65句“贱子百无成”句起，至末句，共八句。前六句谓自己百事无成，事事不如人，似与主题无关。读者读至末二句“惟兹文字缘，与君长共囿”句，始知前六句之旨，在说明二人之情谊，超越身份地位之不同，而植根于“文字缘”，既总结此部分，亦遥应第一部分“方讶嗜好殊，居然亦有偶”句。

此诗本祝寿之诗，而带出诗人之人生观与诗学观，不落俗套。全诗从自己与白成根同好古人书起，带出陆游；再写陆游之诗学门径、高寿、诗风，最后以“文字缘”作结，结构谨严，首尾呼应。

第四十四篇

chéng wáng shì zhāo jiào shòu sān jué bìng xù
呈王世昭教授三绝并序

wǎng rì dú wáng shì zhāo jiào shòu suǒ zhù qū yuán chuàng zuò jí
往日读王世昭教授所著《屈原创作集》，
hèn bù shí qí rén jīn chūn jiào shòu xié jì nǚ xǔ hán qīng nǚ shì nán
恨不识其人，今春教授偕寄女许涵清女士南
lái zuò shū huà zhǎn dé jiàn zhī yú pī lì nǚ zhōng chéng chū shì náng
来作书画展，得见之于霹雳女中，承出示囊
zhōng gǔ yàn yún xì ē páng gù wù xǔ nǚ shì yóu shàn dān qīng gù
中古砚，云係阿房故物，许女士尤擅丹青，故
bìng jí zhī
并及之。

其一

shū yǒu yòu jūn shī yòu chéng
书有右军诗右丞，(1)
dú chéng yī bō bó zān yīng
独承衣钵薄簪缨。(2)
tiān gōng gèng yù quán sān jué
天公更欲全三绝，(3)
gù qiǎn fēi qióng xià tài qīng
故遣飞琼下太清。(4)

其二

xún dé táo yuán jì cǐ shēn
寻得桃源寄此身，(5)

lǔ lián zhī hòu fù hé rén
鲁连之后复何人？(6)

ē páng gōng yǐ wú cháng wù
阿房宫已无长物，(7)

yī wǎ suí jūn yì bì qín
一瓦随君亦避秦。

其三

mù guāng rú jù bǐ rú chuán
目光如炬笔如椽，(8)

hǎo wèi lí sāo zuò zhèng jiān
好为离骚作郑笺，(9)

mò dào jī lín wú shàn gǔ
莫道鸡林无善贾，(10)

tiān nán zhēng wàng mǐ jiā chuán
天南争望米家船。(11)

语译

其一

您的书法有王羲之的造诣，诗可比王维，
您独得王氏的真传，又看轻功名禄位。
上天更要您家“诗、书、画”三绝俱全，
于是从太清天宫派遣了许飞琼下凡您家。

其二

您找到了可以避开暴政、让您寄居的乌托邦，在那鲁仲连之后，像您这样的人，还有多少？
秦代的阿房宫已经没有剩下什么遗迹了，
但却有一片瓦，跟随着您，也要避开暴秦。

其三

您不但目光如炬，见识远大，而且笔力雄劲，
正好是为屈原的《离骚》作注释的最佳人选。
不要说在国外没有能欣赏您的大作的人，
在南洋，人们正争相来观看您家的书画。

注释

(1) 右军：指东晋著名书法家王羲之。王羲之曾任右军将军，世称“王右军”。右丞：指唐代大诗人王维；王维官至尚书右丞，故称“王右丞”。

(2) 衣钵：衣，棉布袈裟；钵，吃饭的钵盂。《旧唐书·神秀传》：“昔后魏末，有僧达摩者，本天竺王子，以护国出家，入南海，得禅宗妙法，云自释迦相传，有衣钵为记，世相付授。”自后中国禅宗师徒间道法传授，常常举行授衣钵仪式。“衣钵相传”以用以比喻技术、学术的师徒相传。簪缨：古代达官贵人的冠饰。后遂借以指高官显宦。

(3) 三绝：绝，独一无二的才艺。古典文学中，“三绝”有不同内涵。这里指“诗、书、画”。

(4) 飞琼：许飞琼，传说中的仙女名。西王母之侍女。《汉武帝内传》：“（王母）又命侍女许飞琼鼓震灵之簧。”太清：道教仙境。道教谓元始天尊所化法身道德天尊所居之地，亦泛指仙境。

(5) 桃源：陶渊明《桃花源记》记述晋代渔人偶遇因避秦而隐居于桃花源之古民。后以“桃花源”指避世隐居处，亦指理想境地、乌托邦。

(6) 鲁连：指鲁仲连。《战国策·赵策三》有《鲁仲连义不帝秦》章，记载鲁仲连劝止魏国尊称秦王为帝之故事。

(7) 阿房宫；秦朝宫殿，遗址在今陕西省西安市西郊。长物：多余的东西，这里指其他遗迹。

(8) 目光如炬：目光发亮象火炬，这里形容见识远大。笔如椽：椽笔，犹言“大手笔”，指重要的文字。也比喻笔力雄健。《晋书·王珣传》：“珣梦人以大笔如椽与之。既觉，与人曰‘此当有大手笔事’。俄而帝崩，哀册、谥议，皆珣所草。”

(9) 离骚：屈原代表作。郑笺：汉·郑玄所作《毛诗传笺》之简称，亦泛指对古籍的注解。郑玄兼通经今古文学，他的《毛诗笺》是解释《诗经》的权威。

(10) 鸡林贾：《新唐书·白居易传》：“（白）居易于文章精切，……鸡林行贾售其国相，率篇易一金。”后以“诗入鸡林”指诗名远扬。按鸡林为古国名，即新罗，首都在金城（今庆州）。唐高宗时，曾在新罗领土上设立了鸡林州都督府。又中国黑龙江省有鸡林乡。但古典诗歌中之“鸡林”，多指新罗，或用以指朝鲜。

(11) 米家船：北宋书画家米芾，常乘舟载书画游览江湖。后常以“米家船”借指米芾的书画。

背景故事

晴山呈王世昭之作共四首，此是第一首。

王世昭（1905–1984），民国时期著名书法家，原籍福建，大陆变色后旅居香港。1960年曾携谊女许涵清到马来亚各地举行书画展，得到新马各地福建公会赞助，借与展览场所，亦代为安排方便。晴山当年任职福建公会文书，故与王氏接触密切，又因王氏亦长于诗词，两人一见如故。

王世昭寄女许涵清表演国画时摄照片。（围观者中，左一为白成根，左二为晴山。白成根乃霹雳福建公会会长，王世昭及寄女许涵清之书画展，即在公会举行。）

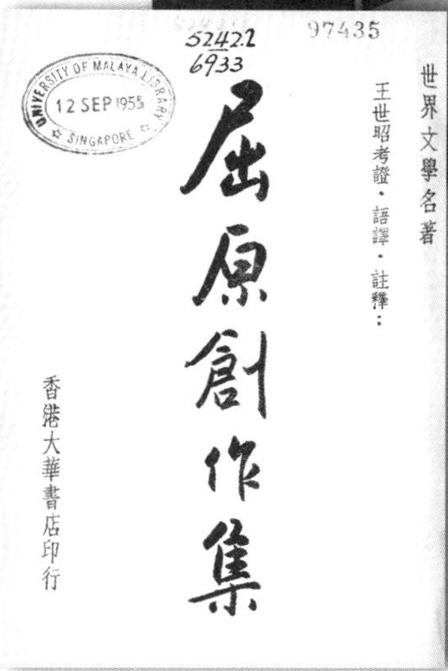

《屈原创作集》封面（王世昭考证、语译、注释。1954年香港大华书店印行）。

王世昭曾著《屈原创作集》，《屈原》等。《屈原创作集》语译屈原作品，并加注。晴山诗中“好为离骚作郑笺”，即指此书而言。

赏析

此一题三绝句，分别写王世昭之造诣、节操、以及书画展，甚为得体。

第一首称颂王世昭在书法与诗词创作之成就，以王羲之、王维作比；又以传说中之仙女许飞琼比拟王世昭之谊女许涵清，巧妙得体。其中“薄簪缨”又点出王世昭之品格，为第二首作铺垫。

第二首从王世昭囊中古砚开展而来，称颂王世昭反共情操。据王世昭，该砚乃秦代阿房宫旧物，故本诗所用典故，皆有关于秦。首句“桃源寄此身”，以陶渊明《桃花源记》中避秦古民，比喻王世昭避共产政权而旅居香港。次句比王世昭为鲁仲连，取其“义不帝秦”之事，用以指王世昭不认同共产统治。末二句“一瓦随君亦避秦”，“一瓦”，即王世昭囊中古砚，“避秦”二字绾合全诗之意，简明有力。

第三首前两句，称颂王世昭说著《屈原创作集》之学术成就，比诸于东汉大儒郑玄之《毛诗笺》。后二句则述及王世昭之书画展。“天南争望米家船”，为南洋雅士争相观看，则书画展之成功与王氏之成就，不言自明。

总之，此三首巧用古人姓氏及典故，述王世昭人品与成就，妥贴精当。

第四十五篇

yì wáng shì zhāo jiào shòu lǚ yù wèn shī

诣王世昭教授旅寓问诗

yì wáng shì zhāo jiào shòu lǚ yù wèn shī, bìng xié xiǎo nǚ měi yú wèn huà yū xǔ hán qīng nǚ shì, shī yǐ dài zhì

诣王世昭教授旅寓问诗，并偕小女美瑜问画於许涵清女士，诗以代贽。

xué shī xué huà liǎng wú chéng
学诗学画两无成，

chuí ǎo fāng zhī hǎi yǒu jīng
垂老方知海有鲸，(1)

huǐ bǎ dān qīng gòng làng fèi
悔把丹青供浪费，(2)

wǎng jiào wǎ fǒu zuò léi míng
枉教瓦缶作雷鸣。(3)

wèn nián yù huàn shī wéi mèi
问年欲唤师为妹，

xù chǐ hé fáng dì zàn xiōng
序齿何妨弟赞兄，(4)

yì yuàn yóu lái wú shào zhǎng
艺苑由来无少长，

jí mén gè bài yī xiān shēng
及门各拜一先生。

语译

我父女学诗学画，两个都没有成就，
我到老了才知道原来艺海中有大家。
小女的画画不好，后悔浪费了颜料，
4 我的诗像瓦缶，发不出巨大的声音。
问起年纪，小女应该叫老师作妹妹，
按年龄排序，我又何妨把年轻的叫作兄。
艺术界里，只看成就，不分年龄长幼，
8 我与小女到这里，各自都是要拜师。

注释

(1) 海有鲸：杜甫《自京赴奉先县咏怀五百字》：“胡为慕大鲸，辄拟偃溟渤”。大鲸：比喻有远大理想者。这里比喻大作家、艺术大家。

(2) 丹青：丹砂、青雘，两种作颜料的矿物，这里泛指颜料。

(3) 瓦缶雷鸣：瓦缶，缶，腹大口小的瓦器，本来不会发出大的声音。瓦缶雷鸣亦作瓦釜雷鸣，比喻平庸无才德的人而居于显赫的高位。这是晴山自谦自词，谓自己诗才平庸。

(4) 序齿：齿，年龄。根据牙齿的磨损状况可以看出牛羊的岁数，因此古人用齿来指年龄。序齿，即叙齿。所谓叙齿就是按年龄来决定长幼。古人讲究长幼尊卑，常在在见面时叙齿以排定座次，或用以称兄道弟。

背景故事

晴山呈王世昭之作共四首，此是第二首。

王世昭，民国时期著名书法家，原籍福建，大陆变色后旅居香港。1960年曾携谊女许涵清到马来亚各地举行书画展，得到新马各地福建公会赞助，借与展览场所，亦代为安排方便。晴山当年任职福建公会文书，故与王氏接触密切，又因王氏亦长于诗词，两人一见如故。此外，王世昭谊女许涵清以画见称，而晴山幼女美瑜，略弄丹青。因此有晴山偕女叩门问诗画一幕。其实，晴山诗词造旨极高，不必拜师学诗。又王世昭为著名"右派"，晴山对共党亦甚不满，因此而仰慕王世昭其人，致有拜师之事。晴山见同道而喜拜师，虚怀可见。

关于此事，王世昭《南游散记》一书中，曾记载如下：

> 当时有一位诗人陈晴山先生，他是育才中学开办时候的老教师，以后转到霹雳女子中学任教，诗写得极好，可惜我到北婆罗洲的时候，不知道什么时候散失了，现在一首也引不出来，至为憾事！但这位朋友的谦德，使我刻在心版里永久不能忘怀。记得我们书画展览的第三日，他带着他的夫人王义宋，女公子两位，一位已出嫁，一位尚未出嫁，他对我说："王先生，我今天见你有三个要求，第一、我有嫁女诗一首，要请你大笔为我一挥，以为我的女儿出阁的永久纪念品。第二、你是诗人，你的大作我早已读过，从作品中，我认识你的人格，现在见到面，我知道你是名符其实的学者，所以，我要拜你为师，请你万万不要推托。第三、我的次女喜欢学画，苦无良师指点，你的令媛年龄即管轻，可是她的成就已有目共睹，我的女儿也愿意拜许小姐为师。这三件事，无论如何请你答应！"而且他袖口拿出拜师诗一首。我那里敢当，他是六十三岁的老人，他的二小姐，也已二十一岁了。不管我如何推却，他无论如何要我和

涵儿承认。即晚邀我们吃饭，算是见面礼，这也可算我在南游画展中一段佳话，不可不把它记下来啦。

（页52–53）

晴山及家人摄于王世昭书法展会场。（左一为晴山，左二夫人义宋，左三为许涵清，左四美璇，左五美瑜，右一为王世昭。）

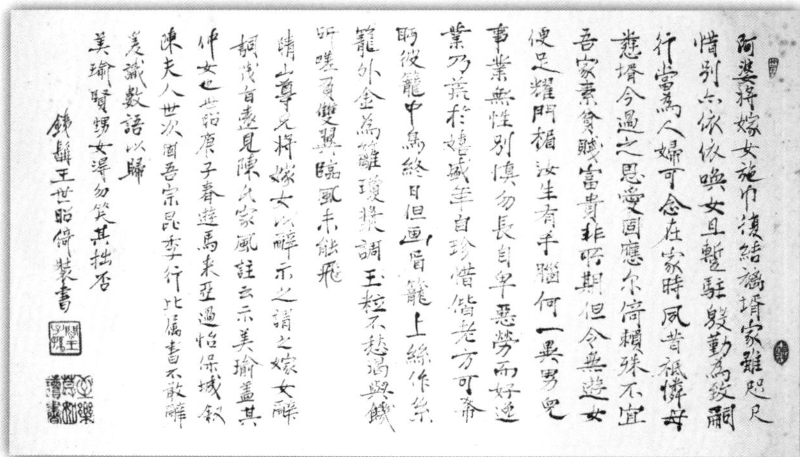

阿婆將嫁女施巾復結褵婿家雖咫尺
惜別亦依依喚女且暫駐殷勤為致詞
行當為人婦可念在家時夙昔祖憐母
慈增今過之恩愛固應爾倚賴殊不宜
吾家素貧賤富貴非所期但令無遊女
便足耀門楣汝生有手腦何一異男兒
事業無性別慎勿長自卑惡勞而好逸
業乃荒於嬉盛年自珍惜偕老方可希
睇彼籠中鳥終日但畫眉籠上絲作系
籠外金為籬瓊漿調玉粒不愁渴與饑
所嘆有雙翼臨風未能飛
晴山尊兄將嫁女以辭示之請之嫁女辭
詞茂旨遠見陳氏家風註云示美瑜蓋其
仲女也世昭原子春遊馬來亞過怡保城敘
陳夫人世次固吾宗昆季行比屬書不敢辭
爰識數語以歸
美瑜賢甥女得勿笑其拙否
錢韻王世昭倚裝書

王世昭手书晴山所作《嫁女词》。（王世昭在马来亚举办书画展期间，晴山曾请其手写晴山《嫁女词》，赠美瑜以为嫁妆。）

按王世昭此段记载，个别细节有误。据陈敏良，晴山当时已66岁，美瑜24岁，并已在两年前出嫁。陈敏良指出，王世昭应晴山之请，手书晴山《嫁女诗》送赠美瑜。美瑜之出嫁，在1957年，王世昭或因此而误记晴山及美瑜岁数。王世昭手书晴山之《嫁女诗》，美瑜至今珍藏。

赏析

此七言律诗，下平庚韵（现代汉语中，“成、鲸、鸣、兄、生”读音不同，《佩文诗韵》中，同属庚部）。

王世昭乃著名书法家，亦能诗，并忠贞于国民政府。王世昭谊女许涵清女士精于画。晴山仰慕王世昭其人，故携幼女美瑜拜师。当时晴山已六十六岁，较王世昭年长；美瑜亦长于许涵清。所谓“师为妹”、“弟赞兄”即指此而言。末句“及门各拜一先生”中，“先生”指老师，字面意思则为“先出生者”，与“师为妹”、“弟赞兄”前后对照，饶有趣味。

晴山在南洋甚有诗名，但却向比自己年轻之王世昭拜师学诗，其对王世昭仰慕之情，盖可想见；而晴山之谦厚，亦自显然。

第四十六篇

sòng wáng shì zhāo jiào shòu fù bīn

送王世昭教授赴槟

1960年晴山遗作

其一

tài kōng wéi guó dì wéi jiā
太空为国地为家，

dà kuài wén zhāng jìn wù huá
大块文章尽物华。(1)

nán lǐng kāi cán hái běi lǐng
南岭开残还北岭，(2)

dōng lí qiū hòu qǐ wú huā
东篱秋后岂无花。(3)

其二

jù làng pái kōng děng zhuó láo
巨浪排空等浊醪，(4)

xiū cóng rén hǎi wǎn kuáng tāo
休从人海挽狂涛。(5)

lín háng qiě jìn bēi zhōng wù
临行且尽杯中物，(6)

zòng wèi huí tiān qì yì háo
纵未回天气亦豪。(7)

语译

其一

您胸襟广阔，以太空为国，以大地为家；
您的大作，包罗了大地上万物的精华。
您的书画展在怡保结束了，又开到槟城去，
秋天过后，那东边篱笆，又怎么会不再有菊花？

其二

时局如滔滔巨浪，把它看作一杯浊酒吧，
不要再竭尽心力，试图力挽狂澜了。
在这离别的时刻，就举杯一饮而尽，
虽然未能挽回时势，也显出英风豪气。

注释

(1) 大块文章：语出唐·李白《春夜宴从弟桃李园序》：“况阳春召我以烟景，大块假我以文章。”大块：大地。原指大自然锦绣般美好的景色。后用以称赞别人内容丰富的长篇文章。物华：万物的精华；指各种珍美的宝物。

(2) 南岭、北岭：从本诗背景看，所谓南岭应指怡保，北岭指槟城。

(3) 东篱：陶渊明《饮酒》（其五）云：“采菊东篱下，悠然见南山”。

(4) 巨浪排空：凌空，冲向天空。巨浪排空：汹涌吓人的浪涛。比喻险恶的环境或尖锐激烈的斗争。浊醪：浊酒。

(5) 挽狂澜：即力挽狂澜。挽：挽回；狂澜：猛烈的大波浪。比喻尽力挽回危险的局势。

(6) 杯中物：杯子中的东西，指酒。语出晋·陶潜《责子》诗：“天运苟如此，且进杯中物。”

(7) 回天：比喻力量大，能移转极难挽回的时势。成语“回天乏术”比喻局势或病情严重，已无法挽救。

背景故事

晴山呈王世昭之作共四首，此是第三首。

1960年王世昭携谊女许涵清到马来亚各地举行书画展，此一题二绝句，应为是年王世昭从怡保往槟城时晴山送行之作。按晴山于是年五月因病入院，六月六日不幸辞世，故此二绝应作于1960年五月以前。

赏析

此一题二绝句。第一首押下平声六麻韵（“家、华、花”同属麻韵）。首句称王世昭胸襟宽广，此句赞其文章成就，或指其所著《屈原创作集》，第三句所谓南岭、北岭，应指怡保、槟城。按怡保在南，槟城在北，王世昭书画展从怡保移至槟城，故谓“南岭开残还北岭”。末句“东篱秋后岂无花”，或隐括陶渊明“采菊东篱下，悠然见南山”句意，谓“南山”（即上句之“南岭”）秋后仍有菊花，似谓王世昭在槟城若南望，仍可见菊花绽放。按菊花可作酒，故此句乃邀请王世昭再南来，把酒共聚。惜别之意，隐然可见。

第二首押下平声四豪韵（“醪、涛、豪”同属豪部）。首二句“巨浪排空、人海狂涛”皆暗喻时局。按此诗作于1960年，大陆变色已十一年，王世昭虽忠贞于民国政府，亦无能为力。次句谓“休从人海挽狂涛”，暗示王世昭本有力挽狂澜之志。第三句“临行且尽杯中物”，点出送行主题。末句“纵未回天气亦豪”，似谓饮酒显豪气，实谓王世昭即使未能力挽狂澜，仍然不失其英风豪气。全诗记临别劝酒，却隐括王世昭之豪情壮志，别开生面。

第四十七篇

hè liáng sēn yuán xiān shēng yǔ péng shì lín xiào zhǎng

贺梁森元先生与彭士驎校长

xī hūn jì niàn

锡婚纪念 (1)

其一

shí nian rén hǎi jǐ cāng sāng
十年人海几沧桑，(2)

huā yàng xīn fān shí shì zhuāng
花样新翻时世妆，(3)

jīn xiù yī rán jiù dāo chǐ
襟袖依然旧刀尺，(4)

kāi xiāng xiào jiǎn jià yī cháng
开箱笑检嫁衣裳。(5)

其二

zòu jì zhuāng tái dì yī zhī
奏记粧台第一枝，(6)

shí nián chuāng xià huà shuāng méi
十年窗下画双眉，(7)

fēng liú yìng xiào qián rén zhuō
风流应笑前人拙，

zhī jiě huī háo xiě wǔ yī
只解挥毫写五噫。(8)

其三

lián lǐ xīn xīn shǒu zì zāi
连理欣欣手自栽，(9)

zhòng jī duō yì gèng duō cái
仲姬多艺更多才，(10)

shí nián shù mù xīn qín wài
十年树木辛勤外，(11)

yú shì zhōng tíng xué zhí huái
余事中庭学植槐。(12)

其四

bù xiàn yuān yāng bù xiàn xiān
不羡鸳鸯不羡仙，

qí méi zhēng shuō mèng guāng xián
齐眉争说孟光贤，(13)

jiā zhēn cǐ rì cóng tóu shǔ
家珍此日从头数，

yī àn xiāng chéng yòu shí nián
一案相承又十年。(14)

语译

其一

十年了，人世间不知道发生了几许变化，
衣装的花样百出，世人都讲求时髦怪异。
但彭校长的衣裙却仍然保留旧时款式，
打开箱子，她开心地翻检那高格调的嫁衣。

其二

第一支弹劾为妻化妆的奏简，是关于张敞画眉的事，
梁先生却偏要效法张敞，十年来在窗下为爱妻画眉。
他风流倜傥，应该觉得以前的人笨拙而可笑，
笑他们拿起笔来，只懂得写《五噫》那样的诗。

其三

彭校长亲手种的连理树，正欣欣向荣，
她多才多艺，像那诗书画都行的管仲姬。
十年来，她努力地培植那连理树，
余下来的时间，便在中庭种植槐树。

其四

梁先生不羡慕鸳鸯，也不羡慕神仙，
他家的孟光为他举案齐眉，人人夸奖。
在这纪念日，他从头细数家里的珍藏，
他家孟光所举的那张餐案，又再举十年。

注释

(1) 锡婚：结婚十周年。

(2) 沧桑：晋·葛洪《神仙传·麻姑》："麻姑自说云，接待以来，已见东海三为桑田。"桑田：农田。大海变成桑田，桑田变成大海。比喻世事变化很大。

(3) 时世妆：唐·秦韬玉的《贫女》："蓬门未识绮罗香，拟托良媒益自伤。谁爱风流高格调？共怜时世俭梳妆。敢将十指夸偏巧，不把双眉斗画长。苦恨年年压金线，为他人作嫁衣裳。"其中

“俭梳妆”指险怪之装扮。白居易《新乐府·时世妆》一诗，已对“时世妆”多所批评。

(4) 刀尺：指服装的制作。唐杜甫《秋兴》诗之一：“寒衣处处催刀尺，白帝城高急暮砧。”旧刀尺，指旧款式。

(5) 嫁衣裳：与“旧刀尺”同是活用唐·秦韬玉《贫女》诗意（《贫女》诗见上注），谓彭士驎爱旧时款式之嫁衣裳，因为旧时妆有“风流高格调”。

(6) 奏记：汉时向公府等长官陈述意见的文书。《汉书·朱博传》：“文学儒吏，时有奏记称説云云。”第一支：指第一支写上奏记之竹简。古人用一尺二寸的简写经典著作，最短的竹简写奏记、短文。这里的“奏记”，指弹劾张敞的奏记。（见注(7)）

(7) 画眉：班固《汉书·张敞传》记载，张敞“为妇画眉，长安中传张京兆眉妩。有司以奏敞。上问之，对曰：‘臣闻闺房之内，夫妇之私，有过于画眉者。’”

(8) 五噫：指东汉·梁鸿所作的《五噫歌》，见《后汉书·梁鸿传》。梁鸿过京师洛阳，登北邙山，见宫殿之华丽，感人民之疾苦，触景生情，遂作此诗。

(9) 连理：不同根的草木、枝干连生在一起。比喻恩爱夫妻。如白居易《长恨歌》：“在天愿作比翼鸟，在地愿为连理枝。”

(10) 仲姬：管道升(公元1262~1319年)，字仲姬。元朝书法家、画家、诗词创作家。著有《墨竹谱》一卷。传世作品有《水竹图卷》、《秋深帖》、《山楼绣佛图》、《长明庵图》等。

(11) 十年树木：《管子·权修》：“一年之计，莫如树谷；十年之计，莫如树木；终身之计，莫如树人。”“十年树木，百年树人”之谚语由此而来。树：培植，培养。“十年树木，百年树人”一般用以比喻培养人才是长久之计，也表示培养人才很不容易，但本句只用培植树木之意。

(12) 植槐：《周礼·秋官·朝士》有“面三槐，三公位焉”之说，即在皇宫大门外种植三株槐树，分别代表太师、太傅、太保的官位。郑玄注：“槐之言怀也，怀来人于此，欲与之谋。”后世以槐为“公卿大夫之树”。在国子监（古代之国立大学）里广植槐树，喻示着监生们（大学生）可以考中高官之意。“植槐”在此句即从事教育之意。

(13) 齐眉、孟光：用“举案齐眉”典故。《后汉书·梁鸿传》记载，梁鸿“为人赁舂，每归，妻为具食，不敢于鸿前仰视，举案齐眉。”所谓“举案齐眉”即“把托盘举得跟眉毛一样高”之意。后多指夫妻互相尊敬，礼貌互待，相敬如宾。

(14) 一案相承：“案”，指“举案齐眉”之“案”。

背景故事

彭士驎乃怡保霹雳女子中学校长，晴山于1957年至1960年在该校讲授中国语文。

梁森元从事矿业，客家人，在怡保客家社群中甚有影响。霹雳女子中学之创设，曾得怡保客家社群支持。

此一题四首，作于1960年3月，贺梁氏夫妇锡婚（结婚十年）纪念。晴山后闻知梁氏夫妇将往香港、台湾、日本重渡蜜月，乃更作六首，以成“十全十美”之数。

彭士驎校长玉照（摄于1951年）。（彭士驎乃怡保霹雳女子中学校长，晴山自1957年起为该校国文教师。1960年4月到5月期间，彭士驎及夫梁森元游香港、台湾、日本期间，晴山曾为代课。）

赏析

本诗一题四首，贺梁森元伉俪结婚十年纪念。四首皆用“十年”一词，并用与婚姻有关之典故，甚能切合主题。梁森元与“举案齐眉”故事男主角梁鸿同姓，晴山活用“举案齐眉”之典故，尤堪称赏。又四首交相写彭士驎与梁森元，写来自然亲切，读者可想知晴山与梁氏夫妇间之情谊。

第一首巧用秦韬玉《贫女》诗典故，末句“开箱笑检嫁衣裳”，不但说彭士驎珍惜十年婚姻，更是说她珍爱旧时装之“高格调”，间接称颂其人品。

第二首用张敞及梁鸿两人故事。首二句谓梁士元无惧旁人“奏记”批评，十年来为爱妻画眉。第三、四句谓梁森元笑前人只懂学梁鸿写感民生能够之作，言外之意，梁鸿可让人学习者，不只《五噫》，还有令妻子“举案齐眉”之本事，正如张敞之画眉。

第三首写彭士驎。全首以“种树”为主要意象。“十年树木”通常与“百年树人”连用，表示从事教育。但晴山偏用“树木”本意，谓彭氏“十年辛勤”所种，乃“连理”树，回应第一句，并切合“锡婚”纪念之主题，比喻其十年来努力维系婚姻。至第四句，“中庭学植槐”一语，始言及彭士驎之教育事业，但又冠以“余事”二字，则彭氏以婚姻为重，可以想见。

第四首写梁森元。梁首句“不羡鸳鸯不羡仙”，反用“只羡鸳鸯不羡仙”之说，出人意表。至第二句“孟光贤”句，说明“不羡鸳鸯”之原因：其妻贤如孟光，婚姻幸福美满，不必羡慕鸳鸯。末句“一案相承”中之“案”，即当年梁鸿、孟光故事中“举案齐眉”之案。梁森元伉俪承传其事，又将再举案十年。

晴山善于活用典故，此一题四首，即为明证。

第四十八篇

zài hè sēn yuán xiān shēng yǔ shì lín xiào zhǎng xī hūn zhī qìng
再贺森元先生与士驎校长锡婚之庆

sēn yuán xiān shēng yǔ shì lín xiào zhǎng xī hūn zhī qìng jì zuò
森元先生与士驎校长锡婚之庆，既作

shí nián sī shǒu hè zhī qīng wén qí jiāng fù xiāng gǎng tái wān
“十年”四首贺之，倾闻其将赴香港、台湾、

rì běn dù mì yuè fù gēng liù zhāng yǐ quán shí měi qiě zhuàng qí
日本度蜜月，复赓六章，以全十美，且壮其

xíng
行。

其一

rì nuǎn fēng hé xiǎo dòng tiān
日暖风和小洞天，(1)

xiāng jiāng céng jì xī yóu xiān
香江曾记昔游仙，

duō yìng mì yuè yóu xián duǎn
多应蜜月犹嫌短，

yù bǔ cí shū zhù mì nián
欲补辞书铸蜜年。

其二

xīn xiě fēng chén sān xiá tú
新写风尘三侠图，(2)

dōng nán hǎi wài fǎng fú yú
东南海外访扶余，(3)

xuán zhī yī mèi tíng cān chù
悬知一妹停骖处，(4)

dìng jiàn sān láng hòu lù jū
定见三郎候鹿车。(5)

其三

guò jiāng míng shì jìn fēng liú
过江名士尽风流，(6)

tái běi tái nán hǎo chàng chóu
台北台南好唱酬，

shí yàng mán jiān shèng zhū yù
十样蛮笺胜珠玉，(7)

shī náng mǎn zǎi pàn guī zhōu
诗囊满载盼归舟。

其四

cǎo cháng jiāng nán yīng luàn fēi
草长江南莺乱飞，(8)

gù yuán táo lǐ zhèng fāng fēi
故园桃李正芳菲，(9)

dōng yóu kǒng bèi yīng huā wù
东游恐被樱花误，

rěn fù chūn fēng huǎn huǎn guī
忍负春风缓缓归。

其五

yì yǒu qí méi lǎo mèng guāng
亦有齐眉老孟光，(10)

sà nián kǔ zuò jià yī cháng
卅年苦作嫁衣裳，(11)

fù yī duō shǎo hú shān yuē
负伊多少湖山约，(12)

wàn qīng yān bō zhī wàng yáng
万倾烟波只望洋。(13)

其六

céng lín yù bǎn gǎn xīn zhī
曾临玉版感新知，(14)

zǎo jìng qīng chuí jià nǚ cí
藻镜青垂嫁女辞，(15)

yǎn wèi quán huā bǐ yóu jiàn
眼未全花笔犹健，

chóng mó jiù mò xiě xīn shī
重磨旧墨写新诗。

语译

其一

日本，风和日丽；台湾，简直是洞天福地；
还有香港；我记得你们这对神仙眷侣都曾去过。
这次再去，大概是因为嫌当年的“蜜月”太短，
要为辞书补充，要铸造“蜜年”这个新词。

其二

唐代的风尘三侠传奇，你们这次重新上演，
你们往东南海外，到那扶余国去游访。
我猜想可知，“一妹”停下车来的地方，
一定能看到“三郎”在等候着你们伉俪。

其三

像那过江的东晋名士，台湾的风流人物正多，
无论在台北，还是台南，都有唱酬的好对手。
他们丰富多彩的诗笺，就像珠宝玉石般珍贵，
我盼望着你们满载而归，分享那些诗稿。

其四

在故乡，草青叶绿，莺燕自由自在地飞翔，
那满园的桃树李树，花开灿烂，鲜艳芬芳。
你们东游日本，恐怕会被那樱花所迷惑，
而忍心辜负了故园春风，迟迟都不回来。

其五

我也有更举案齐眉，贤惠如孟光的好妻子，
三十年来，她跟着我，只能为他人作嫁衣。
多少年来，我违背了誓约，未能带她遨游山水，
对着那苍茫浩瀚的大海，只能无奈地叹息。

其六

为感谢旧雨新知，我曾经提笔铺纸，填词写诗，
得你们评品鉴赏，对我的《嫁女辞》称誉有加。

让我趁着眼睛还未全昏花，而执笔仍然有力，
再次磨那旧时的墨砚，创作一些新的诗篇。

注释

(1) 日暖风和："日"与"和"皆与日本有关，这里疑指日本。小洞天：道教术语。道教有所谓"洞天福地"，指神道居住的名山胜地。后多比喻风景优美的地方。其中"小洞天"共三十六。这里或指宝岛台湾。

(2) 风尘三侠："风尘三侠"故事见唐末道士杜光庭《虬髯客传》。故事中，李靖于隋末在长安谒见司空杨素，杨素家妓红拂为之倾慕，随之出奔，途中结识豪侠张虬髯。三人后同至太原会见李世民。虬髯本有争夺天下之志，见李世民神气不凡，知不能匹敌，遂倾其家财资助李靖，使辅佐李世民成就帝业。后虬髯入扶余国自立为王。"风尘三侠"指李靖、红拂及虬髯客；这里借指梁森元、彭士驎、易君左。

(3) 扶余：杜光庭《虬髯客传》记，虬髯倾其家财资助李靖，使辅佐李世民成就帝业。至贞观十年，虬髯入扶余国自立为王。扶余国在唐之东南。

(4) 一妹：《虬髯客传》中之红拂女，姓张，排行第一，与虬髯客同姓，故虬髯客称之为一妹。

(5) 三郎：《虬髯客传》中之虬髯客，姓张，排行第三，与红拂女同姓，故红拂女称之为三郎。鹿车：古时的一种小车；成语"鹿车共挽"旧时用以称赞夫妻同心，安贫乐道。语出《后汉书·鲍宣妻传》："妻乃悉归侍御服饰，更著短布裳，与宣共挽鹿车归乡里。"这里指二人所乘座驾。

(6) 过江名士：江，指长江。东晋王朝在江南建立后，北方士族纷纷来到江南，多为名士。这里借指过台湾海峡到台湾的知识分子。

(7) 十样蛮笺：唐时四川出产的彩色花纸。《笺纸谱》（相传为元代费著所作）：“谢公（师厚）有十色笺。……杨文公（亿）《谈苑》载韩浦寄弟诗云：‘十样蛮笺出益州，寄来新自浣花头。’”泛指名贵的纸。

(8) 草长江南莺乱飞：变化自梁·丘迟《与陈伯之书》：“暮春三月，江南草长，杂花生树，群莺乱飞。”等句。陈伯之本南朝人，后投奔北魏。丘迟《与陈伯之书》写故国美景，动之以乡情，向其招降。这里用以谓勿忘故乡美景。

(9) 桃李：借指彭士驎的学生。芳菲：芳香。

(10) 孟光：用梁鸿、孟光“举案齐眉”典故。

(11) 嫁衣裳：唐·秦韬玉《贫女》诗：“苦恨年年压金线，为他人作嫁衣裳。”诗歌以贫女比喻贫士。这里自指，亦指夫人王义宋女士。

(12) 湖山：意即啸傲湖山，在江湖山野中自由自在地吟咏游赏。

(13) 望洋：即望洋兴叹，语出《庄子·秋水》：“于是焉，河伯始旋其面目，望洋向若而叹。”望洋兴叹，仰望海神而叹息。原比喻在伟大事物面前感叹自己的渺小。这里比喻未能履行啸傲湖山之约而感到无可奈何。

(14) 玉版：即剡藤纸。一种光洁坚韧的宣纸。苏轼《孙莘老寄墨四首》：“谿石琢马肝，剡藤开玉版。”

(15) 藻镜：背面刻有鱼、藻之类纹饰的铜镜，借指品评鉴别。隋·江总《让尚书仆射表》：“藻镜官方，品才人物。”青垂：即垂青。谓以青眼相看，表示重视或见爱。古人称黑眼珠为青眼。语本《晋书·阮籍传》：“籍又能为青白眼，见礼俗之士，以白眼对之。及嵇喜来吊，籍作白眼，喜不怿而退。喜弟康闻之，乃赍酒挟琴造焉，籍大悦，乃见青眼。”

背景故事

此题第五首以孟光喻义宋，并谓其“卅年苦作嫁衣裳”。据晴山自记，此诗初稿作于“庚子三月十二夜”，即1960年4月7日；而晴山与义宋结婚于1926年，故“卅年”为约数。

晴山于此诗写成后两个月，即因肝病而撒手尘寰。第五首谓“负伊多少湖山约，万顷烟波只望洋。”可知晴山本有携妻子旅游之想。至此，阴阳异路，愿望无法实现，令人唏嘘。

彭士驎曾于2004年以翠园之笔名，在《南洋商报》发表纪念文章。文章标题《负伊多少湖山约——缅怀文坛前辈陈晴山》，即引用晴山诗句。

彭士驎校长与夫婿梁森元合照。（1960年4月到5月期间，彭士驎及夫梁森元游香港、台湾、日本重渡蜜月，期间晴山曾为代课；同年6月6日，晴山不幸辞世。）

据彭文，彭士驎于1954年接掌霹雳女中，当时女中高中已停办。1957年新校舍落成复办高中，须增聘教师。福建公会会长白成根力荐晴山，彭士驎遂亲往怡保桑商街义宋之女子裁剪训练学院拜谒晴山。晴山自此在霹雳女中任教。

1960年4月，彭士驎随夫作港、台、日之游，遂商请晴山代课，晴山毫不犹豫即答应。彭士驎于5月回马，惊闻晴山抱病，即驰往桑南街裁剪训练所探问。当时，晴山身体消瘦，且咳嗽不停。至6月，不幸撒手尘寰。彭士驎闻讯泪如泉涌，后悔远游而烦晴山代课。上述悼念文章发表

彭士驎校长与夫婿梁森元合照。
（摄于2003年；彭士驎于次年7月辞世。）

于晴山逝世后44年，题为《负伊多少湖山约》，彭士驎歉疚之甚，可以想见。

赏析

如诗题所记，此一题六首绝句乃贺梁森元、彭士驎夫妇赴香港、台湾、日本重渡蜜月之作。第一首为总序，第二首记香港之游，第三首写台湾，第四首日本，第五首转写自己，并以孟光喻义宋，谓其“卅年苦作嫁衣裳”，第六首总结。

第一首首两句“日暖风和小洞天，香江曾记昔游仙”重点似在香港。（如是，则可语译为“风和日丽，简直就是道教所说的洞天福地，香港这地方，我记得你们这对神仙眷侣曾去过。）但从全诗结构看，应兼包括港、台、日三地。首句“日暖风和”中，“日”、

"和"可指日本，次句"香江"指香港，应无可疑。晴山亲国民政府，故称台湾为"小洞天"亦属可能。末句"蜜年"一词，衍自"蜜月"，现已甚常见，但晴山创作此诗年代，似为新词。"小洞天、游仙、蜜月、蜜年"等词，前后呼应，则梁氏乃"神仙眷侣"之意，不言自明。

第二首用杜光庭《虬髯客传》风尘三侠典故。所谓风尘三侠，指红拂、李靖、及虬髯。红拂与虬髯同姓张，故以兄妹相称，即诗中所谓"一妹"、"三郎"。红拂、李靖为夫妇，借指梁元森、彭士驎夫妇，应无可疑。从全诗结构看，"扶余"应指香港。查《虬髯客传》中，扶余乃虬髯立国处，位于大唐东南；香港正位于中国东南。如是，则"三郎"指梁氏夫妇在港好友，或即易君左（彭士驎及易君左均湖南人，彭士驎在其作品中常称易君左为易大哥，而易君左则称之为小妹。易君左1959年到马来亚，即获彭士驎盛情接到。梁氏夫妇于1960年4月重游港、台、日本。易君左当时居香港，至1967年始定居台湾）。总之，此诗以"李靖、红拂"喻"梁森元、彭士驎"夫妇，称颂其夫妻才智。"鹿车"一词，用"鹿车共挽"故事，称其夫妻同心，切合"蜜月"之意；而"风尘、访、停骖、候车"等，则言旅游。末句"三郎候鹿车"应即易君左在机场等候二人座驾之意。

第三首首句"过江名士"指大陆变色后移居台湾之文人雅士。首句谓"名士尽风流"，晴山对台湾文人之敬重可知。后三句"唱酬、蛮笺、诗囊"等词，即写其"风流"，亦暗示梁、彭夫妇乃风雅人士。

第四首首句，借丘迟《与陈伯之书》典故，写梁氏二人故乡（马来亚）之美，次句"桃李芳菲"，言花，承上句"草长莺飞"之春景，并与下句"樱花"对照，衬托出"樱花"之美，而"樱花"指日本。"桃李"亦可喻学生，带出彭士驎校长身份，简练含蓄。"草长、莺飞、桃李、樱花、春风"，皆春天美景，亦第一首所谓"日暖风和"之意，用以写蜜月，春意盎然。

第五首以“亦有齐眉老孟光”句起，转写自己之感受，过渡自然：“齐眉”言夫妻恩爱，亦言妻子贤惠，乃晴山自我写照；而著一“亦”字，则兼言梁氏夫妇。次句“卅年苦作嫁衣裳”，用秦韬玉《贫女》典故，一方面谓义宋婚后卅年来，苦作嫁衣；一方面，谓自己清贫，引出后二句。清贫，故无奈不得不负“湖山约”。“湖山”，有游山玩水之意，上承首句“亦”字，则亦涉及梁彭二人，巧妙自然。

第六首总结，补述续写新诗之原因：感谢梁氏夫妇欣赏其前所作之《嫁女辞》。

总之，此一题六首，言简意新，结构稳当。

第四十九篇

chéng hè hóng lù kuān xiān shēng qī zhì shuāng shòu

呈贺洪禄宽先生七秩双寿(1)

其一

huà táng chūn nuǎn zhú shuāng huī
画堂春暖烛双辉，

bìng zuò qí kàn wǔ cǎi yī
并坐齐看舞彩衣。(2)

lǎo shàng duō qíng zhēng shàng shòu
老尚多情征上寿，(3)

xīn cóng suǒ yù zì wàng jī
心从所欲自忘机。(4)

fēng liú míng tǔ ráo jiā huà
风流名土饶佳话，

jué shuò rú jūn xìn gǔ xī
矍铄如君信古稀，(5)

zhàng guó zhàng xiāng hé zú shǔ
杖国杖乡何足数，(6)

qīng chén rù shì bù rú fēi
清晨入市步如飞。

其二

shǎo nián kāng kǎi zhì yóu cún
少年慷慨志犹存，

yù zhuǎn qián kūn huàn guó hún
欲转乾坤唤国魂，(7)

tāo huì zì gān xiān yǎng shòu
韬晦自甘先养寿，(8)

shì fēi nán shuō zàn wú yán
是非难说暂无言。

yī kuí zú dí bā lóng yù
一夔足敌八龙誉。(9)

bó lǐ níng yuán wǔ gǔ zūn
百里宁缘五羖尊，(10)

rì mù lù jū liáo gòng wǎn
日暮鹿车聊共挽，(11)

táo yuán zhī wài yǒu táo yuán
桃源之外有桃源。(12)

语译

其一

你华丽的厅堂点燃着两对寿烛，一室温暖如春，
你和夫人并坐，观看儿女为你们准备的节目。
虽然年老，你却仍然那么多情，这是长寿的征兆，
人到七十，能够从心所欲，自然不会以世事为怀。
别人什么风流呀、名士呀的传言，都是多嘴，
但七十岁仍然像你那么精神奕奕，却真是少有。

六十岁、七十岁，又有什么可以夸耀的，

8　你一大清早入市去打理生意，仍然健步如飞呢。

其二

年轻时候的豪情壮志，你仍然保存着，

你希望扭转局势，唤醒广大群众的灵魂。

你自愿收敛锋芒，先好好地保养精神元气，

4　是非功过，难以说清楚，便暂时不说也罢。

你真材实料，一个便胜过号称八龙的那些人，

百里奚自有本事，不因为那五张羊皮才成功。

在黄昏岁月里，与夫人同心同德，相爱相亲，

8　你们的世界，是那桃源之外，另一片乐土桃源。

注释

(1) 双寿：夫妻同一天庆祝生日；但不一定真的是同一天生日。只要两人健在，生日距离不远，皆可庆祝“双寿”。

(2) 彩衣：用老莱子彩衣欲亲典故。这里指洪氏子女孝顺。

(3) 老尚多情征上寿：语出袁枚《随园诗话》卷一之三八引何士颐诗“贫犹买笑为身累，老尚多情或寿征”。上寿：高寿。《庄子·盗跖》：“人上寿百岁，中寿八十，下寿六十。”

(4) 心从所欲：即从心所欲。按照自己的意思，想怎样便怎样。《论语·为政》：“六十而耳顺，七十而从心所欲，不逾矩。”

(5) 古稀：原意为自古少有，后借指七十岁。语出杜甫《曲江》诗：“酒债寻常行处有，人生七十古来稀。”

(6) 杖国、杖乡：分别指六十岁和七十岁。《礼记·王制》：“五十杖于家，六十杖于乡，七十杖于国，八十杖于朝。”

(7) 转乾坤：乾坤，天地。扭转乾坤，比喻从根本上改变整个局面。

(8) 韬晦：韬，韬光；晦，晦迹。韬晦，即收敛锋芒，隐藏不露。

(9) 一夔：《吕氏春秋·察传》："孔子曰：'昔者欲以乐传教於天下，乃令重黎举夔于草莽之中而进之，舜以为乐正。夔于是正六律，和五声，以通八风，而天下大服。重黎又欲益求于人，舜曰：'……若夔者一而足矣。'"后因以"夔一足"表示有真才者一人即足够。

(10) 百里、五羖：《史记·秦本纪》"缪公闻百里傒贤，欲重赎之，恐楚人不与，乃使人谓楚曰：'吾媵臣百里傒在焉，请以五羖羊皮赎之。'楚人遂许与之。"后因以"五羖皮"比喻出身低贱之士或微贱之物。

(11) 鹿车共挽：鹿车：古时的一种小车；挽：拉。旧时称赞夫妻同心，安贫乐道。《后汉书·鲍宣妻传》："妻乃悉归侍御服饰，更著短布裳，与宣共挽鹿车归乡里。"

(12) 桃源：用陶渊明《桃花源记并序》典故。

背景故事

晴山诗友、怡保橡胶业巨子洪禄宽先生玉照。

此诗作于1960年，为庆贺洪禄宽七十大寿、以及其妻郑碧玉六十大寿之作。

洪禄宽于1891年出生于福建，长晴山三岁。

洪禄宽曾受私塾教育，甚好古诗。少年时家境清贫，曾以卖油条维生。初到马来亚时，在怡保绸缎庄万顺德作书记。后与朋友合资在霹雳州瓜拉江沙（Kuala Kangsar）开布匹店，布匹店后在火灾中烧毁。1926年前后，洪禄宽在怡保开杂货店，店名宽记。两年后创立南春栈，经营橡胶生意。

洪禄宽是霹雳福建公会理事，而晴山为公会受薪书记，晴山另一诗友白成根则是公会会长。三人同好古诗，情谊甚厚。三人曾于1960年曾赋诗颂南洋大学雅集，收录于南洋大学中文学会所编《云南园吟唱集》中。晴山所赋诗，见本书第58篇。

赏析

此一题二律，第一首押上平五微韵，第二首上平十三元韵（在《佩文诗韵》，“存、魂、言、尊、源”同属元部）。

此两首祝贺洪禄宽七秩双寿，第一首“心从所欲”（出自《论语》“七十而从心所欲”一语）、“古稀”（杜甫“人生七十古来稀”）、杖国（《礼记·王制》“七十杖于国”）等语，皆与七十有关；而“双辉”、“并坐”、“杖国杖乡”则点出“双寿”之意（洪禄宽七十岁[杖国之年]，其夫人六十[杖乡]）。

此首贺洪禄宽双寿，既贺其夫妻恩爱，亦贺其健康长寿：“春暖烛双辉”、“并坐”、“老尚多情”、“风流名士”皆言其夫妻感情；“多情征上寿”、“矍铄”、“步入飞”则言健康长寿。

第二首除“先养寿”一词外，全诗与贺寿无大关涉。首联写其壮志犹存，而颔联则谓其韬光养晦，并谓“是非难说”。观诗意，洪禄宽此时或因欲有所为而遭闲言。

颈联“百里宁缘五羖尊”句，用百里奚典故，似在声援禄宽。按百里奚出身微贱，曾为奴仆，后遇秦穆公用五羖为其赎身，而终成就大业。据陈敏良，洪禄宽少时在中国以卖油条为生，到南洋后，曾为怡保绸缎庄万顺德之书记，出身亦可谓卑微。洪禄宽后创办南春栈，经营橡胶生意，事业终于有成。此句或谓洪禄宽之成功，不靠别人。

尾联“鹿车共挽”、“外有桃源”作结，祝愿洪禄宽与夫人安享晚年。

总之，此诗虽为贺寿，但所言多及其难说之“是非”，并勉其“韬晦养寿”，非一般应酬之词，可谓贺寿诗中之另类。

· 卷四

感兴述怀

咏世事 · 谈人生

第五十篇

jì chén yùn shān nǚ shì shì

纪陈韵珊女士事

nǚ shì fu zhōu tái chéng rén xiōng mǒu jiǔ kè bīn chéng mǐn sǎo dú
女士福州台城人，兄某久客槟城，悯嫂独

jū nán dù xún xiōng jiāng yǔ xié fǎn guī zhuāng dài fā hū gòu
居，南渡寻兄，将与偕返，归装待发，忽遘

jí bù qǐ lín zhōng yí zhǔ yǐ suǒ zhù shī xùn zàng
疾不起，临终遗嘱以所著诗殉葬。

zhāo jiàn tái jiāng shuǐ
朝见台江水，

mù jiàn tái jiāng shuǐ
暮见台江水，

ā sǎo wàng fū lèi lán gān
阿嫂望夫泪阑干，(1)

ā xiōng làng jì qiān wàn lǐ
4 阿兄浪迹千万里。

xiǎo gū wú láng guàn dú chù
小姑无郎惯独处，(2)

cǐ shí yì shí bié lí kǔ
此时亦识别离苦。

yuàn wéi qīng niǎo shǐ yáo tiān
愿为青鸟使遥天，(3)

chéng fēng fēi dào bīn chéng yǔ
乘风飞到槟城屿。

shēng xiǎo bù céng chū xiāng lǐ
生小不曾出乡里，

kuàng rù mán yān zhàng yǔ lǐ
况入蛮烟瘴雨里？(4)

fēn dāng cháo xī wěi gōu qú
分当朝夕委沟渠，(5)

xún xiōng wèi yù bù gǎn sǐ
寻兄未遇不敢死。

gǔ ròu xiāng jiàn zhǎn huān yán
骨肉相见展欢颜，

huān yán wèi liǎn fù xīn suān
欢颜未敛复辛酸。

bù kān yáo yì tái jiāng pàn
不堪遥忆台江畔，

hóng xiù lóu tóu rén yǐ lán
红袖楼头人倚栏。

ā xiōng qǐ zhēn wàng qíng zhě
阿兄岂真忘情者，

gǎn cǐ yì zì lèi shuāng xià
感此亦自泪双下。

míng rì zhī rì huáng dào chén
明日之日黄道辰，(6)

xiāng yuē mǎi zhōu guī qù yě
相约买舟归去也。

chèn yè zhì zhuāng dài xiǎo fā
趁夜治装待晓发，

wú duān biàn gù shēng shū hū
无端变故生倏忽。(7)

yuè fāng dōng shàng yún héng zhē
月方东上云横遮，

huā wèi quán kāi fēng cuī zhé
花未全开风摧折。

bá jiān shè xiǎn lái yì dì
跋艰涉险来异地，

ruò zhì sù nán jìn zhàng lì
弱质夙难禁瘴疠。(8)

èr shù qián fú gāo yǔ huāng
二竖潜伏膏与肓，(9)

yī zhāo cù qǐ shuí néng zhì
一朝猝起谁能制。

hé shì hóng chén jié yǐ wán
合是红尘劫已完，(10)

chuán fǎn yù jīng cí rén shì
遄返玉京辞人世。(11)

lín zhōng yí yǔ yóu lì lì
临终遗语犹历历，

nóng jīn yī sǐ hé zú xī
侬今一死何足惜！

píng shēng xìng pǐ dān yǒng xù
平生性癖耽咏絮，(12)

wèi tuō jìng luán chāi fèng jù
未脱镜鸾钗凤句。(13)

xiū jiào yàn yǔ liú rén jiān
休教艳语留人间，

xī yǐ rù guān xùn zàng qù
悉以入棺殉葬去。

bīn chéng shān shuǐ shū jiā jué
槟城山水殊佳绝，

shuǐ xiù fēng qīng shān shàng yuè
水秀风清山上月。

míng shèng měi duō ér nǚ yuán
名胜每多儿女缘，

cǐ dì zhèng kān mái wú gǔ
此地正堪埋吾骨。

xiōng wú wéi wǒ fù yān liú
兄毋为我复淹留，(14)

gū fù cǐ shēn sàng yì yù
孤负此身丧异域。

yī duī huáng tǔ cǎo qīng qīng
一堆黄土草青青，

lín fēng yóu sì sòng jūn xíng
临风犹似送君行。

shāng xīn gèng yǒu gù yuán liǔ
伤心更有故园柳，

cuì lóu rén zài jì guī chéng
翠楼人在计归程。

fén zhōng bì xuè guī zhōng lèi
坟中碧血闺中泪，

wéi wèn xíng rén guī yě wèi
为问行人归也未？(15)

语译

从早上起，她便看着台江水，
直到晚上，她还是看着台江水。
阿嫂盼望丈夫回来，泪眼盈眶，
阿兄浪迹天涯，远在千里万里外。
小姑还没结婚，习惯了独自一个人生活，
这时候，就连她也能体会到别离的痛苦。
她愿意做阿嫂的使者，像那青鸟，飞到天上，
乘着风，一直飞到阿兄所在的槟城岛屿去。

自小到大，她从没有离开过家乡台城半步，
更何况是远在南洋，瘴气弥漫的马来亚半岛？
这样，她迟早应该是会客死荒郊野岭中的，
但是，还没有找到阿兄，她不会让自己死去。
终于让她找到了，兄妹相见，开心得笑逐颜开，
但是，笑脸还挂着，兄妹却又感到悲酸难过。
忍不住难过起来，因为想起那遥远的台江畔，
那红袖佳人，正在楼上倚着栏干，等着归舟。
阿兄又怎么会真的是无情无义的负心郎？
想到阿嫂倚楼望归，他也不禁簌簌落泪。
某天某日，是黄道吉日，正宜启程上路，
兄妹二人相约好，要买船票启程回乡。
在晚上，便已打点行装，等天亮出发。
可是，忽然发生了变故，悲剧突如其来。
就像月儿刚刚东升，便被乌云遮盖，
又像花儿还没全开，便被狂风摧残。
可怜她历尽艰难，长途跋涉来到异地，
孱弱的身体已经抵受不住南方的瘴气。
病魔早已潜伏体内，她已经病入膏肓，
忽然一天，发起重病，又有谁能够治好。
大概是她在这红尘世界的时间已经尽，
突然间，便离开人世，回到天上仙乡。
离世前，她清清楚楚地交待身后事。
说：我现在死，又有什么可惜的呢！
我生平沉迷于吟风弄月，寄情诗歌，
写的诗，不外是些离愁别苦的句子。
请不要让我这些绮艳的诗留在人间，
要把诗全部放在我的棺材，用来陪葬。

槟城的山山水水，特别秀丽迷人，
水也秀，风也清，山上月华朗照。
这样的名胜，往往会引来儿女情缘。
正是埋葬我、让我安息的好地方。
阿兄不要了我而耽误回乡的路程，
不要违背我的心愿，让我白白死在异乡。
我坟头的一堆黄土上，青青的芳草，
会在风中摇动，像是跟你挥手送别。
伤心的，还有我们故乡园中的柳树，
翠楼上，阿嫂正在计算你的归程。
我在墓中泣血，阿嫂在闺中流泪，
都在问，在路上的你，到家了没有？

注释

(1) 阑干：眼眶。宋·毛滂《惜分飞》词“泪湿阑干花著露，愁到眉峰碧聚。”元·熊忠《古今韵会举要·十四寒·干》：“又眼眶谓之阑干。”又“阑干”有纵横之意。泪阑干，可解释为泪流满眶，或眼泪纵横。

(2) 小姑独处：指少女还没有出嫁。南朝乐府《青溪小姑曲》：“开门白水，侧近桥梁；小姑所居，独处无郎。”相传汉秣陵尉蒋子文妹妹未嫁而死，后人供奉于青溪庙，为青溪女神。又“小姑”即丈夫的妹妹。

(3) 青鸟：神话传说中为西王母传信的神鸟。在古诗词中，常用作男女间信使的代称。如李商隐《无题》“蓬莱此去无多路，青鸟殷勤为探看。”

(4) 蛮烟瘴雨：蛮，蛮方，即南方。蛮烟瘴雨，指南方有瘴气的烟雨。也泛指十分荒凉的地方。

(5) 分当：理当。朝夕：一朝一夕，形容短时间；随时。沟渠：借指荒野。汉·杨雄《解嘲》："当涂者升青云，失路者委沟渠。"

(6) 黄道辰：黄道是一周年中，太阳在个恒星之间的运行轨迹，本来是古代天文术语，被星占家附上吉凶祸福等学说，把日辰的十二地支，相应配上不同的值日天神。其中青龙、明堂、金匮、天德、玉堂、司命等是吉神，六神值日之时辰，诸事皆宜，不避凶忌，称为"黄道辰"、"黄道吉日"，泛指宜于办事的好日子。

(7) 变故：意外发生的变化或事故。倏忽：顷刻。指极短的时间。

(8) 夙：旧，平素，本来。瘴疠：指瘴气，或感受瘴气而生的疾病。

(9) 二竖：竖：小子；二竖：指病魔。膏肓：古代医学以心尖脂肪为膏，心脏与膈膜之间为肓，膏肓，用以称疾之难治者。"二竖"、"膏肓"二语出自《左传·成公十年》："（晋景）公疾病，求医于秦。秦伯使医缓为之。未至，公梦疾为二竖子，曰：'彼，良医也。惧伤我，焉逃之？'其一曰：'居肓之上，膏之下，若我何？'医至，曰：'疾不可为也。在肓之上，膏之下，攻之不可，达之不及，药不至焉，不可为也。'"成语"二竖为虐"、"病入膏肓"出于此。

(10) 红尘：人间世。劫：梵文kalpa的音译，古印度用以计算时间单位。

(11) 遄：快速。玉京：道家称天帝所居之处；古诗中亦用以泛指仙都。

(12) 咏絮：东晋才女谢道韫曾以"柳絮因风起"比拟雪花飞舞，其叔父谢安大为赞赏。（见南朝宋·刘义庆《世说新语·言语》），后世以"咏絮才"喻女子有才华。这里指写诗。

(13) 镜鸾：南朝宋·范泰《鸾鸟》诗序："昔罽宾王结罝峻卯之山，获一鸾鸟。……三年不鸣。其夫人曰：'尝闻鸟见其类而后鸣，何不悬镜以映之。'王从其意，鸾睹形悲鸣，哀响冲霄，一奋而绝。”（见《艺文类聚》卷九十）后常以“镜鸾”比喻分离之夫妻。钗凤：钗，古代女子头饰。南宋诗人陆游及其妻唐琬被迫分离，两人曾作《钗头凤》词写夫妻仳离之痛。此句或用其典。

(14) 淹留：长期逗留。

(15) 行人：出行的人；也作使者的通称。又金·元好问《续夷坚志》中，《护兰童子》故事，解释故事主角诗句“夙缘还却三生债，不道未归人断肠”时，谓“未归人，用死者为归人，生者为行人之义”，则“行人”可解释为在生的人。

背景故事

此诗及晴山《佚题》两首收录于黄愠山《天南吟草》。《天南吟草》于1927年出版，故此诗应作于1927年前。关于此诗背景，序文已有交待：

> 女士福州台城人，兄某久客槟城，悯嫂独居，南渡寻兄。将与偕返，归装待发，忽遘疾不起，临终遗嘱以所著诗殉葬。

可知陈韵珊为福州台城人，能诗，从福州到槟城代嫂寻兄，未及还乡而病逝。

赏析

此七言歌行，四十八句，可分四部分。全诗虽似是作者叙述故事，实用主角陈韵珊之视角写来，感染力强。又俗语如“阿嫂、阿兄”之运用，突现本诗民歌特色。

第一部分从第一句“朝见台江水”起，至第八句“乘风飞到槟城屿”止，交待全诗背景，即序中“女士福州台城人，兄某久客槟城，悯嫂独居，南渡寻兄”之意。其中首两句“朝见台江水，暮见台江水”两句，为全诗仅有之五言句，营造全诗意蕴：朝夕思归，相思情重。第三句“阿嫂望夫泪阑干”，回应首二句。第五、六句“小姑无郎惯独处，此时亦识别离苦”带出主角陈韵珊。其中，“小姑”一词含义尤其丰富：既言陈韵珊为阿嫂之“小姑”，亦用“小姑独处”之典故，引出第六句；又“小姑”相传为汉秣陵尉蒋子文妹妹，未嫁而死，后人供奉于青溪庙，为青溪女神；故“小姑”一语，亦暗示陈韵珊“未嫁而死”，十分巧妙。第六句“此时亦识别离苦”，“此时”两字，呼应首三句：所谓“此时”，即阿嫂“朝见台江水，暮见台江水”之时，亦阿嫂“望夫泪阑干”之时。著一“亦”字，则阿嫂之苦，亦韵珊之苦，而阿嫂望江忆夫之情景，似又在韵珊念中。短短六句，把阿嫂相思之苦，韵珊对阿嫂之苦之感受，融合为一，为全诗感情，定下基调。第七、八句用“青鸟、槟城”等语，过渡到第二部分。

第二部分写陈韵珊寻兄路途之艰辛，以及与兄相逢之情景。第11句“分当朝夕委沟渠”为第三部分韵删之死作铺垫。第15、16句“台江畔”、“人倚栏”呼应全诗首四句。

第三部分记述陈韵珊寻兄之后，“将与偕返，归装待发，忽遘疾不起”。其中“月方东上云横遮”句，“月出东方”即为黑暗中之光明，比喻韵珊寻兄后之一刹那之喜悦，“云横遮”，比喻喜悦转瞬即逝。“花未全开风摧折”比喻独处无郎之“小姑”早逝。两句寓情于景，十分凄美。第25句至30句，“涉险、瘴疠、膏肓”等语，呼应第二部分“蛮烟瘴雨、朝夕委沟渠”等语，前后连贯。“红尘劫、返玉京”则暗喻韵珊为仙子。上文第五句“小姑独处”一词，出自南朝乐府《青溪小姑曲》，“小姑”即“青溪女神“。故“红尘劫、返玉京”亦遥应上文。

第四部分写韵珊“临终遗嘱以所著诗殉葬”，为全诗着力处。第31句“临终遗语犹历历”，“临终”一语紧接“红尘劫完、辞人世”等语，“遗语”则引出下文各句。“镜鸾钗凤、艳语、儿女缘”等语，写韵珊诗之风格及其情性，遥应第一部分：惟其多情善感，故虽然独处无郎，亦能感受阿嫂“别离苦”。“名胜每多儿女缘，此地正堪埋吾骨”是韵珊遗语，亦晴山评语。“兄毋为我复淹留，孤负此身丧异域”两句呼应第三部分“侬今一死何作惜”句（第32句），重申寻兄回乡与嫂重聚乃韵珊南下目的，兄嫂团圆是其遗愿。末六句以坟头青草临风送别，喻韵珊深情；楼头计归程，写阿嫂相思，“坟中碧血闺中泪，为问行人归也未”结合姑嫂共同希望，绾合全诗，尤为凄婉感人。其中“为问行人归也未”，既言韵珊虽死犹盼望兄嫂团圆，亦言阿嫂盼夫早归。“行人”一词，更堪玩味。据金·元好问《续夷坚志·护兰童子》故事中之解释，“未归人，用死者为归人，生者为行人之义。”是则阿嫂望中“行人”之中，其一[韵珊]已成“归人”，另一则仍在“归程”，意蕴丰富，充满张力。

全诗写陈韵珊南下代嫂寻兄，而从韵珊角度写来，刻画其内心感受，其遗愿一段，尤为细腻。此诗处处呼应，前后连贯，情景交融，写少女深情，凄婉淋漓。

第五十一篇

wú jiāng jūn huà xiàng fù yī shǒu

吴将军画像赋一首

wǒ shēng bù féng jiāng jūn tí dāo shā dí shí
我生不逢将军提刀杀敌时，

wú yóu wàng jiàn guī jié àn yì zhī yīng zī
无由望见瑰杰岸异之英姿。

sān bǎi nián hòu zhān yí xiàng shì yē fēi yē shàng huái yí
三百年后瞻遗像，是耶非耶尚怀疑。(1)

ér kuàng yí xiàng wǒ yóu wèi jiàn zhī
而况遗像我犹未见之。

jiāng jūn shì yè bǐng yī dài
将军事业炳一代，

běn lái bù děng dān qīng huì
本来不等丹青绘。

qí rén qí shì dàn zú chuán
其人其事但足传，

shàng lùn hé fáng píng wǒ bèi
尚论何妨凭我辈？(2)

bù rán máng máng rén hǎi lǐ
不然茫茫人海里，

zǒu ròu xíng shī zhī fán jǐ
走肉行尸知凡几？(3)

zhāo zhāo dí miàn yì xún cháng
朝朝觌面亦寻常，(4)

yǒu shuí zhí dé liú bǐ dǐ
有谁值得留笔底？

jiāng jūn zhī lì dí wàn rén
将军之力敌万人，(5)

jiāng jūn zhī shēng hé bù chén
将军之生何不辰！

máo yǔ wèi suì gāo fēi yuàn
毛羽未遂高飞愿，

yī zhāo guó biàn féng jiǎ shēn
一朝国变逢甲申。(6)

zhū míng yùn jué shān hé gǎi
朱明运绝山河改，

hàn zú yī guàn liú zuǒ hǎi
汉族衣冠留左海。(7)

zhèng jiā fù zǐ xiào gū zhōng
郑家父子效孤忠，

qí zhì kě jiā shì zé dài
其志可嘉势则殆。

zhàng lí zào mào kǒng tú rán
杖藜皂帽恐徒然，(8)

yīng xióng yòng wǔ fēi suǒ zài
英雄用武非所在。

yī jú cán qí bù kě shōu
一局残棋不可收，

jiàng zhì rǔ shēn yuán yǒu dài
降志辱身原有待。(9)

jiāng jūn nián shǎo fù qí cái
将军年少负奇才，

bù gān cháng qì mò chén āi
不甘长弃没尘埃。

gōng míng shì yè jí zì jiàn
功名事业急自见，

chǔ cái jìn yòng liáng kě āi
楚材晋用良可哀。(10)

jiāng jūn yī zhàn píng quán shà
将军一战平全厦，

jiāng jūn zài zhàn xià péng tái
将军再战下澎台。

wū hū jiāng jūn zhī gōng chéng wěi yǐ
呜呼！将军之功诚伟矣！

shì qǐ jiāng jūn zhī zhì zāi
是岂将军之志哉！

语译

我不在吴英将军提刀杀敌的时候出生，
没有机会看到他瑰奇傲岸的飒飒英姿。
三百年后，即使看到他的遗像，也会怀疑是真还是假。
更何况，我又没有见过他的遗像。
吴将军的事业彪炳一世，
本来不靠后人来绘画图像。
他的生平与事迹已经足以留传。
但我们追加评论，其实无妨，
在这茫茫人海里，不知道
像行尸走肉般的人有多少。

每天见面的，都是一般的人，
不写吴将军，又有谁值得写？
吴将军威力，可作万人敌，
但是，吴将军却生不逢时！
当他羽毛未丰，还不能高飞时，
突然遭逢甲申那年发生的变故。
明朝运数断绝，山河易手，
汉族士绅随南明皇帝留在福州。
郑成功父子貞忠，效力明室，
志气可嘉，但情势却危险。
退守台湾，恐怕无补于事，
留在台湾，也英雄无用武之地。
形势就像一盘残棋，不可收拾，
屈辱投降，是要等待时机。
吴将军从少便有奇才大志，
不甘心长久埋没在尘埃之中。
因此，他急于看到功名事业，
身为汉人而效忠满清，实在可悲。
吴将军一战便平定了厦门，
吴将军再战便拿下澎湖和台湾。
真令人叹息！吴将军的功业的确很大！
但是，这真的是吴将军的志愿吗？

注释

(1) 三百年：此诗中之吴将军即吴英。吴英卒于1712年，此诗作于1924年，前后只有212年。本诗第17行提到甲申，即1644年，李自成推翻明室，距1924年为280年。这里所谓“三百年”，似以明亡之年计算。

(2) 尚论：向上追论。《孟子·万章下》："以友天下之善士为未足，又尚论古之人。"

(3) 走肉行尸：比喻徒具形骸，没有灵魂的人。

(4) 觌面：当面；迎面；见面。

(5) 敌万人：康熙四十二年（1703年），帝南巡，亲写"作万人敌"匾赐予吴英。

(6) 甲申：指1644年，既是明思宗崇祯十七年，也是大顺永昌元年，同时也是清世祖顺治元年。此年，李自成破北京，明室覆亡，清兵入关。

(7) 汉族衣冠留左海：左海：即福州。中国传统以"东"为"左"，以"西"为"右"。福州位于东海之滨，故又别称"左海"。满清于明思宗崇祯十七年（1644年）入关，攻陷北京。清·顺治二年（1645年）消灭了明朝遗臣拥立的福王朱由崧在南京建立的弘光政权，于是有明室血统的明唐王朱聿键在福州称帝，年号为"隆武"。汉族衣冠留左海，即指明唐王朱聿键在福州称帝一事。

(8) 杖藜：谓拄着手杖行走。藜，野生植物，茎坚韧，可为杖。皂帽：黑色帽子。管宁学行皆高，避乱辽东，"常著皂帽，布襦袴"，拒绝征聘，甘守清贫。事见《三国志·魏志·管宁传》。后以"辽东帽"指清高的节操。宋文天祥《正气歌》："或为辽东帽，清操厉冰雪。"这里的"皂帽"意同"辽东帽"。杖藜皂帽，指隐居避世。又张煌言《得故人书至自台湾》，对郑成功平定台湾而未西进抗清之行为，曾加以讽刺，诗中两句说："祇恐幼安肥遯老，藜床皂帽亦徒然！"谓郑成功退守台湾，恐不能全其名义。晴山"杖藜皂帽恐徒然"句，或用张煌言诗句。

(9) 降志辱身：降低自己的志向，屈辱自己的身份。这里指吴英降清之事。又"降志辱身"原用以形容隐士，出于《论语·微子》："逸民，伯夷、叔齐、虞仲、夷逸、朱张、柳下惠、少连。子曰：‘不降其志，不辱其身，伯夷、叔齐与？’谓柳下惠、少连：‘降志辱身矣。言中伦，行中虑，其斯而已矣。’”

(10) 楚材晋用：楚国的人才而为晋国所用，比喻本国人才外流，被别国重用。语出《左传·襄公二十六年》：“晋卿不如楚，其大夫则贤，皆卿材也。如杞梓、皮革，自楚往也。虽楚有材，晋实用之。”

背景故事

本诗中之吴将军即吴英（1637–1712年），世居泉州之黄龙。清康熙二十二年（1683年）奉旨入莆籍。吴英与施琅原隶郑成功麾下，后施琅降清，吴英跟从。其后与施琅先后平定金门、澎湖与台湾。康熙四十二年（1703年），帝南巡，亲写“作万人敌”匾额赐赠。

此诗收集于莆田壶社所办刊物中，并有“陈晴山来稿”字样。陈敏良、陈敏华所存此诗复印本，乃莆田前辈林井心老先生所赠。又据二人引述林井心谓：

> 壶社为吾莆1920–1940年代的诗社。（壶社中人）都是当时三、四十岁以上的旧文化人，成员都是当时文化界泰斗，有清末的翰林、进士、举人、秀才等二三十人。陈晴山先生作此时在三十岁上下，是一英俊。

林井心老先生指出，壶社曾于民国十三年（1924年）春在莆田吴星夫家聚会。晴山于1923年曾在莆田逗留六个月，至1924年已回马来亚。又从晴山诗意，当年壶社之会，或以吴星夫家所见吴英画像为题而各赋诗。晴山诗云“而况遗像我犹未见之”，则晴山未曾参加该聚会。此诗或为晴山应壶社刊物编辑邀请而投寄之作。

又据陈敏华，井林心老先生曾引述壶社中人宋湖民（1886–1967年）对此诗之评语如下：

吴星夫莆田寓所（摄于2002年）。
（吴星夫为民国时代上海福兴轮船股东，其寓所在二十年代常有文人雅士聚会。1924年春，莆田壶社即曾于此聚会，与会诗人以明末清初将军吴英画像为题赋诗。）

此作笔力横恣，而结尤见地高超，真大家诗也。

“见地高超”，指本诗结语“呜呼！将军之功诚伟矣！是岂将军之志哉！”两句而言。

赏析

此七言歌行共32句，前16句四句一韵，后16句八句一韵，音声谐美。具体分析如下：

1–4句：　上平声四支（“时、姿、疑、之”）
5–8句：　去声十一队（“代、辈”）
9–12句：　上声四纸（“里、几”）
13–16句：上平声十一真（“人、辰、申”）
17–24句：上声十贿（“改、海、殆、在、待”）
25–32句：上平声十灰（“才、埃、哀、台、哉”）

诗写吴英，述其功业，并加评议。全诗32句，每12句为一部分，共分三部分。

第一部分（1–12句）说明写诗缘由：吴英事业彪炳，值得一论。首句“我生不逢将军提刀杀敌时”，嵌入“生不逢时”四字，表面说自己，实指吴英。“将军、丹青”点题，“尚论”暗示写诗目的，在评论古人。

第二部分（13–24句）述吴英降清之背景。此部分由13–14句带起：“将军之力敌万人，将军之生何不辰，”所谓“生何不辰”，即生不逢时之意，下文十句即加说明：吴英虽能力敌万人，但其势力未丰之时，忽逢甲申国变，明室复亡，满清入关。郑成功退守台湾，恐怕无补于事；而吴英若留在台湾，亦恐怕无用武之地。（“杖藜皂帽”两句，亦可解释为“隐居不仕清，但隐居则英雄无用武之地”。）

第三部分（25–32句）含蓄批评吴英投降满清、平定台湾之举。所谓“楚材晋用”，即谓吴英身为汉人，而为满清所用。“将军之功诚伟矣！是岂将军之志哉”则暗谓吴英虽战绩彪炳，但为清人平定汉人，应非其本来志向，并回应“生何不辰”之说。

本诗之评吴英，既称英姿瑰杰，亦叹其生不逢时，复暗批其不应降清，情中有理，识见高超。

第五十二篇

yì tí
佚题

wǒ shēng liáng bù chén
我生良不辰，

shù jī gòu yáng jiǔ
数奇遘阳九。(1)

gù cǐ qī chǐ qū
顾此七尺躯，

bù néng bì yī fù
不能庇一妇。

qín jiā làng jì pín
秦嘉浪迹频，(2)

qián lóu luò tuò jiǔ
黔娄落拓久。(3)

wàn lǐ lèi xiāng suí
万里累相随，

ruò zhì láo bēn zǒu
弱质劳奔走。

zhōng dào hū qì juān
中道忽弃捐，

miǎo gōng qǐ wú fù
藐躬岂无负？(4)

tiān mìng bù kě zhī
天命不可知，

cùn xīn liáng zì jiù
寸心良自咎。(5)

niàn cǐ jiù tián yuán
念此旧田园，

zhǒng sāng yì shù mǔ
种桑亦数亩。

huǐ bù tīng fù yán
悔不听妇言，

gù shān cháng xiāng shǒu
故山长相守。

xié yǐn xué lǎo lái
偕隐学老莱，(6)

ān zhī bù bái shǒu
安知不白首？

bēi huái bù néng wàng
悲怀不能忘，

yīn yōu yí wǒ yǒu
殷忧贻我友。(7)

gǎn zǐ gù yì cháng
感子故意长，(8)

huì wǒ yì hé hòu
惠我抑何厚。

zhēn zhòng jīn shí yán
珍重金石言，(9)

liáng yào níng kǔ kǒu
良药宁苦口。(10)

chūn cán wèi jìn sī
春蚕未尽丝，(11)

zuò jiǎn zì fēn jiū
作茧自纷纠。(12)

zài bài dú jūn shī
再拜读君诗，

yǒu rú xǐng sù jiǔ
有如醒宿酒。(13)

dá rén guì zhī mìng
达人贵知命，(14)

yǎn lèi fēi suǒ yǒu
眼泪非所有。

kuàng yīn jiàn nǚ liú
况因见女流，

duì jìng zī kě chǒu
对镜滋可丑。

shàng sù hún dùn qián
上溯混沌前，(15)

xià qióng jié huī hòu
下穷劫灰后，(16)

máng máng yǔ zhòu jiān
茫茫宇宙间，

wú shēng yě tè ǒu
吾生也特偶。

sān wàn liù qiān rì
三万六千日，

yǒu rú yī fǎn shǒu
有如一反手。

tóng sù nì lǚ zhōng
同宿逆旅中，(17)

péng shāng shú wéi shòu
彭殇孰为寿？(18)

shì yǐ gǔ pén gē
是以鼓盆歌，(19)

dá guān yǒu zhuāng sǒu
达观有庄叟。

ér wǒ dú dūn dūn
而我独墩墩，(20)

yì fù zì cán fǒu
亦复自惭否？

wǒ yǒu lòu liáng zhēn
我友镂良箴，

yǒng yǐ míng zuò yòu
永以铭座右。(21)

语译

我出生的时辰很不吉利，
我命数不好，遇到厄运。
虽然有七尺高大的身躯，
却连妻子都不能保护好。
像秦嘉，我常流浪天涯，
像黔娄，我贫穷又落拓。
连累她跟着我越洋万里，
体质孱弱，却跟着我奔波。
结果中途病逝，离我而去。
说她孱弱，难道我能不自责？
人的命运固然是不可测知的，
但是我内心还是怪罪自己。
现在想来，老家的旧田园，
还有几亩田让我们耕种维生。
我后悔当时没有听她的话，
留在故乡跟她长相厮守。
如果学老莱子，跟着妻子隐居，
谁能说我们不能同偕白首呢？

痛失爱妻的悲伤，我总不能忘记，
我的伤痛，让我的好友为我担忧。
我十分感谢老朋友的情意深长，
您对我的关怀，是多么的真挚。
您劝我珍重身体，您的金石良言，
就像一剂良药，但却并不苦口。
像吐丝的春蚕，我的思念不尽，
我作茧自缚，让丝丝伤痛缠身。
但是，拜读您劝慰我的诗后，
我觉悟了，像从宿醉中醒来一样。
通达的人首先要能认知生命本质，
流眼泪不是通达的人应有的行为。
更何况是为着一个女子而流，
看到镜子里的哭脸，自己也觉得丑。
从混沌初开，一切未成形的时候开始，
一直到世界被劫火焚烧，尽成灰烬。
宇宙，是这样的苍苍茫茫，悠悠无际，
在宇宙里，我的生存只是很偶然的事，
而人生只有短短百年，这三万六千日，
很快便过去，像把手掌翻动一下一样。
人生匆匆，我们都是旅居在这世上，
长命也罢，早死也罢，跟宇宙比，有谁长寿？
因此虽然死了妻子，庄子却敲着盆儿唱歌，
庄子，就是这样的达观，看透了生命。
而我，却像木头墩子一样不开窍儿，
自己这样，难道没有感到惭愧吗？
我的老朋友，您给我写的规劝忠告，
我永远记着，把您的话作我的座右铭。

注释

(1) 数奇：数，命数；奇：单数；古人认为单数不吉利，故数奇即指命运不好，遇事多不利。阳九：古代术数家及道教术语。阳九是奇数，表厄运。

(2) 秦嘉：东汉诗人。桓帝时，为郡吏，岁终为郡上计簿使赴洛阳。秦嘉赴洛阳时，徐淑因病还家，未能面别。秦嘉有《赠妇诗》三首，表达行役之苦，相思之情。

(3) 黔娄：战国时代鲁国人。著有《黔娄子》四篇，阐明道家思想。励志苦节，虽先后得鲁共公及齐威王赏识，却拒不出仕，一生贫穷。落拓：亦作"落托"，贫困失意，景况凄凉。

(4) 藐躬：孱弱的躯体。

(5) 寸心：指心。旧时认为心的大小在方寸之间，故名。自咎：自责；归罪于己。

(6) 偕隐：一起隐居。《左传·僖公二十四年》："其母曰：'能如是乎？与女偕隐。'"后代诗文中"偕隐"一语，是用东汉鲍宣夫妇同归乡里的典故：《后汉书·鲍宣妻传》："妻乃悉归侍御服饰，更著短布裳，与宣共挽鹿车归乡里。"

老莱：晋·皇甫谧《高士传》卷上《老莱子》："老莱子者，楚人也。……人或言於楚王，王於是驾至莱子之门。莱子方织畚，王曰：'守国之政，孤愿烦先生。'老莱子曰：'诺。'王去，其妻樵还，曰：'子许之乎？'老莱曰：'然。'妻曰：'妾闻之，可食以洒肉者，可随而鞭棰，可拟以官禄者，可随而铁钺。妾不能为人所制者。'妻投其畚而去。老莱子亦随其妻。"

(7) 殷忧：殷：一般解释为"深"，殷忧，即深深的忧虑。殷，也可理解为"慇"，也是"忧"的意思。

(8) 感子故意长：故意：老朋友的情意。感子故意长：感激老朋友您的情意深长。语出杜甫《赠卫八处士》："十觞亦不醉，感子故意长。"

(9) 金石言：即金石良言，比喻非常宝贵的教导或劝告。

(10) 良药苦口：语出《孔子家语·六本》："孔子曰：'良药苦于口而利于病，忠言逆于耳而利于行。'"

(11) 春蚕未尽丝：语本李商隐诗《无题·相见时难别亦难》："春蚕到死丝方尽。"

(12) 作茧自纷纠：即作茧自缚；蚕吐丝作茧，把自己裹在里面。比喻做了某件事，结果使自己受困。

(13) 宿酒：即宿醉，谓经宿尚未全醒的余醉。

(14) 达人：通达事理的人。晋·葛洪《抱朴子·行品》："顺通塞而一情，任性命而不滞者，达人也。"

(15) 混沌：古代传说中指世界开辟前元气未分、模糊一团的状态。汉班固《白虎通·天地》："混沌相连，视之不见，听之不闻，然后剖判。"

(16) 劫灰：亦作"刦灰"。本谓劫火的余灰，借喻世界终尽之时。典出《梁高僧传》卷一《汉洛阳白马寺竺法兰》："昔汉武穿昆明池底得黑灰。问东方朔，朔云不委，可问西域人。后法兰既至，众人追以问之，兰云：世界终尽劫火洞烧，此灰是也。"

(17) 逆旅：旅居。常用以喻人生短促。晋·陶潜《自祭文》："陶子将辞逆旅之馆，永归於本宅。"

(18) 彭殇：彭，彭祖，相传寿长八百岁。殇：没有到成年便失去。指生死齐一，长寿与早逝没有分别。语本《庄子·齐物论》："莫寿于殇子，而彭祖为夭。"

(19) 鼓盆歌：《庄子·至乐》："庄子妻死，惠子吊之，庄子则方箕踞鼓盆而歌。惠子曰：'与人居，长子、老、身死，不哭亦足矣，又鼓盆而歌，不亦甚乎！'庄子曰：'不然。是其始死也，我独何能无慨然！察其始而本无生；非徒无生也，而本无形；……形变而有生。今又变而之死。是相与为春秋冬夏四时行也。人且偃然寝于巨室，而我噭噭然随而哭之，自以为不通乎命，故止也。’”

(20) 墩壔：像墩子一样，讥讽发呆的人，不开窍。又或即敦敦，独处貌。《诗・豳风・东山》“敦彼独宿，亦在车下”郑玄笺：“敦敦然犹宿於车下。”清・汪懋麟《唐官屯阻雨舟中写怀》诗：“敦敦但枯坐。”如是，则念duì。

(21) 铭座右：铭，动词，刻。座右：座右铭，铭文样式之一。铭原指镂刻在器物上的文字，以记功颂德传扬于后世。《文选・崔瑗〈座右铭〉》吕延济题注：“瑗兄璋为人所杀，瑗遂手刃其仇，亡命，蒙赦而出，作此铭以自戒，尝置座右，故曰座右铭也。”座右铭由来于此。

背景故事

此诗及晴山《纪陈韵珊女士事》两首收录于黄慍山《天南吟草》。

晴山于1917年5月到马来亚谋生，1923年期间，曾回故乡福建莆田，为时六月，期间娶同乡女子吴嬡妹为妻，同年底相携回马来亚金宝。吴氏不久有孕，但不幸于1924年下半年死于难产，胎儿亦不保。据诗意，此诗应作于此时。是年，晴山三十岁，妻丧子亡，其沉痛可知。友人黄慍山十分关切，或曾以庄子哲学开解劝慰。

此诗为晴山酬应黄慍山之作，黄慍山后又有诗作，并附录此诗，记为“晴山见酬原作”，惜未标明晴山诗题目。

吴嬡妹母子合葬于金宝市郊山上。据陈敏良、陈敏华记述，1950年代初，二人曾随父母往该山，晴山夫人与敏良候于山下，

晴山年轻时照片（摄于1920年代）。

晴山携敏华步行上山扫墓。据陈敏华记述，坟墓圆顶，宽约18吋，高约28吋。敏华亲见晴山一笔一笔，用毛笔红漆重描墓碑题字。敏华当年已念小三，能认出墓碑上“爱妻XXX母子合葬”、“陈晴山”等字样。可见吴氏没后，晴山未曾忘怀。

赏析

此四十六句五言古诗，通篇偶句末字押上声二十五有韵（现代汉语中，“九、久、咎、纠、酒”等字与“有”字音韵迥异，“妇、负、亩”等字亦不尽同，但在《佩文诗韵》皆属“有”部）。用“有”韵，全诗回荡“妇、负、咎、友、寿”等音，愁声满耳，咎意满纸，突显诗意。

全诗可分为三部分。

第一部分从首句“我生良不辰”起，至第二十句“殷忧贻我友”，对妻子丧亡深表自责。

首二句“我生良不辰，数奇遘阳九”总起，写自己命运蹇涩，引出下文“不能庇一妇”、“秦嘉”、“黔娄”等句：“秦嘉浪迹频”至“存心良自咎”（第12句）等句，即“数奇、阳九”之意，亦“不能庇一妇”之实。“弱质、藐躬”谓妻子本羸弱，但“累相随、劳奔走”则又含自责之意。

第12句“寸心良自咎”，总结上文，又引出“念此旧田园”等句，进一步说明“自责、自咎”之原因：未听妻子言，未留在故乡。此亦“累相随、劳奔走”之意。其中“偕隐学老莱”句，最见心思。按“偕隐”一词，多以鲍宣夫妇“鹿车共挽”典故。但鲍宣故事中，提出要归隐田园者，乃鲍宣而非其妻子。晴山谓“学老莱”，则带出“悔不听妇言”之意。查老莱子故事中，老莱子本已应楚王之请出仕。但妻子不欲“为人所制”，故“投其畚而去。老莱子亦随其妻。”晴山用典精当，此又一例。

第二部分从第21句“感子故意长”起，至“有如醒宿酒”句止，为过渡段：“感子故意长”承接第一部分“殷忧贻我友”句，并引出“金石言”、“良药”、“读君诗”等句。“金石言”、“良药”、“君诗”即友人“故意”。“春蚕未尽丝，作茧自纷纠”上承“悲怀不能忘”（第19句）之意。其中“春蚕未尽丝”一句，变化自李商隐“春蚕到死丝方尽”句。“丝”为“思”之谐音，“未尽丝”，更能表达“悲怀不能忘”之意。

第三部分从“达人贵知命”句起，至全诗末句，述晴山读友人诗后之感悟，亦补述“金石言、良药”之意。此部分中，晴山用庄子《齐物论》中齐万物、齐生死之哲学思想自我开解，想必亦友人所开之“良药”。其中庄子丧妻犹鼓盆而歌之故事，尤切合诗意。

总之，本诗第三部分虽然以庄子自我开解，但愁情悔意，依然可感。

第五十三篇

yǒng lǐ xiāng lán
咏李香兰(1)

duō shí bú tīng mài táng gē
多时不听卖糖歌，(2)

tiě suǒ láng dāng xiǎng pèi kē
铁锁琅珰响佩珂。(3)

jǐ hǔ shí rén qí xià lèi
几许时人齐下泪，

shāng xīn fēi dú yī xīng é
伤心非独一星娥。(4)

语译

已经很久不听那“流芳百世”的卖糖歌了，
李香兰，当年佩玉琅珰响，今天锒铛入狱。
在那战争的年代，可知道有多少人齐声落泪，
伤心的，不只是她，这样的一个美貌明星。

注释

(1) 李香兰：日本人，本名山口淑子。在1930至40年代，曾是中国娱乐圈中风云人物。日本投降后，被中国军事法庭以“汉奸罪”嫌疑审讯。关于她的生平事迹，见下文“背景故事”。

(2) 卖糖歌：电影《万世流芳》插曲。《万世流芳》在1943年上映，描写林则徐禁鸦片的故事。李香兰在剧中扮演了一位诉说鸦片之害的卖糖少女，唱过《卖糖歌》。《卖糖歌》曾风行于中国与南洋一带。

(3) 琅珰：这里有两层意思：一指入狱，同“锒铛”。古代以铁连环锁罪人谓之锒铛，因此有“锒铛入狱”的说法。此外，“琅珰”是象声词，从“玉”旁，象玉石相碰的声音。

(4) 星娥：古典诗词中指织女，这是因为织女本来是星名。又可指美女。李香兰是美女明星。

背景故事

李香兰（1920-），日本人，原名山口淑子，出生于中国辽宁省。因认李际春为养父，取华人名字为李香兰。

日本侵占中国东北后，成立伪满洲国，又开设满洲电影制片厂，为日本宣传。李香兰为该制片厂第一批女演员之一，曾演唱多首名曲。本诗提及之《卖糖歌》，一度风行于中国与南洋一带。该歌曲乃电影《万世流芳》插曲，描写林则徐禁鸦片的故事。

1945年日本投降后，李香兰以“汉奸罪”嫌疑被审讯，后因证明其日本人身份而获释放回日本。

此诗应作于李香兰以“汉奸罪”嫌疑被审讯之时。

赏析

此七言绝句表面咏李香兰，却含深刻之批判。

首句已隐含作者对李香兰之批判态度。所谓“多时不听”，表面是“很久不曾听到”之意，但实际上是“不要听”之意。李香兰成名歌曲甚多（据李香兰回忆录《我的前半生》，当年最受听众欢迎之三首歌乃《何日君再来》、《苏州夜曲》及《夜来香》），晴山独选《卖糖歌》，相信另有深意：该曲乃电影《万世流芳》之插曲。晴山写此诗，疑在初闻李香兰以“汉奸罪”被审判、而未知其为日本人身份之时。“汉奸”自应是“遗臭万年”，与“万世流芳”强烈对比。时人均以李香兰为“汉奸”，其所唱歌曲自然不应再听。晴山谓“不听”，应即此意。次句亦含两意。前半“铁锁琅珰”，乃指李香兰“锒铛入狱”之事，亦即作者“不听卖糖歌”之原因。“锒铛”与“琅珰”可通，又并皆象声。但“锒铛”从“金”字旁，而“琅珰”从“玉”；如言“铁锁”，似用“锒铛”为宜。但晴山选用“琅珰”，意在后半句“琅珰响佩珂”，象李香兰佩玉之声。李香兰当年“琅珰响佩珂”，为“大东亚共荣圈”演出，正是后来“铁锁琅珰”之原因。第三句表面上是说时人因同情李香兰而下泪，但时人均以李香兰为“汉奸”，则不应为她落泪。日本发动战争，中国与南洋各地受害者数以千万计，所谓“几许时人齐下泪”应指此而言。此句与末句对照，更发人深思：李香兰入狱，故然“伤心”，但比起千百万受害人之“伤心”，又怎可说“伤心”。

总之，晴山对李香兰似甚怜惜，亦深所责备，大有“卿本汉佳人，缘何奸作贼”之叹。本诗仅二十八字，含义极其丰富深刻，堪称佳作。

第五十四篇

tí jié huī jí hòu jì chóu xī làng
题劫灰集后寄酬西浪

sān nián bā yuè tàn lún xū
三年八月叹沦胥，(1)

kēng wài tóng wéi lòu wǎng yú
坑外同为漏网鱼。(2)

gù wǒ yǐ wú cháng wù zài
顾我已无长物在，(3)

duō jūn yóu yǒu jié huī yú
多君犹有劫灰余。(4)

fēng yún sè jì huí tiān hòu
风云色霁回天后，

jīn shí shēng wén zhì dì chū
金石声闻掷地初。(5)

fù nèi shī shū shāo bù jìn
腹内诗书烧不尽，

zǔ lóng bì jìng bà cái shū
祖龙毕竟霸才疏。(6)

sà liù nián yí yue nián sān rì
卅六年一月年三日

语译

唉！那三年零八个月的沦陷期间，
很多人被坑杀，而我们都幸运逃脱。
我的家业尽毁，已经身无长物，
4 难得大作保存下来(那可算战乱残迹)。
战争结束后，阴霾散去，青天再现，
你刚面世的大作，铿铿然有金石之声
读书人肚子里的诗书终究是烧不尽的，
8 暴君固然霸道，但毕竟没有什么见识。

注释

(1) 沦胥：即沦陷、沦丧。

(2) 坑外：用秦始皇焚书坑儒比喻日军对文化之破坏。坑，即坑儒之坑。

(3) 无长物：长物，多余的东西。无长物，即身无长物，语本南朝宋刘义庆《世说新语・德行》："［王恭］对曰：'丈人不悉恭，恭作人无长物。'"后以"身无长物"：形容极其贫穷。

(4) 劫余灰：劫火的余灰，这里指战火的残迹，同时也指西浪的《劫灰集》。

(5) 金声掷地：谓掷地作金石之声，形容语言文字铿锵有力，语出《晋书・孙绰传》："（孙绰）尝作《天台山赋》，辞致甚工，初成，以示友人范荣期云：卿试掷地，当作金石声也。"

(6) 祖龙：原指秦始皇。《史记・秦始皇本纪》："三十六年……秋，使者从关东夜过华阴平舒道，有人持璧遮使者曰：'为吾遗滈池君。'因言曰：'今年祖龙死。'"裴骃《集解》引苏林曰："祖，始也；龙，人君像；谓始皇也。"这里用以指残暴之日军。

背景故事

诗题中之西浪，即李西浪，1920年代中期马华作家，工于旧诗词，有“南国诗人”之雅号。与文化名人如郁达夫、周颖南均有往还。关于其生平，可参考周颖南《纪念南国诗人李西浪先生》一文（见孙永安编《周颖南散文集》上（北京师范大学出版社，2006），页109–115）。

本诗提及“三年八月”沦陷，并谓“风云色霁回天后”，应作于1945年8月日本投降之后。

陈敏良藏有《劫灰集》二册，均有西浪印鉴，其一赠晴山，另一赠晴山妻舅王光国。光国一册末页有此诗，晴山亲笔书写。相信晴山亦曾书此诗寄酬西朗。

陈敏良所藏《劫灰集》在香港出版，出版年代未详，但从集内多首诗之题记可知，集内作品创作于1942至1946年期间，书后附跋日期为1946年5月30日。

赏析

此为《劫灰集》题诗，前四句意在“劫灰”。首句“三年八月叹沦胥”，即诗中所谓“劫”，指日本之侵略、南洋沦陷之史实。次句“坑外同为漏网鱼”，即“劫余”之第一层意义，即劫后余生之意。第四句“多君犹有劫灰余”，则为“劫余”另一层意义，指西浪之作品虽经战乱而幸存，带出“劫灰”之意，点题。

马来西亚冷甲“抗日同志殉难烈士纪念碑”。（战后至今70年，此纪念碑仍得居民小心保护。）
“三年八月叹沦胥。”

后四句称颂《劫灰集》掷地有声，“风云色霁回天后”即劫后之意，承接首四句，转出后三句。末两句总结全诗，“腹内诗书烧不尽，祖龙毕竟霸才疏”，用秦始皇焚书坑儒典故比喻日本侵略对文化之摧残，赋予“劫灰余”一词以历史高度，意味深长。其中，“腹内诗书烧不尽”句，既称颂西浪才华，亦提出诗人对文化力量之看法，含蓄蕴藉。

第五十五篇

gǎn huái

感怀

tiān yá hé chù nài sī liàng
天涯何处耐思量？

shí dé wēn róu biàn shì xiāng
识得温柔便是乡。

yuè rèn xīng suí guāng bù jiǎn
月任星随光不减，

huā suī zǐ jié yè yóu xiāng
花虽子结叶犹香。

piān zhōu wèi xǔ wǔ hú gòng
扁舟未许五湖共，(1)

dòu mǐ rěn lìng sān jìng huāng
斗米忍令三径荒？(2)

hé jìng fēi yīn méi yǔ hè
和靖非因梅与鹤，(3)

gū shān qǐ biàn zú cháng yáng
孤山岂便足徜徉？(4)

语译

天涯路远，那里最堪令人忆念？
懂得温柔，温柔所在便是故乡。
月亮任由星星跟随，而光华不减。
花树开花结子后，树叶仍然芳香。
情势不让我乘着轻舟，归隐江湖，
为了生计，难道就忍心让故园荒芜？
林和靖不是因为有梅妻鹤子相伴，
孤山再好，也不足以让他悠闲隐居！

注释

(1) 扁舟、五湖：扁舟，小舟，轻舟。春秋末越国 大夫范蠡辅佐越王勾践灭吴后功成身退，“遂乘轻舟以浮于五湖，莫知其所终极。”（见《国语》卷二一《越语》下）后因以“五湖”指隐遁之所。又晋·张方《楚国先贤传》：“句践灭吴，谓范蠡曰：‘吾将与子分国有之。’蠡曰：‘君行令，臣行意。’乃乘扁舟泛五湖，终不返。”因以“扁舟意”为隐遁的决心。

(2) 斗米：《宋书·陶渊明传》：“郡遣督邮至，县吏白应束带见之。潜叹曰：‘我不能为五斗米折腰向乡里小人。’即日解印绶去职。”后以“不为五斗米折腰”为“归隐守节”之意，而“为五斗米折腰”则是为了生活，不得不向现实低头，勉强出仕。山径荒：陶渊明《归去来兮辞》写辞官后初归田园心情，“三径就荒，松菊犹存。”（虽然庭院小路将要荒芜，却喜园中松菊还保留下来。）

(3) 和靖、梅鹤：和靖，北宋隐逸诗人林和靖。他一生不娶不仕，以梅为“妻”，以为“子”，有“梅妻鹤子”之说。

(4) 孤山：杭州孤山；林和靖隐居之处。

背景故事

晴山于1917年首次到马来亚谋生，曾先后于1923及1932年初回故乡。1934年，因文章得罪当地官员而不得不再逃马来亚。其后，八年抗战，1937至1945年期间，中马两地邮政不通。二战结束后，晴山始知其父已于1940年逝世。1945年，国共内战爆发，其后大陆变色。晴山亲国民政府而反共，政权易手，虽然缅怀故土，至此亦已打消回乡之念。

此诗或作于1950年晴山及义宋申请为马来亚联邦公民之时。

赏析

此七言律诗，押下平声十一阳韵。题为“感怀”，其所抒发情怀，甚为复杂。

首联上句“天涯何处耐思量”，叹息天涯路远，并设问“何处耐思量”。下句“识得温柔便是乡”，似是答案，但言外之意，则最耐思量者，乃是“故乡”。但远在天涯，则只能以“温柔乡”为“故乡”。

颔联上句“月光不减”，从“温柔”而字而来。以月喻其妻，而自己为相伴之星。下句“花虽子结”续写妻，并言及“子”，为末句铺垫。

颈联，用范蠡、陶渊明典故，续写乡思，并叹息自己不得不为生计而让故园荒芜，似甚失意。

尾联用林和靖“梅妻鹤子”故事。和靖“梅妻鹤子”，其实在“梅、鹤”，“妻、子”乃比喻；而晴山则以虚为实，意在“妻、子”。意谓林和靖能悠游孤山，乃因有“梅鹤”相伴，而自己虽不得不忍受离别故乡之痛，为斗米而活之苦，但幸有“妻、子”相随，回应颔联“月光不减”“花虽子结”句，并紧扣“识得温柔便是乡”之意。

总之，本诗充满乡思，并叹息为斗米而活，但又以“妻、子”相随为安慰，感情十分复杂。

第五十六篇

guò lù kuān xīn jū
过禄宽新居

wú wén tiān dì zhī dà wú bù róng
吾闻天地之大无不容，

shì huò chù zhī ruò fán lóng
世或处之若樊笼。(1)

yòu wén hú gōng xī xiàng hú zhōng sù
又闻壶公昔向壶中宿，(2)

hú zhōng rì yuè tiān dì zhī dà lè róng róng
壶中日月天地之大乐融融。

kě zhī jìng yóu xīn zào ěr
可知境由心造耳，(3)

shēn jì yī hú xīn qiān lǐ
身寄一壶心千里。

bù rán suī yǒu guǎng shà qiān wàn jiān
不然虽有广厦千万间，(4)

yù qiú róng xī zhī ān yì nán yǐ
欲求容膝之安亦难矣！(5)

shì rén qǐ jiē wú bà jù
世人岂皆毋霸巨，(6)

yāo kě shí wéi tóu zhěn gǔ
腰可十围头枕鼓？

zòng lìng áng cáng qī chǐ qū
纵令昂藏七尺躯，(7)

yī chuán yǐ zú bì fēng yǔ
一椽已足蔽风雨。

hú wéi jiǎ dì qǐ lián yún
胡为甲第起连云，(8)

qiú tián wèn shě shàng fēn fēn
求田问舍尚纷纷？(9)

dì yǐ wú pí tiān kě shàng
地已无皮天可上，

mǎi shān gèng xiàng yuè qiú bēn
买山更向月球奔。(10)

táo yuán zhǔ rén néng zhī zú
桃源主人能知足，(11)

qiè fù bào sūn yíng xiǎo zhù
挈妇抱孙营小筑。

liú jiāng yú dì yǔ tā rén
留将余地与他人，

dàn yuàn dào páng wú lù sù
但愿道旁无露宿。

zhǔ rén zì wèi wéi wō lú
主人自谓为蜗庐，(12)

lè qù què shèng hú zhōng jū
乐趣却胜壶中居。

shí huā zhǒng shù xié qī zǐ
莳花种树偕妻子，(13)

mén qián cháng kě wǎn lù jū
门前长可挽鹿车。(14)

jūn bù jiàn luò yáng míng yuán jiē jì mò
君不见，洛阳名园皆寂寞，

cǎo màn yān huāng rì sè báo
草蔓烟荒日色薄？

xī shǔ yóu yǒu zǐ yún tíng
西蜀犹有子云亭，(15)

qiān zǎi zhī xià liú qí míng
千载之下留其名。

语译

我听说，天地很大，大到没有什么不可以容纳，
世人在天地之中，却像生活在窄小的鸟笼里。
我又听说，古代的神仙壶公住在壶里，
壶像天地之大，有日有月，壶公在壶中活得开心。
可见境界的大小是内心幻化而造成的。
心境广，住在壶里，也可包容千里大的境界。
心境窄，虽然有千万间宽敞高大的房子，
想要保持那种安处陋室的心情，也难以做到。
世人难道都像古书上所说的巨人毋霸，
腰围有十个人手连手环抱那么大，头要枕在鼓上？
纵然一个人身材健硕，身高七尺，
一间屋子的檐下，便已经可以遮风挡雨。
为什么一定要住在富丽堂皇的高门大宅，
而且还整天纷纷扰扰，要买地，要置业？
地球上没有建屋的地皮，还要到天上求，
要买山，要买地，竟然跑到月球上去。
和世人不一样，桃花源的主人能知足，
带着妻子儿孙，满足于筑建小房子。

他要把多余的地留给别人来建屋，
一心只希望没有人要露宿街头。
桃源主人自己说屋子小得像蜗牛壳，
但安乐舒适，比壶公住的壶还要好。
种花种树，与妻儿子女共享天伦，
小屋子的门前还可以放一辆小车。
读者们，你没看到，古都洛阳里的名园豪苑已经沉寂，
黄昏日暮时，芳草蔓延，烟尘处处？
而那个在西蜀的小小的子云亭，
却留名千年，人们到现在还记得。

注释

(1) 樊笼：鸟笼；也比喻不自由的境地。

(2) 壶公：壶公故事，见《后汉书·方术列传·费长房传》“市中有老翁卖药，悬一壶于肆头，及市罢，辄跳入壶中，市人莫之见，惟长房于楼上睹之，异焉。……长房旦日复诣翁，翁乃与俱入壶中。惟见玉堂严丽，旨酒甘肴盈衍其中，其饮毕而出。翁约不听与人言之，复乃就楼上候长房曰：我神仙之人，以过见责，今事毕当去，子宁能相随乎？”此故事亦见于《神仙传》卷九《壶公传》。壶中日月：唐·李白《下途归石门旧居》诗：“何当脱屣谢时去，壶中别有日月天。”诗中“壶中日月”指道家悠闲清静之境。

(3) 境由心造：佛教认为世界一切境乃人心幻化而成，因而有“境由心造”、“世界唯心造”、“一切唯心造”等说法。

(4) 广厦千万间：千万间宽敞高大的房子。语出杜甫《茅屋为秋风所破歌》“安得广厦千万间，大庇天下寒士俱欢颜”。（怎样才能得到千万间宽敞高大的房子，覆庇普天下的贫寒读书人。）

(5) 容膝之安：容膝，小到仅可容纳屈着膝头的人的小屋子，即简陋的小屋。语出陶渊明《归去来兮辞》“倚南窗以寄傲，审容膝之易安。”（靠着南窗寄托着 我的傲世情怀．觉得身居陋室反而容易心安。）

(6) 毋霸：指西汉末的巨毋霸。《汉书·王莽传下》记载，巨毋霸“长丈，大十围”、“卧则枕鼓”。

(7) 昂藏：原指山之高峻、挺拔；借用以形容仪表雄伟、气宇不凡的样子。七尺：七尺高的身躯。

(8) 甲第：原指封侯者的住宅，后泛指贵显的宅第。连云：形容高耸入云。形容宅第的高大。甲第连云：形容富豪显贵的住宅非常之多。

(9) 求田问舍：置屋买田。多形容只求个人小利，没有远大志向。语本《三国志·魏志·陈登传》：“望君忧国忘家，有救世之意，而君求田问舍。”

(10) 买山：刘义庆《世说新语•排调》载：“支道林因人就深公买印山，深公答曰：‘未闻巢由买山而隐。’”后以“买山”喻贤士的归隐。亦用以形容人的才德之高。

(11) 桃源主人：陶渊明《桃花源记并序》中，有因避秦而隐居桃花源之古名。这里指与世无争者。

(12) 蜗庐：狭小如蜗壳的房子。白居易《效陶潜体诗十六首》“出扶桑枣杖，入卧蜗牛庐。”

(13) 莳花：莳，移栽，栽种。莳花就是种花的意思。

(14) 鹿车：古代的一种小车。《太平御览》卷七七五引汉·应劭《风俗通》：“鹿车，窄小裁容一鹿也。”挽鹿车：共挽鹿车：旧时称赞夫妻同心，安贫乐道。《后汉书·鲍宣妻传》：“妻乃悉归侍御服饰，更著短布裳，与宣共挽鹿车归乡里。”

(15) 西蜀子云亭：在四川省绵阳县。相传为西汉学者杨雄读书处，扬雄字子云，故名。子云亭因唐·刘禹锡《陋室铭》“南阳诸葛庐，西蜀子云亭。孔子云：‘何陋之有？’”一句而名满天下。

背景故事

洪禄宽于1891年出生于福建，长晴山三岁。

洪禄宽曾受私塾教育，甚好古诗。少年时家境清贫，曾以卖油条维生。初到马来亚时，在怡保绸缎庄万顺德作书记。后与朋友合资在霹雳州瓜拉江沙 (Kuala Kangsar) 开布匹店，布匹店后在火灾中烧毁。1926年前后，洪禄宽在怡保开杂货店，店名宽记。两年后创立南春栈，经营橡胶生意。

洪禄宽是霹雳福建公会理事，而晴山为公会受薪书记，晴山另一诗友白成根则是公会会长。三人同好古诗，情谊甚厚。

洪禄宽于1957年置新居，晴山过访后作此诗。

晴山诗友洪禄宽1957年所置新居（照片摄于2003年）。
“桃源主人能知足，挈妇抱孙营小筑。”

赏析

晴山友人洪禄宽于1957年在马来亚怡保置新居，此七言古诗即为晴山往访时所作。

本诗第21句云“主人自谓为蜗庐”，洪禄宽或曾自谦称其新居窄小。晴山此诗即从“蜗庐”一语开展而来。

全诗28句，可分两部分。首句至第16句“买山更向月球奔”为第一部分。在此部分，晴山用神仙壶公安居壶中故事，带出“境由心造”之哲理，一方面批评世人贪求买地皮、建大屋之风尚，一方面说明“房屋不论大小，知足便可”之道理，回应洪禄宽“蜗庐”之说。其中“广厦千万间”句出自杜甫《茅屋为秋风所破歌》，而“容膝之安”一语，出自陶渊明《归去来兮辞》。杜诗表达诗人对穷人之关怀，陶诗则表达诗人知足自得之心境。杜、陶二人之情怀与世人买地皮、建大屋之风对比，为第二部分作铺垫。第15、16句“地已无皮天可上，买山更向月球奔”，讽刺诗人贪得无厌，其中“地已无皮”巧嵌入“地皮”一词，而“买山”本指归隐，此诗却用以指世人之贪欲，甚为讽刺。

第二部分从第17句“桃源主人能知足”起至末句。“桃源主人”借指洪禄宽，“能知足”上与“奔月买山”之贪求者对比，并引出后文。“但愿道旁无露宿”，呼应“广厦千万间”一句（第七句），暗示洪禄宽有杜甫“安得广厦千万间，大庇天下寒士俱欢颜”之襟怀。“主人自谓为蜗庐，乐趣却胜壶中居”句，回应前文所引壶公故事，并暗示洪禄宽如陶渊明，能“审容膝之易安”。末两句暗用刘禹锡《陋室铭》典故，比喻洪禄宽之新居，如刘禹锡之“陋室”，因主人之贤德，而不得谓“陋”。

此诗为往访友人新居之作，却深含哲理，并巧用杜甫、陶渊明、刘禹锡典故，称颂友人，颂而不谀，新鲜而得体。

第五十七篇

tí yì jūn zuǒ xiān shēng shī shū huà gè zhǎn tè kān
题易君左先生诗书画个展特刊

qìn yuán chūn chàng chè yún tiān
沁园春唱彻云天，(1)

yì hǎi hé qī yǒu lǔ lián
艺海何期有鲁连。(2)

yī zhì dú biāo zhēng liàng jié
一帜独标征亮节。(3)

sì hún bú jué dé zhēn chuán
4 四魂不绝得真传。(4)

děng shēn zhù zuò míng shān yè
等身著作名山业，(5)

mǎn mù lín láng yì guó yuán
满目琳琅异国缘。

wèi bào jī lín háng gǔ dào
为报鸡林行贾道，(6)

cǐ zhōng zhī shǎo měi xīn piān
8 此中只少美新篇。(7)

语译

您的《沁园春》，震撼人心，传诵天下，
想不到，艺术领域里，也有义不帝秦的鲁仲连。
这首词，是独树的旗帜，标志着您的高风亮节。
4 令尊《四魂诗》的精神不绝，您得到了他的真传。
您著作丰富，更有不少可垂后世的大作。
您的诗书画琳琅满目，我庆幸能适逢其会，
让我告诉您，您在南洋享有崇高声价，原因是
8 在您的众多的作品里，唯独没有赞美“新朝”的篇章。

注释

(1) 沁园春：指易君左所填和毛泽东《沁园春·咏雪》之词。详见下文“背景故事”。

(2) 鲁仲连：《战国策·赵策三》有《鲁仲连义不帝秦》章，记载鲁仲连劝止魏国尊称秦王为帝之故事。

(3) 亮节：坚贞的节操。

(4) 四魂：指易君左父亲易顺鼎之《四魂集》。《四魂集》乃易顺鼎赴台抗日之自述生平之作，易顺鼎诗作中，以此集最为驰名。

(5) 名山业：汉·司马迁《报任少卿书》：“仆诚以著此书，藏诸名山，传之其人”。名山业，指堪传后世之作品。

(6) 鸡林行贾：《新唐书·白居易传》：“（白）居易于文章精切，……鸡林行贾售其国相，率篇易一金。”后以“诗入鸡林”指诗名远扬。按鸡林为古国名，即新罗，首都在金城（今庆州）。唐高宗时，曾在新罗领土上设立了鸡林州都督府。又中国黑龙江省有鸡林乡。但古典诗歌中之“鸡林”，多指新罗，或用以指朝鲜。

(7) 美新：新，王莽篡汉自立，国号新。王莽篡汉后，杨雄呈上《剧秦美新》篇，指斥秦朝，美化新朝。

背景故事

此诗涉及民国名人易君左（1898–1972）及其父易顺鼎（1858~1920）；而全诗称颂易君左之高风亮节，则以其所和毛泽东《沁园春》词为焦点。有关背景，简介如下：

易君左，湖南汉寿人。历任北伐军第四十军政治部主任，国民党中宣部专员、台湾中华诗学社社长等职。1949年后迁居香港，1972年病逝于台湾。易君左著作甚丰，其中，文学著作有《四魂血泪集》，《君左诗选》、《华侨诗话》等。

本诗首句“沁园春唱彻云天”，指易君左《沁园春・和毛泽东柳亚子》一词。1945年日本投降后，蒋介石邀请毛泽东到重庆进行国共和平谈判。同年10月，国共双方签订《双十协定》。11月11日，重庆《新华日报》发表了柳亚子之《沁园春》，乃酬和毛泽东词之作。三天后，重庆《新民报晚刊》副刊《西方夜谭》又刊登了毛泽东原词。全文如下：

> 北国风光，千里冰封，万里雪飘。望长城内外，唯馀莽莽，大河上下，顿失滔滔。山舞银蛇，原驰蜡象，欲与天公试比高。须晴日，看红妆素裹，分外妖娆。
>
> 江山如此多娇，引无数英雄竞折腰。惜秦皇汉武，略输文彩；唐宗宋祖，稍逊风骚；一代天骄，成吉思汗，只识弯弓射大雕。俱往矣，数风流人物，还看今朝。

毛泽东此词，志气豪迈，自信神州大地上唯有他才是真正之“风流人物”，胜过历代雄主。“还看今朝”句，更似是对蒋介石之挑衅。蒋介石得悉此词后，甚为震怒。支持国民政府之文人，相继对毛词作回应。易君左先后写了《沁园春》和《再谱沁园春》回应毛词。易君左《沁园春》词原文如下：

国脉如丝，叶落花飞，梗断蓬飘。痛纷纷万象，徒呼负负，茫茫百感，对此滔滔。杀吏黄巢，坑兵白起，几见降魔道愈高。明神胄，支离破碎，葬送妖娆。

黄金难贮阿娇，任冶态妖容学细腰。看大汉孤烟，生擒颉利，美人香草，死剩《离骚》。一念参差，千秋功罪，青史无私细细雕。才天亮，又漫漫长夜，更待明朝。

上阙“国脉如丝，叶落花飞，梗断蓬飘”等句，喻国势危殆。“黄巢”“白起”句将毛泽东比作杀人如麻之唐末黄巢、秦将白起。“支离破碎，葬送妖娆”，回应毛泽东原词“看红妆素裹，分外妖娆”两句，似谓毛泽东破坏中华大好河山。下阕“看大汉孤烟，生擒颉利”等句，则似谓蒋介石定能平定叛乱，有告诫毛泽东之意。末句“才天亮，又漫漫长夜”，则又深叹，抗日胜利后若国共再爆发内战，国家将重陷黑暗。

易君左生于书香世家，其父易顺鼎乃清末著名诗人。甲午战争战败后，清廷求和，被迫签定《马关条约》，割让辽东与台湾。易顺鼎上书请罢和议，反对割让辽东与台湾，但意见未为清廷接纳。易顺鼎悲愤不已，毅然赴台湾抗日。

易顺鼎诗才横溢，诗集有20几种，其中，记载其赴台抗日之自述生平诗集《四魂集》最为驰名。

易君左《海角天涯十八年》封面。
“一帜独标征亮节，四魂不绝得真传。”

赏析

据易君左《海角天涯十八年》（卷二，页331）易氏曾于1959年8月22日在马来亚怡保举行诗书画个展，晴山此诗即为该诗书画展之题诗。易君左在书中（页333）提及晴山诗：

> 陈晴山的诗作品格清亮，如题赠我的画展特刊一律，重心在标出读书人的气节，特别表扬我的反共爱国精神，如：
>
> 沁园春唱彻云天，艺海何期有鲁连，
> 一帜独标征亮节，四魂不绝得真传。
> 等身著作名山业，满目琳琅异国缘。
> 为报鸡林行贾道，此中只少美新篇。
>
> 这一句即指我在抗战时期首先以沁园春一词反毛，晴山先生可以说是我的知己了。

易君左谓此诗“重心在标出读书人的气节”，特别表扬其“反共爱国精神”，甚能点出此诗主题。

本诗首句“沁园春唱彻云天”带起全诗。“沁园春”指当年易君左为批判毛泽东而作之和词。下文“鲁连”、“亮节”、“只少美新篇”等，皆承此句而来：战国时代鲁仲连义不帝秦，晴山认为易君左批毛之举，精神正同，而其《沁园春·和毛泽东柳亚子》，正为表征其“亮节”之旗帜。末句“此中只少美新篇”用杨雄《剧秦美新》典故，“只少美新”，言外之言，多有“剧秦”。所谓“少美新”，“新”原指篡夺汉室之王莽王朝，此处用以表示易君左诗没有认同毛泽东“新朝”之作。全诗以暴秦比喻共党，意甚明显，而对易君左反共精神之称颂，亦在言表。

此诗亦盛赞易君左之诗艺，其中特别提及其父易顺鼎之《四魂集》。《四魂集》乃易顺鼎记录其赴台抗日生平之诗集。故“四魂不绝得真传”，既称赞易君左诗艺得真传，同时亦谓其爱国精神，亦得乃父真传。易君左谓晴山诗表扬其“反共爱国精神”，即指此而言。

末二联所谓“异国缘”、“鸡林行贾”，既记述晴山会易君左之缘分，亦谓易氏名满南洋，作为易氏个展题诗，甚是得体。

第五十八篇

wén yún nán yuán yǎ jí yǒu gǎn, jì liè zuò zhū jūn zǐ
闻云南园雅集有感，寄列座诸君子(1)

其一

yuè lìng yóu cún shāng yǒng zhōng
月令犹存觞咏中，(2)

fú chí dà yǎ zhàng zhū gōng
扶持大雅仗诸公。(3)

cuī shī qǐ dài jīn xiāo yǔ
催诗岂待今宵雨？(4)

xiū xì yáo zhuī liù dài fēng
修禊遥追六代风。(5)

shí yàn jīng tiān chéng hào jié
石焰惊天呈浩劫，(6)

jīn shēng zhì dì zhèn qún lóng
金声掷地振群聋。(7)

zǔ lóng xiū bō kēng huī huǒ
祖龙休拨坑灰火，(8)

wú dào cháng chéng yǒu xué gōng
吾道长城有学宫！(9)

其二

yǎ jí lán tíng jì yǐ chén
雅集兰亭迹已陈，(10)

lín chí yóu xiě yǒng hé chūn
临池犹写永和春。(11)

dāng nián jiā huà qiān qiū zài
当年佳话千秋在，

cǐ rì qīng yóu bǎi gǎn xīn
此日清游百感新。

qū shuǐ shāng liú wéi yǐn lèi
曲水觞流惟饮泪，(12)

mào lín fǔ guò jìn wéi xīn
茂林斧过尽为薪。(13)

bù kān chóng yì shān yīn dào
不堪重忆山阴道，(14)

dào shàng nán féng bó zuì rén
道上难逢薄醉人。(15)

语译

其一

《礼记·月令》的精神，仍然保存在饮酒吟诗的风俗中，
维系中华传统雅正之风，得仰赖你们各位名儒高士。
催促大家写诗言志的，又哪里要等待那当前的政治风雨？
修禊以祓除不祥的风俗，可以追溯到那历史久远的六代。
当前，石焰之火惊天动地，中华文化正遭逢浩劫。
你们掷地有声的作品，一定能唤醒糊涂麻木的众人。

作孽的祖龙，不得再燃拨那焚书坑儒的火灰，
捍卫我中华文化之道的长城，自有我南洋大学！

其二

当年王羲之他们雅集的兰亭，已经变为陈迹，
在砚池边临摹的时候，人们仍然在写“永和春”。
当年兰亭雅集的风俗，千年以后仍然留传，
但是，今天的清雅游会，却使人百感交集。
纵然放酒杯在弯曲水道上漂流，饮的却是泪。
那传统的茂密树木被砍伐，全都变成了柴火。
回忆起那惠风和畅的山阴道，令人伤心难过，
山阴道上，再难遇到，像兰亭雅集时心情酣畅的人。

注释

(1) 云南园：新加坡南洋大学校园，今为南洋理工大学。雅集：指文人雅士吟咏诗文，议论学问的集会。东晋王羲之等于永和九年（公元353年）举行之兰亭雅集，即为一例。王羲之以后，历代文人、书法家的效仿与传承兰亭雅集之举。兰亭雅集一般有修禊、曲水流觞、饮酒赋诗、制序和挥毫作书等基本内容。王羲之曾作《兰亭集序》，而其所书写之《兰亭集序》，乃书法珍品，后人多临摹。本诗多处引用《兰亭集序》词句。

(2) 月令：《礼记》篇名，相传为周公所作。这里用以代表中华传统文化。

(3) 大雅：《诗经》的组成部分之一。后世以“大雅”为诗歌之正声。

(4) 催诗雨：古诗中常谓雨催诗。如杜甫《陪诸贵公子丈八沟携妓纳凉，晚际遇雨》（其一）：“片云头上黑，应是雨催诗。”辛

弃疾《鹧鸪天·鹅湖归病起作》词："诗未成时雨早催。"这里的"雨"，与下句的"风"对举，应指政治上的风雨。

(5) 修禊：古代民俗于农历三月上旬的巳日（三国魏以后始固定为三月初三）到水边嬉戏，以祓除不祥，称为修禊。《兰亭集序》谓"会于会稽山阴之兰亭，修禊事也。"这里特指兰亭修禊。六代："六代"有不同解释：一是指"三国吴、东晋和南朝之宋、齐、梁、陈"。如李白《留别金陵诸公》诗："六代更霸王，遗跡见都城。"中之"六代"。王羲之为东晋人。"六代"也有指上古的"黄帝、唐、虞、夏、殷、周"等六代，或"唐、虞、夏、殷、周、汉"等六代。这里兼含六代之两种意义。

(6) 石焰：宋·李复《温泉行》"阴灵炎炎燃礜石，石焰不灭何千年。……祖龙心秽慢神天，毛发流腥身被毒。"等语，写骊山温泉，唐明皇误国之事。此句之"石焰"或用李复诗"石焰不灭何千年"之意，而借"祖龙心秽慢神天，毛发流腥身被毒"暗批毛泽东。

(7) 金声掷地：谓掷地作金石之声，形容语言文字铿锵有力，语出《晋书·孙绰传》："（孙绰）尝作《天台山赋》，辞致甚工，初成，以示友人范荣期云：卿试掷地，当作金石声也。"振聋：即"振聋发聩"，指声音很大，使耳聋的人也听得见。比喻用语言文字唤醒糊涂麻木的人，使他们清醒过来。如清·袁枚《随园诗话补遗》卷一："此数言，振聋发聩，想当时必有迂儒曲士以经学谈诗者。"

(8) 祖龙：指秦始皇。《史记·秦始皇本纪》："三十六年……秋，使者从关东夜过华阴平舒道，有人持璧遮使者曰：'为吾遗滈池君。'因言曰：'今年祖龙死。'"裴骃《集解》引苏林曰："祖，始也；龙，人君像；谓始皇也。"这里用以指毛泽东。坑灰火：指秦始皇焚书坑儒故事。这里指毛泽东在反右运动中对知识分子的迫害。

(9) 长城：万里长城，这里比喻捍卫中华文化的力量，即指南洋大学。学宫：古代高等学府之称。这里指南洋大学。

(10) 雅集兰亭：兰亭在浙江绍兴西南渚山上。王羲之与友人曾于永和九年（公元353年）在此雅集。迹已陈：《兰亭集序》“向之所欣，俯仰之间，已为陈迹”。

(11) 临池：双关语。一指临近水池，此句之“池”，指云南园中之“南大湖”。又指砚池。永和春：指王羲之《兰亭序》开首“永和九年，岁在癸丑，暮春之初，会于会稽山阴之兰亭”等语。王羲之书写之《兰亭序》为书法珍宝，后人多临摹。

(12) 曲水流觞：语本《兰亭集序》“引以为流觞曲水”句。原意为把水引来作为飘流酒杯的弯曲水道。这里比喻文化传统的传承。

(13) 茂林：语本《兰亭集序》“此地有崇山峻岭，茂林修竹”句。这里比喻美好的文化传统或人才。薪：柴火。

(14) 山阴道：会稽郡山阴县，是兰亭之所在。《兰亭集序》“永和九年，岁在癸丑，暮春之初，会于会稽山阴之兰亭。”比喻中华文化之道。

(15) 薄醉：微醉。指兰亭雅集，曲水流觞时，众人微醉。比喻心情酣畅。

背景故事

此两首曾收入陈敏良、陈敏华译著《荔子情——陈晴山文学作品选集》中，书中曾简介本诗背景。

南洋大学创立于1955年，目的在为新马两地每年大批华校毕业生提供深造之机会，并弘扬中华文化。南大之创立，新马各地曾纷纷举办南大建校筹款义卖。两地华人，无论富商巨贾，人力车夫，均踊跃解囊。晴山夫人王义宋女士主办之妇女裁剪训练所，亦曾举办服装义卖，并把所得全数捐赠作南大建校基金。数年间，南大已发展为中华

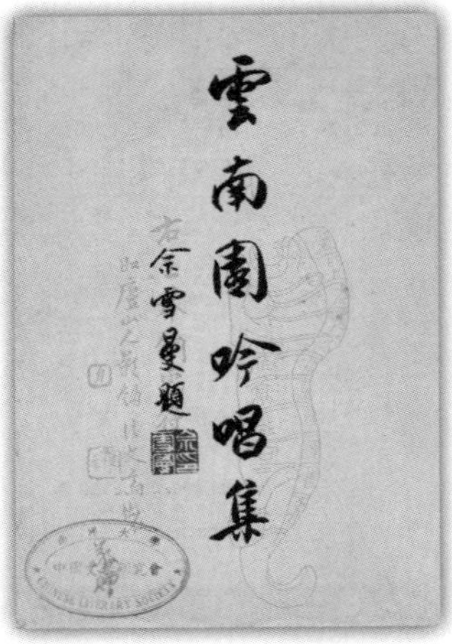

《云南园吟唱集》封面。
（南大中文学会1960年7月前后出版。晴山《闻云南园雅集有感，寄列座诸君子》收录于此集第7页。）

文化之重镇，深得广大华人拥护。晴山对于南大，亦深寄厚望。

为庆祝首届毕业典礼，南大于1960年3月30日举办为期七天之“大学周”，又于4月2日举行集会，并筹备出版《云南园吟唱集》，以资纪念。晴山两首即作于此时，后收录在《云南园吟唱集》。

案古代之修禊，定于农历三月上旬巳日，而1960年3月30日，于农历为庚子年己卯月丁巳日三月初五。南大“大学周”始于当年三月之巳日，后又举行雅集，当有传承古风之深意。

晴山创作此诗时，正值中国大陆反右运动，千万知识分子惨遭迫害，而中华文化亦遭破坏，可谓中华浩劫。晴山诗称颂南大诸君传承中华文化之时，亦痛斥毛泽东。

陈敏良、敏华曾与当年《云南园吟唱集》之主编黄应良先生见面。黄应良当时乃大四学生。据黄应良，《吟唱集》大部分诗作乃当年4月2日南大集会后陆续采收，出版付印，至是年7月后始能完成。晴山于1960年6月6日逝世，故此两首乃晴山离世前之诗作。

赏析

此一题两首之律诗，第一首押上平声一东韵，第二首押上平声十一真韵（现代汉语中“陈、春、新、薪、人”读音不同，但在《佩文诗韵》中，同属“真”部）。

如诗题所示，此两首乃为南大雅集而作，故内容紧扣“雅集”，将南大当年之雅集，与王羲之等之兰亭雅集并论。南大“大学周”始

南洋大学牌坊（1995年仿建）。（此仿建牌坊坐落于今华裔馆前之云南园内。原牌坊建于1955年，坐落于裕廊西93街和文礼地铁延伸线相交处。）
“不堪重忆山阴道，道上难逢薄醉人。”

于当年三月之巳日，后又举行雅集，当有传承古代修禊风俗之意。晴山之意，亦在于此。

第一首前四句称颂南大诸公传承中华文化精神，后四句挞伐毛泽东，并寄厚望于南大君子，其中以“修禊”二字在结构上起关键作用。

首联“月令”，指《礼记·月令》篇，借指中国礼教传统；“大雅”本《诗经》之一体，借指诗歌之正声、文学之正统。颔联“修禊”乃古代风俗，“六代”指东晋等六代，承接“修禊”一词，并呼应首句“觞咏”，点出“雅集”之题意。“六代”又可指圣君尧舜之唐虞等年代，比喻悠久之中华传统。如是，“月令、大雅、修禊、六代”互相紧扣，称颂中华，而又寄望于南大诸君子。

“修禊”与兰亭雅集之传统相关，甚能绾合前四句。“修禊”又是来古代用以祓除不祥之风俗，从此意而引出“浩劫”、“祖龙”等句，意谓反右运动乃中国之不祥。

后四句一面痛斥毛泽东，一面称颂南大诸公，两意互为表里。颈联上句“石焰～浩劫”喻反右运动，下句希望南大诸公之作品，能振聋发聩，唤醒千万被蒙骗之群众。尾联上句把毛泽东比喻为焚书坑儒之秦始皇，而下句“我道长城”则谓南大乃为捍卫中华文化之长城。晴山对南大，寄望甚深，而其对中华文化之忠爱，亦跃然纸上。

第二首表面上写“雅集”，实亦寄寓晴山为中华文化担忧之情。此诗多处用《兰亭集序》之词句：“兰亭、陈迹、永和春、曲水流觞、茂林、山阴”等语，皆见于《兰亭集序》。

首联下句“临池”一语双关，一指临近水池，此句之“池”，指云南园中之“南大湖”。如是，此句来谓南大诸君在南大湖边雅集吟诗，颂唱“永和”。“临池”又指砚池。“永和春”三字，乃自王羲之《兰亭序》开首“永和九年，岁在癸丑，暮春之初，会于会稽山阴之兰亭”等语。王羲之书写之《兰亭序》为书法珍宝，后人多临摹。如是，则此句乃谓虽然兰亭已为陈迹，但王羲之书法之道，仍传后世。“永和”一词出自《兰亭集序》，但晴山似又赋予新意：“永和”字面之意，乃“长久和平”。故“永和”乃人民之愿望。如是，此句乃谓南大诸君写“永和”之咏，缅怀中华古风。

颔联“此日清游”呼应首联“雅集、临池”，“百感新”则开余下四句。“曲水流觞惟饮泪”，“茂林为薪”，“山阴”道上，“难逢薄醉人”等语，皆其所感，亦皆“永和”已失，而中华正历浩劫之意。其中“茂林斧过尽为薪”一句，联合第一首而读，乃指反右运动尽毁中华文化命脉，感慨殊深。

此两首对受诗诸人深寄厚望，又深切表达对中华惨遭浩劫之悲愤，有情有物，实是佳构。

第五十九篇

lóng shì chéng wáng shì zhāo jiào shòu
龙市——呈王世昭教授

xī chǔ yǒu yè gōng
昔楚有叶公，

píng shēng pō hào lóng
平生颇好龙。(1)

lóng sūn yǔ lóng zǐ
龙孙与龙子，

yī shí rù gòu zhōng
一时入彀中。(2)

shì nán bié yōu liè
势难别优劣，

yì mò biàn cí xióng
亦莫辨雌雄。

yī lóng zì tiān jiàng
一龙自天降，

fēng jǔ ér yún cóng
风举而云从。

xíng kōng ruò tiān mǎ
行空若天马，(3)

rù mén rú cháng hóng
入门如长虹。(4)

jì jù yú suǒ hào
既聚于所好，

zá zhì zhū fán lóng
杂置诸樊笼。

yī zhāo féng zǎng kuài
一朝逢驵侩，(5)

lùn jià shàn qiū tóng
论价鳝鳅同。

lín jiǎ xián tài mì
鳞甲嫌太密，

jī ròu xián wèi fēng
肌肉嫌未丰。

yún jiāng tiáo dǐng nài
云将调鼎鼐，(6)

zuǒ zhī yǐ jiāng cōng
佐之以姜葱。

zī zhū jiào qīng zhòng
锱铢较轻重，(7)

kǒu fù kǒng bù chōng
口腹恐不充。

qún lóng hài qiě zǒu
群龙骇且走，

tíng yuàn wéi zhī kōng
庭院为之空。

yī lóng dú jiǎo shǒu
一龙独矫首，

ruò yǒu gǎn yú zhōng
若有感于衷。

huò lín tàn xī shòu
获麟叹西狩，(8)

wǒ dào xuān zhōng qióng
我道宣终穷。

语译

在古时，楚国有一个叶公，
他平生最喜欢的是龙。
龙子龙孙，被他诱惑，
一时间都中了他的圈套。
大大小小的龙，难分优劣，
也很难判别，谁强谁弱。
突然有一条龙从天而降，
气势非凡，引起风气云涌。
天空中，它矫健如天马，
到叶公门前，依然气贯长虹。
叶公把喜欢的龙聚集起来，
然后囚在大大小小的笼里。
有一天，他遇到龙马贩子，
便想把龙卖掉，要价如黄鳝泥鳅。
龙马贩子嫌龙的鳞甲太密，
又嫌龙的肌肉不够丰满。
叶公说可以用鼎来烹龙，
以姜葱作配料，便美味无穷。
龙马贩子说一钱一分都要秤清楚，
说恐怕龙肉不太够，吃也吃不饱。
群龙听到他们议价，吓得惊惶逃跑，
叶公的庭院于是便空空如也。
那条从天而降的龙独自抬头，
心里好像有很大的感触。
可叹西狩获麟的事又重演。
我奉守的正道，恐怕要告灭亡。

注释

(1) 叶公好龙：叶公：春秋时楚国贵族，名子高，封于叶（古邑名，今河南叶县）。汉·刘向《新序·杂事》记载了这样的一个故事："叶公子高好龙，钩以写龙，凿以写龙，屋室雕文以写龙。于是天龙闻而下之，窥头于牖，施尾于堂。叶公见之，弃而还走，失其魂魄，五色无主。是叶公非好龙也，好夫似龙而非龙者也。"后以"叶公好龙"比喻口头上说爱好某事物，实际上并不真爱好，甚至恐惧。叶，古音shè，今读yè。

(2) 彀中：原意为"弩射程所及的范围"。五代·王定保《唐摭言·述进士上》记载，唐太宗"尝私幸端门，见新进士缀行而出，喜曰："天下英雄入吾彀中矣！"后以"彀中"比喻圈套、陷阱。

(3) 行空若天马：元·刘廷振《萨天锡诗集序》："其所以神化而超出于众表者，殆犹天马行空而步骤不凡。""天马行空"多比喻诗文，书法等气势豪放，不受拘束。

(4) 长虹：彩虹。明冯梦龙《喻世明言》："于维巨卿，气贯虹霓，义高云汉。"成语"气贯长虹"：正义的精神直上高空，穿过彩虹。形容精神极其崇高，气概极其豪迈。

(5) 驵侩：驵：好马，壮马。侩：以拉拢买卖，从中获利为职业的人；常用词"市侩"，指唯利是图，庸俗可厌的人。驵侩：旧时马匹交易的经纪人，亦泛指市场经纪人。这里指"龙贩子"。

(6) 调鼎鼐：鼎：古代烹调食物的器具，三足两耳；鼐：大鼎。于鼎鼐中调味。比喻处理国家大事。多指宰相职责。李贺《将进酒》有"烹龙炮凤玉脂泣"句。晴山烹龙之意，或由此而来。

(7) 锱铢：中国古代重量单位，六铢为一锱，四锱为一两。一两约等于31.25克。

(8) 获麟西狩：指春秋鲁哀公十四年猎获麒麟事。相传孔子作《春秋》至此而辍笔。《春秋·哀公十四年》："春，西狩获麟。"杜预注："麟者仁兽，圣王之嘉瑞也。时无明王出而遇获，仲尼伤周道之不兴，感嘉瑞之无应，故因《鲁春秋》而脩中兴之教。绝笔於'获麟'之一句，所感而作，固所以为终也。"

背景故事

晴山呈王世昭之作共四首，此为第四首。

王世昭，民国时期著名书法家，大陆变色后，流亡到香港。曾为香港《春秋》杂志撰稿。《春秋》杂志创刊于1957年，早期撰稿人多是民国政府之前党政军公交人员（关于《春秋》杂志，可参考胡志伟《春秋杂志的史料价值》一文）。王世昭支持国民政府，为著名之"右派"。曾著有《屈原创作集》、《屈原传》等书。1960年王世昭曾携谊女许涵清到马来亚各地举行书画展，得到新马各地福建公会赞助，借给展览场所，也代为安排方便。晴山当年任职福建公会文书，故与王氏接触密切，又因王氏亦长于诗词，两人一见如故。

王世昭为知名反共人士，而晴山对共党亦多不满。晴山《佴云南园雅集有感，寄列座诸君子》即曾以焚书坑儒比喻大陆之反右运动。此诗疑亦批评大陆时政之作。

此诗作于1960年王世昭在马来亚举行书画展之时。

赏析

本诗以"叶公好龙"之典故开篇。原典之叶公，见真龙而惊骇逃跑。晴山笔下之叶公，则是设下圈套，诱囚群龙，准备论两售卖，让买者烹龙而吃，并"佐之以姜葱"。叶公与驵侩议价，写来绘影绘声，令人拍案。

本诗典故中，多关涉文人：如第四句"入彀中"，乃唐太宗见新进士排列而行时之语；第九、十句中，天马行空、气贯长虹等语，亦多用以形容文人之文笔与气质。末二句用"西狩获麟"之典故，更明示此诗中之“一龙”，乃忧道之儒生。此诗既是呈献王世昭之作，则此“一龙”应指王世昭其人，而群龙则指与其同时代之知识分子。

王世昭乃反共之右派，晴山对共党亦多批评。此诗作于1960年，前此数年，中国大陆有所谓“百花争鸣、百家齐放”运动，其后有反右运动。被判为右派而受迫害之知识分子达五十多万。故此诗之寓意，或在于此。如是，则诗中之“叶公”乃或当年“引蛇出洞”之毛泽东。

如上所述，王世昭曾为香港《春秋》杂志之撰稿人。本诗末二句“西狩获麟”之典故中，孔子于获麟后绝笔《春秋》。则本诗或乃反映王世昭与《春秋》杂志社之关系，亦未可知。

第六十篇

吟榻述怀

yín tà shù huái

shōu shí xióng xīn yǐn guǎn chéng
收拾雄心隐管城，(1)

shū shēng zhǐ shàng kuì tán bīng
书生纸上愧谈兵。(2)

fù rén chún jiǔ jiē yín liao
妇人醇酒皆吟料，

shī guó hé fáng yǒu xìn líng
诗国何妨有信陵。(3)

语译

收拾雄心壮志，隐居在管城，舞文弄墨，
一介书生，只能纸上谈兵，实感羞愧。
妇人和醇酒，都是我诗歌吟唱的题材，
在诗国里，又何妨有个信陵君一样的人。

注释

(1) 管城：唐韩愈作寓言《毛颖传》，称笔为管城子。后因以“管城子”为笔的别称。宋黄庭坚《戏呈孔毅父》诗“管城子无食肉相，孔方兄有绝交书。”除作“笔”字解，晴山此句用“城”字之意，即“笔城”，与第四句“诗国”相呼应。

(2) 纸上谈兵：在纸上谈论用兵打仗。比喻不解决实际问题的空谈。

(3) 信陵：指战国时代魏国公子信陵君。据《史记》卷七十七《魏公子列传》，信陵君曾窃魏兵符，领兵助赵却秦。留赵十年后，又回国助魏抗秦，深受各国诸侯爱戴。秦王引以为患，派人在魏王前多次诋毁离间，魏王遂罢信陵君兵权，信陵君“自知再以毁废，乃谢病不朝，与宾客为长夜饮，饮醇酒，多近妇女。日夜为乐饮者四岁，竟病酒而卒。”本诗第三句所谓“妇人醇酒”，即用此典故。

背景故事

此诗应作于晚年，应是晴山回顾一生之作。晴山于1960年6月辞世，此诗或作于1960年6月前数月。

晴山生于1894年，五四运动爆发时，正值晴山年青之时。新文化运动先驱人物鲁迅、胡适、茅盾等，应是晴山及当时无数青年之学习对象。晴山早年有以笔论政之雄心。但为谋生计，于1917年即远渡南洋。1932至1933年，曾回故乡福建莆田，在砺青中学执教，负责中

晴山妻舅王光国（1905–1971年）。（王光国比晴山少11岁。在福建莆田时，晴山曾为光国塾师。晴山逝世后，光国在晴山遗物中翻捡出《吟榻述怀》一诗，读后“怆然久之”。）

华文学。期间，曾为报刊编辑，并曾作文批判省长李万春之贪污与滥征税收。李万春大怒，下令通缉，晴山事前得知消息，躲藏友人家。李万春乃拘捕其妻王义宋女士。其女美瑜仍是待哺婴儿，须一天数次往返囚室受哺。莆田各界遂群起声援晴山，学生教师发动抗议。李万春被迫释放王义宋女士。晴山终潜逃马来亚，其妻儿随后至。日战期间晴山曾任文秘簿记等工作，以维持家计。早年壮志，至此消磨。战后为霹雳福建公会文书，兼职教师。

晴山辞世后，其妻舅王光国偶读此诗，深为感动，遂赋诗书怀如下：

偶拾晴山兄遗诗一首，读后怆然久之，感而赋此。

偶从遗橐拾诗篇，謦欬如生到眼前。
狂士由来难作圣，文人何必亦希贤。
骚坛痛折中流柱，洛社谁赓白雪弦？
陶后不堪山径废，伤心黯对菊花天。

（语译：
从您遗留下来的书袋里，偶然发现这首诗，
您的声音笑貌，像生前一样，活现眼前。
自古以来，狂狷之士难以成为圣人，
我们文人又何必希望成为什么贤达。
您的离去，使诗坛失去了中流砥柱，
诗社里，有谁能继续您高雅的诗章？
陶潜别后，山径荒废，令人难过不堪，
只能伤心沉痛地，黯然对着那满地菊花。）

按光国少晴山十一岁，年青时曾从晴山习诗。光国喜写诗，善书法，大半生从事教师，但日战期间，不得不为斗米而折腰，曾为某福清同乡之文秘与簿记。光国与晴山气类相同，情谊深厚，因此读晴山此诗，深为感动。

赏析

本诗七言四句，短短二十八字，寄寓了深沉之感慨。

首句“收拾雄心隐管城”，谓“收拾”，则曾有雄心壮志。但时运不济，只能隐居“管城”。“管城”，常作“管城子”，出自韩愈《毛颖传》，指毛笔。后黄庭坚《戏呈孔毅父》诗有“管城子无食肉相，孔方兄有绝交书。”之名句，则管城子亦有贫寒之士之意。晴山谓“隐管城”，则“管城”指作家之城，与末句“诗国”呼应。按晴山早年在故乡福建莆田曾以笔干政，后被迫害而不得不潜逃马来亚，以笔墨谋生，生活清贫。短短七字，隐含无限辛酸无奈。

次句“纸上愧谈兵”，谓“愧”，则不欲多谈政事之意已明。晴山寄寓马来亚，未便妄论当地政治，但亦未尽忘故土，亦偶有触及中国政治之作，如《闻云南园雅集有感》、《题易君左先生诗书画个展特刊》、《龙市》等，故虽曰“愧谈”，但书生爱国情怀仍在，偶亦论政。

第三、四句，用信陵君故事。据《史记》卷七十七《魏公子列传》，信陵君曾窃魏兵符，领兵却秦救赵。留赵十年后，又回国助魏抗秦，深受各国诸侯爱戴。秦王引以为患，派人在魏王前多次诋毁离间，魏王遂罢信陵君兵权，信陵君“自知再以毁废，乃谢病不朝，与宾客为长夜饮，饮醇酒，多近妇女。日夜为乐饮者四岁，竟病酒而卒。”本诗第三句所谓“妇人醇酒”，即用此典故。信陵君曾将兵抗秦，并非纸上谈兵。晴山自比信陵，又谓“纸上愧谈兵”，则其自负可想见。但命途未济，晴山只能隐居管城诗国，“纸上谈兵”，又只能如失势后之信陵君，寄情“妇人醇酒”。按晴山伉俪情深，又重友情，诗中多写夫妻情爱，友朋畅叙，所谓“妇人醇酒”即指此。

本诗寄寓无限感慨，难怪光国“读后怆然久之”。

第六十一篇

wèi huáng jūn yǔn shān xiān shēng zhī
为黄君愠山先生之
tiān nán yín cǎo xù
《天南吟草》序

mín guó shí sān nián yú chóng yóu nán yáng shǐ wù
民国十三年，余重游南洋，始晤
huáng jūn yǔn shān yú yí bǎo shí jūn fāng zhǎng péi nán xué
黄君愠山于怡保。时君方长培南学
xiào yú yì rèn zhí jīn bǎo xiū mù zhī xiá zhé xiāng guò
校，余亦任职金宝，休沐(1)之暇，辄相过
cóng yú yǔ jūn xìng bù xiāng ruò jūn shàn yǐn ér yú bù néng
从。余与君性不相若，君善饮而余不能，
jūn kuàng dá ér yú zé yù yù guǎ huān suǒ wèi yǒu kǒu bù
君旷达而余则郁郁寡欢。所谓有口不
yán chóu yǒu chóu dàn yǐn jiǔ zhě kuì fú rú zhī gù yú
言愁，有愁但饮酒者，愧弗如之。顾于
shī jūn dú yǐn wéi zhī yīn yǒu suǒ zuò bì jiàn shì yú
诗，君独引为知音，有所作必见示。余
bù néng shī zì shì yì shāo shāo wéi zhī yóu tǒng xiāng jì wú
不能诗，自是亦稍稍为之，邮筒相寄无
xū rì měi yī liáng wù héng cù xī zuò cháng yè tán shī
虚日。每一良晤，恒促膝作长夜谈，诗
yǐ wài xiǎn jí tā shì shí huò tuī qiāo suǒ zuò yī zì wèi
以外鲜及他事。时或推敲所作，一字未

安，则相对兀坐；(2)既得，复相视而笑；有所可否，皆出于诚，不面谀(3)也。君为郑苍亭先生高足，渊源所自，非予浅学所能窥，而彼此相得有如是者，其佛家所谓缘与？

君乡人之游此地者，皆善居积，(4)君身外独无长物。(5)今者，治任将返，行箧中仅诗集一卷存焉。人称其廉，君亦自以为拙。“贾楚无长袖，投秦剩敝裘。”(6)盖已自写其况矣。人之志趣不同，取舍各异。君南来于物质虽无所取，而平日登高览胜，剔怪搜奇，所谓“异域江山囊底收”(7)者，所得已不少于人矣。

君自言曩为诗多壮语，南渡后百忧从集，转抱悲观；以予所见，殆不若是。君为人不斤斤(8)于得失，不戚戚于贫贱。(9)黄金处处同，新诗几人有？斯亦可以自豪矣！复何悲？为君辑所为诗成

tiān nán yín cǎo yī juǎn jiāng fù jī jué (10) yīn wéi zhǔ
《天南吟草》一卷，将付剞劂。(10) 因为主

xù rú cǐ
序如此。

chén qíng shān
陈晴山

mín guó shí liù nián liù yuè niàn bā rì yú jīn bǎo
民国十六年六月廿八日于金宝

语译

民国十三年（公元1924年），我再次来到南洋，在怡保与黄愠山先生初次见面。当时愠山是培南学校的校长，而我则在金宝工作。每当放假有空的时候，我们都互相往来。我的性格与愠山不同：他很能喝酒，我却不能。他开朗豁达，而我则郁郁寡欢。愠山的一张嘴巴，从不说忧愁；即使忧愁，也只会喝酒。这方面，我惭愧比不上他。但在诗歌方面，他却把我看作知音。每当有新的作品，一定让我看。我不会写诗，但自从和他往来后，也慢慢开始写诗。我们互相寄赠诗稿，天天如是。每次见面，都促膝长谈，通宵达旦，除了诗歌以外，很少谈其他事情。有时候，我们斟酌字句，觉得一个字不妥当时，便相对静坐思考。想到适当的字后，便相视而笑。我们称赞或批评对方的作品时，都是出于真诚，绝不会当面称赞，而背后诋毁。愠山是著名诗人郑苍亭先生的高足。他诗学渊源，而我学识浅陋，是不能懂得他的高深造诣的。但是，我们彼此却能这么投契，这大概就是佛家所说的缘分。

和愠山来到南洋谋生的同乡，大多数都善于积聚财物，但他却清寒贫困。现在，任期届满，即将回乡。行李中，只有一卷诗集。人们称赞他为人清廉，他自己亦觉得自己笨拙。他的诗句“贾楚无长袖，投秦剩敝裘”（我只懂得责罚学生，无财无势，不善于钻营。我不会巴结权贵，身上自剩下一件破衣服。）大概是写自己的景况。

人们的志趣不同，取舍也不一样。愠山来南洋，对于钱财物质没有谋取，但他平日登高看风景名胜，搜奇探怪，就像他的诗句所说的“异域江山囊底收”（异国山河美景，全都收集在诗囊中）。这样，他所得到的，其实不比别人少。

愠山自己说他以前的诗多豪言壮语。但是，南来以后，经历百般忧愁，所以变得悲怆。但依我看来，却并不是这样。愠山对于名利得失，从不斤斤计较，也不会因为生活贫穷而闷闷不乐。有钱的人，到处都是，但像他一样，写得一手好诗的人，没有几个。这样，他应该可以感到自豪了，又有什么可悲伤的。我把愠山写的诗辑录为一卷《天南吟草》，现在诗集快要出版，因此我写了这篇序，是诗集的主序。

陈晴山

民国十六年六月廿八日于金宝

注释

(1) 休沐：《汉书·霍光传》：“光时休沐出”。王先谦《汉书补注》引《通鉴》胡注云：“汉制中朝官五日一下里舍休沐。”休沐，即官吏定期休假。汉代官吏一般利用休假日洗沐，故称休沐或洗沐。

(2) 兀坐：端坐。

(3) 面谀：当面恭维。语出《孟子·告子下》：“与谗諂面諛之人居，国欲治，可得乎？”又成语“面谀背毁”，指当面称赞，背后诽谤。出自《庄子·盗跖》：“且吾闻之，好面誉之人者，亦好背而毁之。”

(4) 居积：即积居；聚积、囤积之意。语本《史记·货殖列传》：“朱公以为陶天下之中，诸侯四通，货物所交易也，乃治产积居。”

(5) 身无长物：语本南朝宋·刘义庆《世说新语·德行》：“（王恭）

对曰：‘丈人不悉恭，恭作人无长物。’”后以“身无长物”形容极其贫穷。

(6) 贾楚无长袖，投秦剩蔽裘：这两句应是黄愠山《天南吟草》中诗句。贾楚：即槚楚，古代木制刑具。用以笞打。贾，通“槚”。《陈书·新安王伯固传》：“国学有墯游不脩习者，重加槚楚。”长袖，语出《韩非子·五蠹》：“鄙谚曰：‘长袖善舞，多钱善贾。’此言多资之易为工也。”长袖善舞，原意为穿了长袖的衣服，［中国古典］舞便容易跳得好看，比喻有所凭借，事情容易成功。后多用来形容有财势有手腕的人善于钻营。蔽裘：破皮袍。成语“金尽裘弊”比喻境况困难，这里用其典故。《战国策卷三·秦策一》：“［苏秦］说秦王书十上而说不行，黑貂之裘弊，黄金百斤尽。”“贾楚无长袖，投秦剩蔽裘”两句中，“贾楚”对“投秦”，是借对；“贾楚”一词中之“楚”字本非地名；今借作地名，与“秦”对。

(7) 异域江山囊底收：黄愠山《天南吟草》中诗句。囊底：犹囊中，袋子里面；这里指诗囊。

(8) 斤斤：过分着意。

(9) 不戚戚于贫贱：不因贫穷而忧愁。语出刘向《列女传·鲁黔娄妻》：“［黔娄之妻］曰：彼先生者，甘天下之淡味，安天下之卑位；不戚戚于贫贱，不忻忻于富贵。求仁而得仁，求义而得义。”

(10) 剞劂：雕板；刻印。这里指出版。

背景故事

此是晴山现存最早之文言文，作于1927年。文中所提及之黄愠山，又名黄瑛。据本文，黄愠山于1924年“方长培南学校”，但据校方记录，黄愠山任职于1925年6月至1926年12月，是该校首任校长。

霹雳福建公会附设培南学校庆祝儿童节大会纪念照（1947年4月4日）。
（培南学习建于1925年7月7日。晴山诗友黄愠山为其首任校长。黄愠山于1927年回中国。）

培南学校庆祝儿童节大会纪念照细部（1947年4月4日）。
（晴山于1945年10月获聘为霹雳福建公会书记，其办公室即在本照片中间偏右窗户之处；从窗户探首往外看者［圈中二人］即陈敏良与陈敏华，当时敏良九岁，敏华六岁。）

查培南学校为霹雳福建公会所办，公会自1917年自即在怡保那买得街120号设置私塾以培育同乡子弟，至1924年前后，乃筹办学校。培南学校于1925年1月17日成立，同年7月7日于霹雳福建公会新置会所正式开学。会所位于锡米街 (Belfield Street) 111号。黄愠山或于1924年即受聘，并到怡保候任，期间或曾参与处理私塾转为学校事宜。

此文记载晴山于1924年重游南洋，任职金宝。按晴山于1917年5月移居马来亚，1923年期间，曾回故乡莆田，娶同乡女子吴嬝妹，携回金宝。吴氏不久有孕，但不幸于1924年死于难产，胎儿亦不保。是年，晴山三十岁，妻丧子亡。本文晴山自谓“郁郁寡欢”，相信与此不幸事件有关。晴山有诗记述丧妻之痛，见本书第52篇《佚题》。

赏析

此篇乃晴山为友人黄愠山诗集所写序文。首段交待两人之诗缘，并描述两人之情性。“有所可否皆出于诚，不面谀也”一句，述两人相待以诚，亦为下文铺垫：意谓其后对黄愠山之称颂，亦非谀也。

第二段谓黄愠山同乡“皆善居积”，而黄君“身外独无长物”，两相比照，衬托黄愠山之清廉。此段又引黄愠山《天南吟草》中之诗句，以称颂其人，甚为得体：“贾楚无长袖，投秦剩敝裘”言其耿介清廉，“贾楚”亦及其为校长之事。“异域江山囊底收”则述其诗作内容。段末谓愠山所得，“不少于人”，即谓其诗可贵。

第三段总结，论愠山诗歌风格，并及其情操，比之为“不戚戚于贫贱”之高士黔娄。“黄金处处同，新诗几人有？”句，兼言其清廉，亦言其诗歌成就，甚能绾合全文。

此篇人、情、诗三者兼顾，为得体之序文。

第六十二篇

hǎi wū chàng chóu jí xù

《海屋唱酬集》序

guāng hàn xiān sheng jì wéi liù shí zì shòu shī fù jí péng
光汉先生既为六十自寿诗，复集朋
bèi hè zhāng jiāng fù qiān qiàn yǐ zhāng yǒu yì zhǔ yǔ xù zhī
辈和章，将付铅椠，(1) 以彰友谊，属予序之。

yǔ yuē shī xù hū yì shòu xù yě
予曰：“诗序乎，抑寿序也？”

yuē shī xù yì shòu xù yě
曰：“诗序，亦寿序也。”

rán zé dāng qiú zhū xián ér dá zhě hé qǔ yú yǔ
“然则当求诸贤而达者，何取于予？”

yuē hé zāi zǐ suǒ wèi xián dá zhě dà rén hǔ
曰：“何哉子所谓贤达者？大人虎
biàn jūn zǐ bào biàn xiān xiào ér hòu háo qián jù ér
变，君子豹变，(2) 先笑而后号，(3) 前倨而
hòu gōng rù zhǔ ér chū nú zhāo qín ér mù chǔ
后恭，(4) 入主而出奴，(5) 朝秦而暮楚。(6)
cǐ suǒ wèi xián dá zhě yú shì gù wèi cháng yī rì shòu
此所谓贤达者欤？是固未尝一日寿
yě yòu wù zú yǐ shòu rén ér wéi wú xù
也，又恶足以寿人而为吾序！”

yuē yǐ hòu zhǒng zhǒng jīn rì shēng yě yōng hé
曰："以后种种，今日生也，(7) 庸何
shāng
伤？"

yuē jīn rì shēng yǐ zuó rì hé rú qiě dàn rì
曰："今日生矣，昨日何如？ 且旦日
yòu hé rú yě dàn zhī shì jīn yóu jīn zhī shì zuó zé
又何如也？ 旦之视今，犹今之视昨，则
qí shēng yě yì zàn ěr
其生也亦暂耳！"

yuē shì zhě shēng cún gù zì shòu zhī dào yě
曰："适者生存，(8) 固自寿之道也。"

yuē chéng rú shì zé wú yǔ zǐ yì hé cháng fú shì
曰："诚如是，则吾与子，亦何尝弗适
hū bù yī zhī fú lòu xiàng zhī jū wǎn shí yǒu ròu ān bù
乎？ 布衣之服，陋巷之居，晚食有肉，安步
yǒu jū cǐ wú yǔ zǐ zhī suǒ gòng shì yě xī wú yù zǐ tóng
有车，此吾与子之所共适也。昔吾遇子，同
zài dīng nián jīn chuí chuí lǎo yǐ zhuǎn biàn zhě xū fà dòng
在丁年，(9) 今垂垂老矣。转变者鬚髮，动
yáo zhě chǐ yá ér jiē yǒu bù biàn bù dòng zhě zài jīn yóu
摇者齿牙，而皆有不变不动者在；今犹
xī yě dàn rì kě zhī zǐ qí shòu yǔ qiě yǐ zì shòu yě
昔也，旦日可知。子其寿予，且以自寿也。"

zé wéi wéi chēng xiè jǐn zhì qí yán ér wéi zhī xù
则唯唯称谢，谨志其言而为之序：

xiān shēng fú jiàn fú qīng jí shì jū jiāng gāo xiāng xiān wài fù
先生福建福清籍，世居江皋乡，先外父
dàn rú gōng zhī zhé sì yě dàn rú gōng zhuān měi shù yǐ jīn shí shū
淡如公之哲嗣也。淡如公专美术，以金石书
huà míng jiā zì huǐ shào shí bù néng zhuān lì yú xué wèn cháng yǐ
画名家，自悔少时不能专力于学问，常以
jiào yù shì yè wàng qí hòu xiān shēng yóu néng chéng qí zhì shěng lì
教育事业望其后。先生尤能成其志，省立

第一师范学校毕业后，即随其尊人南渡，先后任波德申中华，吉隆坡尊孔、国民，怡保育才，安顺培华，金宝培元，实兆远南华等校教职三十余年，其间长培元学校者且二十年。马来亚沦陷，率家人隐实兆远，躬耕自食。光复后，复受吉隆坡文良港中华中学聘，旋调任吉隆坡华校师资训练班讲席，兼高师班国文科教员。

姊一，适李氏，马六甲培风学校教员李凤徵女士及吉隆坡精武学校教员李占春、福建莆田东山高级职业学校教员李当春昆仲(10)之太夫人。妹义宋，初在福清馨英女学校，助理幼稚园，归予后，复致力于妇女职业教育，现任霹雳妇女裁剪训练所所长。弟三：光坡，经商芜湖；光国，历任宋溪启明、巴生港口青年，巴力中华等校校长二十年、其夫人胡琼玉女士，今犹任教于怡保三才学校；光河，侨商怡保；皆能自立门户矣。配

chén shì yǒu xián néng jiā zhèng xī yǐ wěi zhī gù dé zhuān xīn yú
陈氏，有贤能，家政悉以委之，故得专心于
zhí wù shēng nán èr jìng zhōng fú róng qǐ huá xué xiào jiào yuán qǔ
职务。生男二：靖中，芙蓉启华学校教员，娶
lǐ qióng zhēn nǚ shì fú róng xīn huà xué xiào jiào yuán yǔn zhōng jí
李琼贞女士，芙蓉新华学校教员；允中，吉
lóng pō zhōng huá xué xiào jiào yuán nǚ sān méi xiān céng rèn jiāng shā
隆坡中华学校教员。女三：梅仙，曾任江沙
chóng huá xué xiào jiào yuán guī yáng shuāng dé suí jū mǎ liù jiǎ shì
崇华学校教员，归杨双德，随居马六甲视
xué guān rèn cì fēn xiān guī dān róng mǎ lín chén wén huái yún xiān
学官任次；芬仙，归丹戎马林陈文槐；云仙，
guī xīn jiā pō chén qìng xiāo jiē yǐ ér nǚ chéng xíng yī mén nèi
归新嘉坡陈庆宵；皆已儿女成行。一门内
wài cóng shì jiào yù zhě fán shí yī rén kě wèi shàn chéng dàn rú
外，从事教育者凡十一人，可谓 善承淡如
gōng zhī yí zhì yǐ ér qǐ zhī zhě xiān shēng yě
公之遗志矣，而启之者先生也。

jiāng gāo wáng shì wéi fú qīng wàng zú qí xiāng rén qiáo jū
江皋王氏，为福清望族，其乡人侨居
mǎ lái yà zhě yóu zhòng jiē duō cái shàn gǔ yǐ zī xiāng
马来亚者尤众，皆多财善贾，以赀相
shàng dú xiān shēng yì jiā shí pín lì jiào huò lián qí
尚。(11)独先生一家，食贫力教。或怜其
zhuō fěng shǐ gǎi yè wèi duō jīn zé wèi gāo xī zì kǔ
拙，讽使改业，谓“多金则位高，奚自苦
wéi zhé wǎn yán yǐ xiè zhī yuē shào yǐ xí cǐ hé kě
为?”辄婉言以谢之曰：“少已习此，何可
gǎi yě qiě wú xiāng rén jì shù jì fù yì dāng yǒu yǐ jiā
改也?且吾乡人，既庶既富，亦当有以加
zhī yǐ bǐ wén wáng shì zú qiáo fāng mù jí jù jīn móu
之矣。”比闻王氏族侨，方募集巨金，谋
jiàn xiāng xiào wèi shǐ fēi yǒu gǎn yú sī yán yě
建乡校，未始非有感于斯言也。

先生外似平易近情，中实倔强，与余论事，常坚持成见不相下。自以为既学为人师，教育即终身事业。斯固然已，其如迂阔不合时尚何？士生于今，用非所学者亦多矣！学致其用，不厌不倦，数十年如一日者，此即所谓不变与不动者欤？

先生今年六十，而其倔强与固执犹昔，是亦多寿之征也，于其所为诗见之已。集中和者殊寡，然皆夙昔知交，由衷而发，其不知者弗与也。

先生于讲学之余，分甘之暇，时一展翫，如对故人。其或篝灯夜诵，得意忘形，呼老妻起，强之使听，口陈指画，(12)若坐绛帷。(13)闺房之乐，甚于画眉矣。以此优游岁月，颐养天和，百年可待也。彼身居高楼大厦，饫膏粱而裹文绣，徘徊于纸醉金迷之室，周旋于粉白黛绿之间者，孰能如其寿，又孰能从容暇

yù cháng péi zhàng lǚ pěng bǐ yàn yǐ cóng xiān shēng zhī
豫，(14) 长陪杖履，捧笔砚，以从先生之
hòu ér xù qí shī qí shòu hū cǐ yǔ zhī suǒ bù gǎn cí
后而序其诗其寿乎！此予之所不敢辞
ér yì bù róng cí zhě yě shì wéi xù
而亦不容辞者也。是为序。

zhōng huá mín guó sà jiǔ nián suì zài gēng yín bā yuè zhī wàng
中华民国卅九年岁在庚寅八月之望

pú yáng chén qíng shān zhuàn yú yí bǎo
莆阳陈晴山撰于怡保

语译

王光汉先生写了首《六十自寿》诗后，又采集了朋友所写的和诗，打算出版，以彰显友情，并嘱咐我为诗集写序。

我说："你要我写诗序，还是寿序？"

他说："写诗序，同时也是寿序。"

我说："这样，你应该请一位贤能位高的人来写，为什么找我？"

他回答说："你所谓贤能位高的人是指怎样的人？那些变得像老虎一样的大人物，像花豹一样的所谓君子？还是那些哭笑无常，前据后恭，党同伐异，反复无常的人？这些就是你所谓的贤能位高的人吗？这些人其实没有一天真正生活过，又怎么可以为人祝寿为我写序！"

我说："古人说'以前的一切，好像昨日，已经逝去；以后的一切，好像今日，刚刚出生。能够这样，就是重新再生了'，他们过去的一切，又有什么大碍？"

他说："今日再生了，那么昨日又怎样？而明日又怎样？在明日看今日，就像在今日看昨日，[都已逝去]，这样，他们在生的时间也是很短暂吧了！"

我说："[他们都能适应时势，] 所谓'适者生存'，肯定是他们自保寿命的方法。"

光汉先生说："如果'适者'真的'生存'，那么我和你又何尝不是'适者'？虽然我们穿的是粗布麻衣，住的是简陋的房子，但是晚上有肉可吃，出门有车可坐，这就是我和你都能'适应'的生活方式。我们从前刚认识的时候，都是年轻力壮，现在却渐渐老去。虽然我们的胡子和头发变白了，牙齿也开始动摇了，但是我们保持着不变不动的情操；我们的情操，今天与昨天一样，没有改变；至于将来，也可以预知，也不一样不会改变。你就为我写序祝寿，同时也为你自己祝寿吧！"

[他这番大道理]，我完全同意，只好答应他，我把他说的这番话记下来，并且为他写了以下的一篇序：

王光汉先生原籍福建福清，历代居住在江皋乡，是我已仙逝的岳父王淡如先生的儿子。淡如先生精于美术，是著名的金石书画家。他后悔年少时没有努力做学问，常常希望他的后人能从事教育。他的后人中，光汉先生尤其能完成他的志愿。光汉先生在省立第一师范学校毕业后，便跟随父亲南渡马来亚，先后任教于波德申中学，吉隆坡的尊孔中学、国民中学，怡保的育才中学，安顺的培华学校，金宝的培元中学，实找元的南华中学，前后三十多年，其中，在培元学校当校长当了近二十年。马来亚沦陷期间，他带领家人逃到实兆远去隐居，耕田维生。光复后，又受聘为吉隆坡文良港中学教师，不久后调任为吉隆坡华校师资训练班讲师，兼任高级师范班国文科教员。

光汉先生有一位姐姐，夫家姓李，是李凤徽、李占春和李当春三姐弟的母亲。李凤徽女士是马六甲培风学校教员，李占春是吉隆坡精武学校教员，李当春任教于福建莆田山东高级职业学校。光汉先生的妹妹名义宋，早年曾在福清庆英女学校任教，是幼稚园助理。嫁给我以后，便致力于妇女职业教育，现在是霹雳妇女裁剪训练所的所长。光汉先生有三位弟弟：大弟光坡，在中国芜湖经商；二弟光国，历任宋溪启明中学，巴生港口青年中学，以及巴力的中华学校的校长。三弟光河，在怡保经商。他的三位弟弟都已经能自立门户了。光汉先生的妻子陈氏，贤惠能干，光汉先生把家务事全部让她处理，因此可以专心于工作。光汉先生有两个儿子：长子靖中，是芙蓉的启华学校的教员；次子允中，任教于吉隆坡中华学校。光汉先生生有三个女儿：长女梅仙，曾任江沙崇华学校教员，嫁给了杨双德，杨双德出任马六甲视学官时，她跟随杨双德到吉隆坡就任。次女芬仙，嫁给了丹戎马林的陈文槐。三女云仙，嫁给了新加坡的陈庆宵。光汉先生的三位女儿都已经儿女成行了。光汉先生一门内外，从事教育的共十一人，这样可以说是善于继承王淡如先生的遗志了，而第一位从事教育、起着带头作用的就是光汉先生。

江皋王氏是福清的望族，福清人到马来亚侨居的尤其众多。这些福清人都是富商善贾，以财货为尚，只有光汉先生一人，从事教育，生活清苦。有人觉得他迂腐，劝他改行，说："有金钱便有地位，你又何苦过这样清苦的生活？"他往往婉转地回答说："我从小已经习惯于这样的生活，又何必改呢？而且，我们同乡中，很多人已经很富有了，追求财富之外，也应该对教育事业有所贡献。"听说侨居在马来亚的王氏族人，正在募集巨额资金，计划兴建同乡子弟学校，我想也未尝不是因为有感于光汉先生这句话。

光汉先生外表看来平易近人，但性格其实很倔强，跟我讨论事情的时候，往往会坚持成见。他自己觉得，既然学的是教育，那么教育便是他的终身事业。这说法固然是对的，但是，却又何其迂腐、不合时宜？读书人生于这个时代，用非所学的人很多。光汉先生学以致用，从不厌倦，数十年如一日地教书育人，这种精神，不就是他所说的不变与不动的方面吗？

光汉先生今年六十岁，而他的倔强与固执，跟从前一样，这也是多寿的征兆，而这征兆，在他的诗里已经可以看出来。这本诗集里的和诗不多，但都是他的老朋友写的，都出自肺腑，那些不是知己写的作品，不会收录。光汉先生在讲学之余，分享学问之暇，时常翻开诗集，便可以好像见到这些老朋友。又或者点灯吟诵，到得意忘形的时候，把老妻叫醒，硬要她听，一面吟诵，一面用手势表达意思，就好像在授课一样。这样的闺房之乐，比画眉更有情趣。这样地悠闲过日子，保养身体，是可以活到一百岁的。那些住在高楼大厦，吃好穿好，终日流连在纸醉金迷的场所，周旋于妖艳美色间的人，又有谁能像光汉先生一样长寿？又有谁能悠闲不迫地，时常陪伴着先生漫步，提笔磨墨，跟随着他而为他的诗写序，也为他的长寿写几句话呢！这样的想着，使我不敢推辞，亦不可以推辞，便写了这篇序。

中国民国卅九年岁在庚寅八月之望

莆阳陈晴山撰于怡保

注释

(1) 付铅椠：铅椠：古人书写文字的工具。铅，铅粉笔；椠，木板片。付铅椠，付印、出版。

(2) 大人虎变，君子豹变：语出《易经・革卦》："九五：大人虎变，未占有孚；上六：君子豹变，小人革面，征凶，居贞吉。"孔颖达《疏》："上六居'革'之终，变道已成，君子处之，虽不能同九五革命创制，如虎文之彪炳，然亦润色鸿业，如豹文之蔚缛。"《易经》原文中，大人、君子皆指位居在上的人，"虎变、豹变"比喻其改革之成功，本褒义。这里把"大人虎变、君子豹变"看作比喻，把大人、君子比喻为如虎豹一样凶残而善变。

(3) 先笑后号：语出《易经・同人》："九五，同人先号咷而后笑，大师克相遇。"后以"先笑后号"指命运先吉后凶。这里取其字面意义，形容所谓贤达的人之善变。

(4) 前倨后恭：倨：傲慢；恭：恭敬。以前傲慢，后来恭敬。形容对人的态度改变。语出《史记・苏秦列传》："苏秦笑谓其嫂曰：'何前倨而后恭也？"

(5) 入主出奴：语出唐・韩愈《原道》："其言道德仁义者，不入于杨，则入于墨；不入于老，则入于佛。入于彼，必出于此。入者主之，出者奴之。”意谓崇信一种说法，必然排斥另一种说法，以己所崇信者为主，以所排斥者为奴。后因以“入主出奴”指持有门户成见。这里用以比喻所谓贤达的人之善变。

(6) 朝秦暮楚：战国时期，秦楚两个大国相互对立，经常作战。有的小国为了自身的利益与安全，时而倾向秦，时而倾向楚。比喻人反复无常。

(7) 以后种种，今日生也：语出明·袁了凡《了凡四训》：“汝今既知非，将向来不发科第，及不生子之相，尽情改刷。务要积德，务要包荒，务要和爱，务要惜精神。从前种种，譬如昨日死；从后种种，譬如今日生。此义理再生之身也。”

(8) 适者生存：适：符合，适应。适应环境要求的就能生存下去。“适者生存”是达尔文《物种起源》中“survival of the fittest”一语之中文翻译。

(9) 丁年：男子成丁之年。历代之制不一。汉以男子二十岁为丁，明、清以十六岁为丁。亦泛指壮年。

(10) 昆仲：兄弟。

(11) 赀：借为“资”，财货。

(12) 口陈指画：即“口讲指画”，一面讲一面用手势帮助表达意思。语出唐·韩愈《柳子厚墓志铭》：“其经承子厚口讲指画，为文词者，悉有法度可观。”

(13) 绛帷：犹绛帐。对师门、讲席之敬称。

(14) 暇豫：同暇裕，悠闲不迫。

背景故事

王光汉生于1890年，1914年随父至马来亚，即任波德申小学校长，时年仅24岁。

王光汉乃晴山夫人王义宋女士之兄，比晴山长四岁，二人甚相亲密。晴山与义宋之婚姻，即光汉所撮合。1923年至1940年期间，光汉任金宝培元学校校长时，晴山即任教于培元。二人皆甚好古典文学，尤擅诗词，光汉嘱晴山为其唱酬集作序，乃因二人情谊深厚，而又同好旧诗。

本序中提及王光汉任金宝培元小学校长达二十年之久。查《马来西亚福建人兴学办教史料集》（马来西亚福建社团联合会出版，1993年），光汉于1923年至1940年出掌培元，前后实共十八年。任期之久，当年甚为稀有。

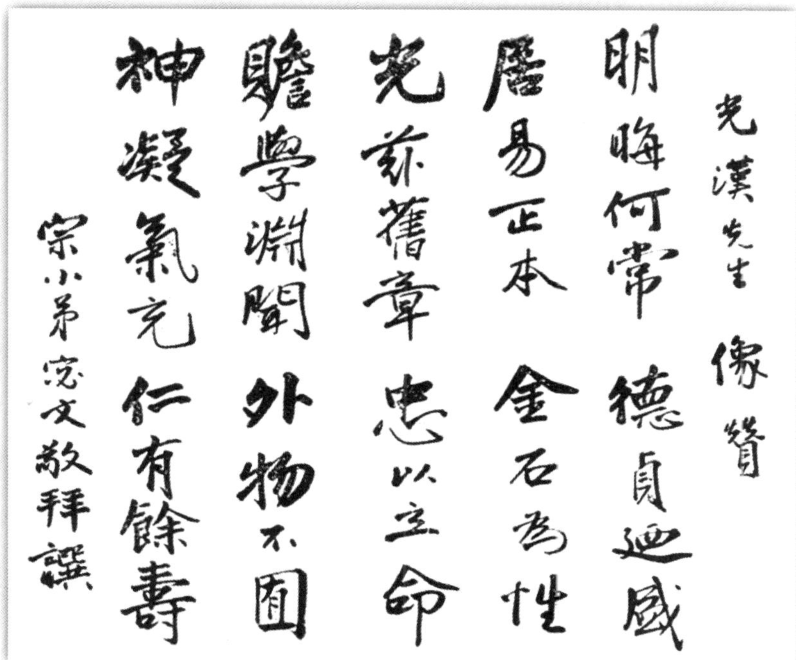
光漢先生像贊

明晦何常，德貞迺咸。履易正本，金石為性。光蘇舊章，忠以立命。贍學淵閎，外物不囿。神凝氣充，仁有餘壽。

宗小弟宓文敬拜譔

王宓文先生所撰《光汉先生像赞》（1950年）。
（此《像赞》见王光汉《海屋唱酬集》，光汉六十寿辰时出版，晴山作序。时王宓文为霹雳州华校视学官。）

王光汉玉照（1950年）。
（照片附有王宓文先生所撰《光汉先生像赞》，见王光汉《海屋唱酬集》，光汉六十寿辰时出版，晴山作序。

王光汉全家照（摄于1949年12月）。
（照片见王光汉《海屋唱酬集》。坐于前排中间者即王光汉，夫人坐于其左。）

1940年，光汉五十岁，卸下培元校长之任，不久，日本侵马，光汉隐居霹雳州之实兆远（Sitiawan），躬耕自食，如本序所记。实兆远因其居民多为福州籍华人，也被称为小福州。日本投降后，光汉定居于吉隆坡，重拾教鞭。退休后养鸟种花，读书写诗，生活十分写意。

据晴山题记，此诗作于庚寅八月十五日，即1950年9月26日。

赏析

此是本集三篇文言中之一篇，作于“民国卅九年庚寅八月之望”，即1950年9月26日。全文可分两大部分，“则唯唯称谢，谨志其言而为之序”句之前为第一大部分，本句后则为第二部分，两部分前后呼应紧密。

第一部分记光汉劝请晴山为其《唱酬集》作序时二人之对话，说明晴山写序之缘由，并对“寿”、“生”与“适者生存”等概念提出崭新之诠释。

光汉之谓“寿”，有恒久不变之意。依光汉之意，“大人虎变、君子豹变”等反复无常之所谓贤达，因时刻改变，故“未尝一日寿”。此段话中连续引用“大人虎变……朝秦暮楚”等六个成语，皆突出其“变”之意义。其中“大人、君子”等，已非旧典原意。

“今日生矣，昨日何如”一段，进一步解释“未尝一日寿”之意。此段引用明·袁了凡《了凡四训》中“从前种种，譬如昨日死；从后种种，譬如今日生。此义理再生之身也。”句，但重点取“昨日死”之意。所谓贤达者，今日之言行，不同于昨日，故昨日已死。到明日，其言行又变，故今日即死。因此，言行屡变者，“未尝一日寿”。此见实极新鲜独到。

达尔文“survival of the fittest”一语，清末民初时，通译为“适者生存”。对话中，晴山即引用此语，谓善变者能生存，故善变之贤达可生，故可为光汉序寿。所谓“适”，本为适应环境之意。光汉回答，则改“适”为道家“适性”之意，即顺应自己之本性。光汉之意，晴山与光汉皆能适其性，外表虽随年岁改变，内心则一任其天性，不变不动，故二人昨日未死，今日不死，旦日亦不死，故皆可称“寿”。因之，晴山有资格为光汉序寿，　而晴山为光汉序寿，亦自为祝寿。

此段对话，以固守本性为寿，不变不动为寿，甚为创见。

“先生福建福清籍”句起，至末段为第二大部分，介绍王光汉生平与家庭，重点在书其对教育事业之“固执”不变，呼应前文“寿”之概念。

第二大部分可细分为四段。第一段从光汉父亲王淡如之遗愿起，记光汉之从事教育，乃实践其父之遗愿。

第二段介绍光汉姐弟及儿女，突出其“一门内外，从事教育者凡十一人”之事实，称颂光汉率先从事教育，影响姐弟及儿女，多从事教育，承其父淡如公之遗愿。则淡如公精神不死之意，似隐含其中。

第三段从“江皋王氏”句起，至“此即所谓不变不动者欤”句止，记乡人劝光汉弃教育而从商，光汉婉拒，并坚决要以教育为终身事业，此志“不变不动”，回应第一部分关于“寿”之诠释。

第四段写光汉讲学之余，与妻子夜诵吟诗，“优游岁月，颐养天和”，即第一部分“适性”之意。段末“孰能如其寿，又孰能从容暇豫……此予之所不敢辞而亦不容辞者也”等数句，解释晴山答应为光汉作诗序与寿序之原因，隐谓晴山亦有不变不动之情怀，回应第一部分光汉所谓“子其寿予，且以自寿也”之意。

此序前后两部分呼应紧密，光汉“变”、“寿”、“适”等观念，固为创见，而晴山之介绍光汉生平家庭，突出其不变不动之志，称颂其矢志于教育，写其“不变”、“寿”、“适”，紧扣光汉之观念，可谓天衣无缝。

第六十三篇

shī huà qī zé

诗话七则

（一）

zhēng shī nán biān cì yóu bú yì xiān hòu zhī jiān zì bù
征诗难，编次尤不易。先后之间，自不
néng màn wú zhì xù lín láng mǎn mù yī lì zhū jī bù
能漫无秩序。琳琅满目，(1)一例珠玑，(2)不
kě wàng fēn jiǎ yǐ yī nán yě yì shù zhī gōng yòu fēi cháo tíng
可妄分甲乙，一难也：艺术之宫，又非朝廷
xiāng dǎng xù jué xù chǐ jūn fēi suǒ yí èr nán yě
乡党，序爵序齿，均非所宜，二难也。

nǎng wéi shòu nèi qǐ shī chéng gè fāng yǒu hǎo yóu tǒng
曩(3)为寿内乞诗，承各方友好，邮筒
xiāng jì jì dé jiā zhāng sì shí yǒu sì zuò zhě shí bā rén yòu
相寄。既得佳章四十有四，作者十八人，又
shì fú shí bā xué shì zhī shù sī xīn qiè xǐ fāng yǐ wéi xìng
适符十八学士之数，(4)私心窃喜，方以为幸。
fù yìn zhī rì duì yú biān cì jù shà fèi chóu chú zuì hòu jué
付印之日，对于编次，具煞费踌躇。(5)最后决
dìng xiān zhī yǐ mǎ lái yà guó wài lái gǎo láo yuǎn rén yě diàn
定，先之以马来亚国外来稿，劳远人也；殿
zhī yǐ wáng shì yīn qí qīn yě zhōng jiān zhū zǐ bái qiū lǐ
之以王氏，因其亲也；(6)中间诸子，白丘李

shěn lín zhōu hóng yáng ōu dài jí hán jiē yǐ bǐ huà wéi xù
沈，林周洪杨，欧戴及韩，皆以笔画为序，(7)
zì wèi shāo dé tǐ lì zhì zhū gāo míng yǐ wéi dàng fǒu tuǒ
自谓稍得体例。质诸高明，以为当否？妥
fǒu
否？

（二）

zhuō zuò shòu nèi sān zhāng suī céng yóu yìn ruò gān fèn
拙作《寿内三章》，虽曾油印若干份，
fēn fā zhī jiāo dàn yì fēi wàng mén tóu zhǐ màn wú suǒ zé dāng
分发知交，但亦非望门投止，(8)漫无所择。当
shí zì huá fàn wéi yī fēi píng xī xiāng zhī zhě bù tóu èr suī
时自划范围：一、非平昔相知者不投；二、虽
shí zǎi zhī jiāo duì yú jiù shī bù gǎn xìng qù zhě bù tóu
十载知交，对于旧诗不感兴趣者不投；
sān duō chǎn zuò jiā yǒu qiú bì yìng zhě bù tóu chí cǐ sān bù
三、多产作家、有求必应者不投。持此三不
zhǔ yì gài bù yù tǎo rén yàn yì bù yù qiáng suǒ nán zhì yú
主义，盖不欲讨人厌，亦不欲强所难。至于
yìng chóu zhī zuò bù zú yǐ shòu shì chuán jiā zhě gèng fēi suǒ
应酬之作，不足以寿世(9)传家者，更非所
wàng yě jì ér gè fāng lái gǎo guǒ jiē rú yuàn yǐ cháng
望也。既而(10)各方来稿，果皆如愿以偿。
shǐ xìn tiáo jiàn zhī kē bù wú yì chù
始信条件之苛，不无益处。

（三）

shòu nèi sān zhāng huò wèn hé bù gèng zuò yī zhāng còu chéng
寿内三章，或问何不更作一章，凑成
ǒu yān gài yǐ sān wéi jī shù bù yí yú zhù shòu cǐ yán suī
偶焉？盖以三为奇数，不宜于祝寿。此言虽
fēi wú jù rán miǎn qiǎng chōng shù yì shū bú yì kuàng sān zhī
非无据，然勉强充数，亦殊不易。况三之

为数，未必匪祯。嵩岳三呼，(11)华封三祝，(12)用于上寿，古已有之。三百篇中，类此者尤多。《关雎》、《葛覃》、《樛木》、《螽斯》、《桃夭》、《芣苢》、《麟趾》、《采蘩》，何一非三？而又皆言妇德。自以有例可援，因不复作。

（四）

拙稿发出后，远近知交，纷纷投报，惟太平白仰峰先生后至。初疑三不主义，或犯其一。曾戏作一诗以催之：

闻君慷慨乐输将，安得吟囊似义囊？
雁使北来频问讯，鸡林何日复通商？
居奇莫遣骚坛寂，有美休教韫椟藏。
诗市岂同胶市看，欲求善价始装箱？(13)

仰峰为霹雳胶商钜子，又素以疏财仗义闻，故予诗并及之。诗去不久，即得偿宿欠，并承和一律：

献丑吾诗出故将，[14] 因君追急始倾囊。
早知此笔是良友，应悔斯人转学商！
甚爱由来须大费，[15] 厚亡隐患在多藏。[16]
善生不过三餐足，何计千箱与万箱？

中引老子甚爱大费，多藏厚亡之说，似已悟道。又附书云：“与笔墨不相往来者久，连字都写不成。”其然？岂其然乎！仰峰诗虽不多见，但闻成根云，渠早岁即负诗名；禄宽亦极称其诗。成根与同里、同学，禄宽论诗颇严，不轻相许，是皆可信者。岂搏虎健儿，卒未善士欤？然则今之攘臂下车，[17] 未始非得力于激将一诗矣。

（五）

心在自台北寄赠一律，颈联“盈门桃李儒家X”句末一字阙文。余与禄宽、成根、光国、亭又，各拟一字以补，若猜诗谜然。一面空邮寄台询心在，拜塍以一诗云：

shī chéng zuò yōng jiǔ chēng wáng zhà jiàng lún yīn xǐ yù kuáng
诗城坐拥久称王，乍降纶音喜欲狂。
gǔn zhí ǒu rán chà yī zhāo dùn jiào bǔ què shí yí máng
衮职偶然差一着，顿教补阙拾遗忙。(18)

wèi jǐ dé huí xìn nǎi wéi yī lè zì gài qǔ mèng
未几得回信，乃为一“乐”字，盖取孟
zǐ sān è zhī yì yǔ děng suǒ cāi jìng wú yī shì nǎi zhī
子三乐之义。(19) 予等所猜，竟无一是，乃知
gǔ shǐ què wén fēi wú gù yě lái shū yì fù hé yùn yī shǒu
古史阙文，非无故也。来书亦附和韵一首：

jiù rì bīn chéng wú miǎn wáng yì shí shī jiǔ shào nián kuáng
旧日槟城无冕王，(20) 一时诗酒少年狂。
ér jīn jiǔ jiǎn shī cái zhuō què lèi zhū jiā bǔ zhuì máng
而今酒减诗才拙，却累诸家补缀忙。

xīn zài nán you shí céng zhǔ bīn chéng guāng huá rì bào
心在南游时，曾主槟城《光华日报》
bǐ zhèng gù yún
笔政，故云。

（六）

yuǎn táng wéi yǔ zǒng jiǎo zhī hǎo shǎo yú yī suì yǔ
远堂为予总角(21)之好，少余一岁，与
yóu dé xīn nǚ shì hūn sì shí nián yǐ zǐ nǚ chéng qún jiē yǐ
游德馨女士婚四十年矣。子女成群，皆已
zhī míng qù suì bǐng shēn sān yuè niàn jiǔ rì céng yǐ yáng máo
知名。去岁丙申三月廿九日，(22) 曾以羊毛
hūn jì niàn hé zhào jì zèng bìng fù yī shī xì zhī yǐ xù
婚纪念(23)合照寄赠，并附一诗，系之以序：
yǔ yǐ mín guó dīng sì nián sān yuè niàn jiǔ rì jié hūn jīn
“予以民国丁巳年三月廿九日(24)结婚，今
nián shì rì shì wéi yáng máo hūn jì niàn zhī rì yīn yǔ zài jiā zhū
年是日，适为羊毛婚纪念之日，因与在家诸
rén hé pāi yī zhào shū shì nèi zǐ shī yún
人合拍一照，书示内子。”(25) 诗云：

chàng suí lún zhǐ xì nián cái　jì niàn hūn líng yòu yī huí
唱随轮指卌年才，(26)纪念婚龄又一回。
fū zǐ xìn chéng wú qǐ gǎn　mǔ qīn mó fàn rǔ hé cāi
夫子信诚吾岂敢，(27)母亲模范汝何猜。
shēng ér shí jiǔ bù tún quǎn　zài xué xún cháng jù dòu kuí
生儿十九不豚犬，(28)在学寻常俱斗魁。
dàn jué zāo kāng qíng wèi hǎo　wèi fáng zhòng zuì hé huān bēi
但觉糟糠情味好，(29)未妨重醉合欢杯。

kàng lì zhī qíng huó xiàn zhǐ shàng yǔ céng zuò qī lǜ èr shǒu yǐ hè zhī qí yī yún
伉俪之情，活现纸上。予曾作七律二首以贺之。其一云：

ōu huà dōng jiàn biàn jiǔ zhōu　zòng fēi míng shì yì fēng liú
欧化东渐遍九州，纵非名士亦风流。
qī nián zhī bìng bēi huáng liǎn　jǐ gè xiāng suí dào bái tóu
七年之病悲黄脸，几个相随到白头？
chuí lǎo fāng zhī kàng lì dǔ　píng shēng bù shí bié lí chóu
垂老方知伉俪笃，平生不识别离愁。
yáng máo chū zài yáng shēn shàng　duō fú yóu lái zhǐ zì qiú
羊毛出在羊身上，多福由来只自求。(30)

qī nián zhī bìng yuán zuò qī nián zhī yǎng xián guò yú lǐ hòu yì zhī yáng máo yī jù zé yīn yuǎn táng yǐ yǐ wèi shēng qí xiāo wéi yáng shuāng guān yì jiē qiē rán quán yǐ lǐ yǔ rù shī jìn yú dǎ yóu yǐ qí èr yún
“七年之病”原作“七年之痒”，嫌过于俚，后易之。羊毛一句，则因远堂以乙未生，其肖为羊，双关意皆切。然全以俚语入诗，近于打油矣。其二云：

sì shí nián lái huà duǎn cháng　gù yuán běi wàng jǐ cāng sāng
四十年来话短长，故园北望几沧桑。
fēng yún yī shì jīn ān zài　pín jiàn zhī jiāo shàng bù wàng
风云一世今安在？贫贱之交尚不忘。

回忆童年如昨日，相看儿辈各成行。
当君花烛辉煌夜，我向天南正放洋。(31)

回忆远堂婚日，予将去国，适在七洲洋舟中，匆匆四十年矣，抚今追昔，不胜感慨系之！

（七）

投稿诸友好，多有虚怀若谷，(32)自觉一字未安，不惜再三商讨；且有援一般刊物征稿之例，授权改正者，实则皆可不必。白居易云：

天下无正声，悦耳即为娱。
人间无正色，悦目即为姝。(33)

此真诗人语也。应征诸作，皆余耳边之韶頀，(34)眼里之西施，(35)间尝取而诵之，琅琅上口。吾妻在旁倾听，亦觉其悦耳可娱，声发于心，不同应制。(36)本无所谓正，又乌从而正之？

香山之诗，老妪都解。毁之者方以此病其俗，誉之者即以此奉为正宗。孰是孰非，安有定论！亦在听者之悦耳与否尔。夫诗，天籁也，庄子所谓“吹万不同”(37)者，其可齐乎？断鹤续凫，(38)徒贼其天而已。予既悦其声而编之，刊之，行且精装成帙，贮以锦函，(39)藏诸芸笥，(40)遗之后嗣，永作家珍。子孙即不能读，视为周鼎商彝，(41)古色古香，亦自至宝。正统派诗人，倘于拙作三章，及吾友诸作而感不满者，当以此言谢之。

语译

（一）

向人征求诗歌，是件难事，征集到诗歌后要编排先后更加不容易。谁的作品应排在前面，谁的应在后面，自然不能漫无秩序。收到作品美不胜收，全部都如珠宝一样珍贵，不可以擅自评定等级，这是难处之一。艺术界又与朝廷官员不同，无论以爵位还是年龄作为排序的标准，都不适宜，这是难处之二。

往日我为庆贺内人生日而向友好乞讨诗歌，得到各方友好的支持，纷纷寄来大作。我一共收到四十四首诗，作者共十八人，刚好符合从前唐太宗的十八学士的数目，心里暗自高兴，感到十分庆幸。快要出版的时候，对于编次，却犹豫不决，费尽思量。最后决定：把马来亚国外来稿排最前，因为要慰劳远方的朋友；把王氏的作品排在后面，因为王氏是内人义宋的亲族；中间的各位朋友，白、丘、李、沈，林、周、洪、杨，欧、戴、韩等，都以姓氏的繁体笔画为顺序标准。我自己觉得甚有体例。敢问高明的朋友，这是否恰当？是否稳妥？

（二）

我的《寿内三章》，虽然曾经油印了好几份，分发给好朋友，[以征求和诗]，但我却不是逢人便给，毫无选择。当时我自己划定范围如下：一、如果不是旧朋友不给；二、虽然结交了十年，但对于旧诗不感兴趣的不给；三、多产作家、有求必应的不给。我遵守这“三不主义”，是因为不想讨人厌，也不想强人所难。至于应酬的作品，对世人无益，又不足以留传子孙的，更加不是我想要的。拙作发出后不久便收到各方寄来的和诗，果然都如愿以偿。这时我才相信，条件苛刻，其实也没有什么不好。

（三）

我的《寿内》诗共三首，可能有人会问：为什么不再作一首，凑成双数？大概是因为他们认为“三”是单数，不适宜用来祝寿。这样的观点虽然不是毫无根据，但是要勉强再写一首来充数，也十分不容易。而且三这个数字，也未必不吉祥。古人迎拜皇帝，一连喊三次“万岁”；向人祝颂，也祝人家“寿、富、子”三样都有；因此用“三”这个数字用在祝寿的场合，自古已经有。在《诗经》里面，类似的例子尤其多。《关雎》、《葛覃》、《樛木》、《螽斯》、《桃夭》、《芣苢》、《麟趾》、《采蘩》，哪一首不是有三章？而且这些诗又都是歌颂妇德。我自以为有例可援，因此不再另作一首[凑成双数]。

（四）

我的《寿内三章》发出后，远近的好朋友，都纷纷投报和诗，只有霹雳州太平市的白仰峰先生的大作迟迟未至。我开始怀疑，我的“三不主义”，可能触犯了其中一条。于是我开玩笑地写了如下的一首诗催促他：

闻君慷慨乐输将，安得吟囊似义囊，
雁使北来频问讯，鸡林何日复通商？
居奇莫遣骚坛寂，有美休教韫椟藏，
诗市岂同胶市看，欲求善价始装箱？

（语译：

听人家说你慷慨解囊，乐善好施，
怎样才可以让你也解开诗囊施赠？
邮差来时，我常问有没有你的消息，
我们两地什么时候才可以恢复通商？
你要囤积居奇，可不能让诗坛寂寞，
好的东西，不要藏起来不让人分享。
看待诗歌的市场怎么能和橡胶市场一样，
怎么能等待有好的价钱，才装箱出货！）

仰逢兄是霹雳州橡胶巨商，又向来以疏财仗义著名，因此我的诗提及这事实。

诗寄去后不久，便收到他唱和我的《寿内三章》的诗，同时他另外写了一首唱和我催促他寄诗的律诗：

献丑吾诗出故将，因君追急始倾囊，
早知此笔是良友，应悔斯人转学商！

甚爱由来须大费，厚亡隐患在多藏，
善生不过三餐足，何计千箱与万箱？

（语译：

奉了您的命令，所有我只好献丑写诗，
您催促的那么急，我只好挖空心思，
您立早知道，如果我是写诗的料子，
我便应该后悔不做诗人而转行从商了。
老子说，过分的吝啬必致更多的破费，
丰厚的贮藏必招致严重的损失。
要维持生命，一日有三餐便已经足够，
又何必有拥成千上万的家财呢？）

仰峰的诗中引用了《老子》第四十四章“甚爱必大费，多藏必厚亡”这句话，他似乎已经悟道。他又在附上来信说：“已经很久没有舞文弄墨，现在连字都写不好了。”这难道是真的吗？这怎么会是真的！虽然我读到的仰峰的诗不多，但听成根说，他早年便以诗著名；禄宽也极力称赞他的诗。成根与仰峰是同乡，又是同学，禄宽论诗的标准甚为严格，不会轻易称许，因此他们两人对仰峰诗歌的评语应该是可信的。《孟子》里提到一位打虎健儿冯妇，成为善士后在偶然的机遇下又再打虎，因此终究成不了善士。仰峰哪里会像冯虎呢？［仰峰终究是善士啊！］这样，他这次激奋地提笔写诗，未尝不是因为我的激将诗的功效了。

（五）

庄心在自台北寄赠了一首律诗为内人祝寿，颈联“桃李盈门儒家X”句末缺了一个字。我与禄宽、成根、光国、亨又几位，各自拟了一个字来补上，好像猜诗谜一样。另一方面，我空邮一封信寄到台北向心在询问，并且献上以下的一首诗：

诗城坐拥久称王，
乍降纶音喜欲狂。
衮职偶然差一着，
顿教补阙拾遗忙。

（语译：

您在诗的国度里，久已称帝称王，
突然接到您的诏书，令人欢喜若狂。
皇上的诏书里，偶然欠缺了一个字，
臣下顿时忙起来，要为皇上拾补遗漏。）

不多久，收到心在的回信，原来是“乐”字，是用孟子“君子三乐”的意思。我们所猜的，竟然没有一个对。想来古史中让阙漏的字留空，不是没有原因的。心在来信中也附了一首唱和诗，是唱和我上面的诗的：

旧日槟城无冕王，一时诗酒少年狂。
而今酒减诗才拙，却累诸家补缀忙。

（语译：

以前在槟城在报社工作，是人们说的无冕王，
那时候我喜欢写诗饮酒，可说是年少轻狂，
现在我酒量浅了，也没有写诗的才能了，
却连累了大家忙了一场，为我添补缺漏。）

心在在南洋的时候，曾经主编《光华日报》，因此有“无冕王”的说法。

（六）

远堂是我年轻时结交的好朋友，比我少一岁，他跟游德馨女士结婚已经四十年了。他们子女众多，都已成名。去年丙申三月廿九日（1956年5月9日），远堂曾经寄了一张羊毛婚纪念合照给我，照

片后附了一首诗，并有这样的一则序："我在民国丁巳年三月廿九日［1917年5月19日］结婚，到今年农历三月廿九日，刚好是羊毛婚纪念日，因此与在家的家人合拍了一张照片，并且写了几句诗给我的内人。"诗是这样的：

唱随轮指卌年才，纪念婚龄又一回。
夫子信诚吾岂敢，母亲模范汝何猜。
生儿十九不豚犬，在学寻常俱斗魁。
但觉糟糠情味好，未妨重醉合欢杯。

（语译：

我们夫唱妇随，刚好四十年，
又是结婚周年纪念的日子了。
我不敢说，作为丈夫我既诚且信，
但我说你母仪足范，你何必置疑。
你为我生的十九个儿女，都不是平庸之辈，
他们在学校的成绩，往往都名列前茅。
你我共过患难，我感觉到虽苦犹甘，
何妨举杯共醉，再饮来饮合欢酒。）

夫妻间的深情，活现纸上。我曾经写了两首七言律诗祝贺他们。

第一首说：

欢化东渐遍九州，纵非名士亦风流。
七年之病悲黄脸，几个相随到白头？
垂老方知伉俪笃，平生不识别离愁。
羊毛出在羊身上，多福由来只自求。

（语译：

欧洲的风俗传到东方，传遍了中国，
即使不是才俊之士也变得"风流"，
也染上了七年之痒，嫌弃妻子老丑。

现代社会，有多少对夫妻能共偕白首？
到老相随的人才懂得夫妻情深的真义，
一生厮守，才不用经历夫妻分离的伤痛。
俗语说，羊毛出自羊身上，因果自受，
你家庭幸福，全因为你自己努力维持。）

我诗中“七年之病”一语，本来作“七年之痒”，但我嫌它太过俗，后来改了它。至于“羊毛出在羊身上”一句，则是因为远堂在乙未年生，生肖属羊，语意相关而贴切。但全首以俚语入诗，有点像打油诗了。

我的第二首诗是这样的：

四十年来话短长，故园北望几沧桑。
风云一世今安在？贫贱之交尚不忘。
回忆童年如昨日，相看儿辈各成行。
当君花烛辉煌夜，我向天南正放洋。

（语译：

你我相交这四十年来，说起来很多变故，
抬头北望，家乡也经历了很多变化。
谁又知道，曾经叱咤风云的人如今在哪里？
难得的是，你我贫贱之交，未曾相忘。
回忆起童年往事，就像发生在昨天一样，
眼下，你我彼此都已经儿女成行。
当年，那花烛照亮着你的洞房的时候，
我正漂泊南方，在那七洲洋的船上。）

回忆远堂当年结婚的那天，我正要出国，我坐的船，正漂泊在海南岛东部的七洲洋上。时间匆匆，已经四十年了。面对当前情景，追忆起往事，不敢感慨万千。

（七）

投稿的各位朋友，都十分谦虚，自己觉得有一个字不稳妥的话，便不惜再三跟我商讨，甚至有人援引一般刊物征稿的例子，授权编者改正。但我认为这其实都没有必要。白居易曾经说：

天下无正声，悦耳即为娱。
人间无正色，悦目即为姝。

（语译：

世界上没有所谓正声，
只要好听，便是好歌曲；
人间也没有所谓正色，
只要好看，便是美人儿。）

这真是懂诗的人说的话。应征的作品，就像我耳边听到的雅正乐曲那么动听，也像我眼里看到的西施那么动人。我有时候拿出来吟诵，读来琅琅上口。内人在旁边倾听，也觉得悦耳动听，诗歌表达的感情，发自内心，不像古代那些毫无真其实感的应制诗。既然没有所谓正声，那我又哪里可以“改正”朋友的来稿？

白居易的诗歌，连不识字的老妇都能理解。批判他的人因此认为他的诗太过通俗，而欣赏他的人却因此把他奉为正宗。谁对谁错，哪里有定论！都是在于那听的人是否觉得悦耳动听吧了。诗，其实是自然而发的声音，正如庄子所说的，“吹万不同”（风吹过万千个洞穴，每个洞穴便发出不同的声音），又怎可以用同一的标准来要求？如果有人嫌鹤的腿太长而把它截短，嫌野鸭的腿太短而把它加长，那只会摧残鹤和野鸭的天性吧了。我喜欢听朋友的诗歌，已经编辑成集，印刷成书，并且要精装成套，放在锦函里，然后藏在放了芸香的竹筒里，留传给后代，永远作为传家珍宝。子孙即使读不懂，但如果把它看作像周朝和商朝的鼎彝一样的古董，古色古香，也可算是珍宝。正统派的诗人，如果对我的《寿内三章》及我的朋友的作品感到不满的话，我的子孙应该引用我这番话来回答他们。

注释

(1) 琳琅满目：琳琅：精美的玉石。满眼都是珍贵的东西。形容美好的事物很多。

(2) 珠玑：珠：圆的珠子。玑：不圆的珠子。“珠玑”常用以比喻文章中每个字都像珍珠一样优美、珍贵，如“字字珠玑”。

(3) 曩: 曩时，昔时；往时；以前。

(4) 十八学士：唐太宗为秦王时建文学馆，罗致四方文士，收聘贤才，以房玄龄、杜如晦、陆德明、孔颖达、虞世南等十八人并为学士，讨论文献，商略古今。后唐太宗命阎立本画像，褚亮作赞，题十八人名号、籍贯，称十八学士。

(5) 踌躇：研究，反复思量。

(6) 殿以王氏，因其亲也：晴山《寿内诗》为夫人王义宋作，王氏是晴山夫人之亲族。殿：殿后，放在最后。

(7) 白丘李沈……皆以笔画为序：这里指繁体字笔画；各字繁体笔画如下：白（5笔）、丘（5笔）、李（7笔）、沈（7笔）、林（8笔）、周（8笔）、洪（9笔）、楊（13笔）、歐（15笔）、戴（17笔）、韓（18笔）

(8) 望门投止：投止：投宿。在窘迫中见有人家就去投宿。比喻情况急迫，来不及选择存身的地方。这里指逢人便给，不加选择。

(9) 寿世：谓造福世人。清・陈康祺 《燕下乡脞录》卷十六：“每出入场屋，必召至案前，谆谆以名士寿世相勖。”

(10) 既而：时间副词。犹不久。

(11) 嵩岳三呼：汉元封元年春，武帝登嵩山，从祀吏卒皆闻三次高呼万岁之声。唐代颜师古注引荀悦曰：“万岁，山神称之也。”谓山神向武帝三呼万岁。事见 《汉书・武帝纪》。

(12) 华封三祝：《庄子·天地》记载，帝尧到华州观游，华州守封疆的人三致祝福，祝帝舜“寿、富、多男子”。“华封三祝”为祝颂之辞。

(13) 此即本书第34篇。

(14) 将：晴山原诗中，输将是捐献扶助之意；白仰峰和诗中，将字是奉行、秉承之意，如将命、将明。

(15) 甚爱须大费：过分的吝啬必定要付出重大的破费。语出《老子》第四十四章：“甚爱必大费，多藏必厚亡。”

(16) 厚亡在多藏：丰富的贮藏就必定会招致惨重的损失。语出《老子》第四十四章：“甚爱必大费，多藏必厚亡。”

(17) 搏虎健儿、卒未善士、攘臂下车：搏虎，打虎。善士：有德之士。攘臂：捋起衣袖，伸出胳膊。常形容激奋貌。《孟子卷·尽心章句下》：“晋人有冯妇者，善搏虎，卒为善士。则之野，有众逐虎。虎负嵎，莫之敢撄。望见冯妇，趋而迎之。冯妇攘臂下车。众皆悦之，其为士者笑之。”赵岐注：“其士之党笑其不知止也。”后以“重作冯妇”指重操旧业的人。这里用冯妇典故，指白仰峰重新提笔写诗，不怕别人见笑，不是因为未为善士，而是晴山激将成功。

(18) 此即本书第35篇。

(19) 孟子三乐：《孟子·尽心章句上》：“君子有三乐，而王天下不与存焉。父母俱存，兄弟无故，一乐也。仰不愧于天，俯不怍于人，二乐也。得天下英才而教育之，三乐也。君子有三乐，而王天下不与存焉。”

庄心在的诗写于民国四十六年双十节（1957年10月10日），题为《晴山先生夫人义宋女士六秩晋一双寿征诗步韵申贺》，全诗原文如下：

重溟投简见情亲，遥庆双辉溯絜因。

兰蕙心裁能拔俗，汪洋襟抱不忧贫。

盈门桃李儒家乐，绕尺云霞绣阁珍。

白首相庄传诵处，金针广度世间人。

(20) 无冕王：五、六十年代流行语，指记者。庄心在曾主编槟城《光华日报》。

(21) 总角：古代未成年的人把头发扎成两个结，形如两个羊角，故称“总角”，借指童年时期，幼年。

(22) 丙申三月廿九日：即1956年5月9日。

(23) 羊毛结婚纪念：法国等地习俗，即结婚七周年纪念。

(24) 民国丁巳年三月廿九：即1917年5月19日。

(25) 这则序说“予以民国丁巳三月廿九日（1917年5月19日）结婚，今年是日，适为羊毛婚”。看来是写于1924年，即他与游德馨女士结婚七周年之时，是他当年写的赠内诗的序。晴山曾写诗记述此事，诗题说“远堂以羊毛结婚纪念照题赠内诗邮示，又赠予夫妇一律；略仿其体以酬之。”下文所引远堂诗，应指丙申三月廿九日（1956年5月9日），林远堂与游德馨结婚四十周年时所写，并随当年羊毛婚合照寄赠晴山之新作。晴山回赠的两首贺诗中，第一首“七年之病”即从“羊毛婚”一事而来；第二首“四十年来”一语，则回应远堂律诗中“卌年”一词。

(26) 唱随：夫唱妇随的略语。夫唱于先，妇随于后。语出《关尹子・三极》：“天下之理，夫者倡，妇者随。”倡，同唱。旧社会男尊女卑，妻从夫命，故称。后用以形容夫妇关系融洽和美。轮指：弹奏乐器的一种指法，几个手指连续弹拨丝弦，发出急促的乐声。

(27) 夫子：这里是丈夫的意思。《孟子・滕文公下》：“女子之嫁也，母命之，往送之门，戒之曰：‘往之女家，必敬必戒，无违夫子！’”

(28) “生儿十九”两句：据林启贤（林远堂子）：“诗人之妻游德馨，共生儿女十九人，大多送人抚养，仅留五男二女……。自己抚养的子女因家贫，在学如非考第一名（当时可全免学费），便无法继续上学（没钱交学费），故子女皆奋发图强，非考上第一不可，此即诗中'生儿十九不豚犬，在学寻常俱大魁'之谓。"（见林启贤网上连载文集《兰水鹭江·但觉糟糠情味好》一文。）

(29) 糟糠：穷人用来充饥的酒渣、米糠等粗劣食物。借指共过患难的妻子。《后汉书·宋弘传》："贫贱之知不可忘，糟糠之妻不下堂。"意谓贫困时与之共食糟糠的妻子不可遗弃。后因以"糟糠"称曾共患难的妻子。

(30) 此即本书第31篇之第一首。

(31) 此即本书第31篇之第二首。

(32) 虚怀若谷：虚：谦虚；谷：山谷。胸怀象山谷一样深广。形容十分谦虚，能容纳别人的意见。

(33) 见白居易《议婚》。

(34) 韶頀：亦作"韶濩"，指庙堂、宫廷之乐，或泛指雅正的古乐。

(35) 西施：春秋战国时越国之美人，中国古典四大美人之一。

(36) 应制：应制诗，建时代臣僚奉皇帝命所作、所和的诗。

(37) 吹万不同：《庄子·齐物论》："夫吹万不同，而使其自己也。"成玄英《疏》："风唯一体，窍则万殊。"吹，指风而言；万，万窍。谓风吹万窍，发出各种音响。

(38) 断鹤续凫：断：截断；续：接；凫：野鸭。截断鹤的长腿，接续野鸭的短腿。比喻行事违反自然规律。语出《庄子·骈拇》："长者不为有余，短者不为不足。是故凫胫虽短，续之则忧；鹤胫虽长，断之则悲。"

(39) 锦函：锦缎作的匣子、封套。

(40) 芸筲：芸，即芸香，多年生草本植物，因芸香可驱蠹虫，书卷中多置之。筲：方形竹器。

(41) 周鼎商彝：鼎、彝：古代祭祀用的鼎、尊等礼器。商周的青铜礼器。泛称极其珍贵的古董。

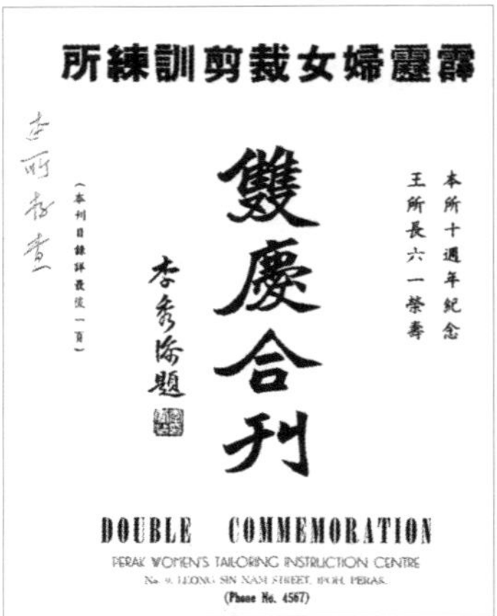

《霹雳妇女裁剪训练所十周年纪念暨王所长六一荣寿双庆合刊》（1957年出版）。（晴山《诗话七则》、《寿内三章》以及诗友之唱和集皆收录于此刊。）

周鼎。晴山《诗话七则》谈及其《寿内三章》及诗友唱和之作，谓“予既悦其声而编之……遗之后嗣，永作家珍。子孙即不能读，视为周鼎商彝，古色古香，亦自至宝。”

背景故事

1957年晴山夫人王义宋女士所创立之霹雳妇女裁剪训练所成立十周年，适逢义宋女士六十大寿，“及门诸女棣欲以文字付铅椠为寿，”征诗及于晴山，晴山乃作《寿内三章》，并发稿于朋友，征集和诗，得18人回应，共得和诗44首。晴山乃编辑成集，刊登于《霹雳妇女裁剪训练所双庆合刊》。唱和集后附有晴山《寿内三章》及《诗话七则》。《双庆合刊》共20页，唱和集及《寿内三章》与《诗话七则》共占四页整。

赏析

《诗话七则》均与晴山为《寿内三章》征集和诗一诗有关。首二则分别说明其编次原则、征稿原则，第三则解释其《寿内》诗数止三章之深意。第四、五、七则特别记述晴山与投稿十八人中之三人白仰峰、庄心在、林远堂等往返诗作[晴山酬赠三人之作，另有赏析，已见前]。其中，白仰峰和诗后寄，庄心在和诗中阙一字，晴山另作诗催稿、询问。林远堂为晴山儿时好友，晴山录其赠内诗，并自己唱和之作。又庄心在人在台北、林远堂在福建，晴山特别记述二人诗作，或有“劳远人”之意。第七则引白居易及庄子，申明其诗学主张，并解释其对友人诗作不擅加改正之原因。

《诗话七则》首则说明编次原则。晴山不以身份地位之高低或年纪之长幼为序，而以远人之作居前，亲人（王氏）之作殿后，其余诗人以其姓氏笔画序，情理兼顾。

第二则述征稿原则，提出三不主义：非平昔相知者不投，虽十载知交，对于旧诗不感兴趣者不投，多产作家，有求必应者不投。晴山之意，盖不欲讨人厌，亦不欲强所难，更不求应酬之作。三不主义，有情有理，并显示晴山之对于诗，重真情实感，不喜空洞之作，与第七则所述诗学主张一致。

第七则借白居易《议婚》“天下无正声，悦耳即为娱”等语及《庄子・齐物论》“夫吹万不同，而使其自己也。”之说，说明其文学主张。据此则诗话，可知晴山认为诗歌无所谓雅正俚俗，只要“悦耳可娱，声发于心”，感情真实，“不同应制”即可。又诗如天籁，贵自然，不可以同一标准齐之。此诗话之目的，首在解释晴山对友人来稿只编不改之原因。又晴山叮嘱其子孙，若有“正统派诗人”，对于其《寿内三章》及相关唱和集不满，则以白居易、庄子之语答之，则此诗话亦有概括其《寿内三章》及相关唱和集总体特色之意：贵自然，“悦耳可娱，声发于心”。

晴山诗典故与词语索引

凡例：

1. 词条以汉语拼音序（只按拼法，不再以声调细分；首字相同者并列）。
2. 词条后之数字，前者表示所在诗文首数，括号内数字表示注码。
3. 多次出现于不同诗文之词，皆一一列明其出现处。

   如：

   画眉　　　　5（7）、6（9）

   表示"画眉"一词，出现于第五首；其解释在该诗注释（7）；又出现于第六首，解释见注释（9）

B

E

F

G

H

Y

Z

鸣谢

本书中英文版的出版，恴蒙多位人士襄助，谨此鸣谢。

首先，我们要感谢新加坡李庭辉博士。在本书英文版工作开展之初，李博士曾提供不少专业意见。

晴山作品中提及多位亲朋好友，他们本人或其后人，为本书提供了不少珍贵的资料：晴山妻舅王光国先生之女公子王霞仙女士惠赠光国先生遗作多篇，有助我们对晴山有关作品背景之了解。光国先生之贤媳妇林爱毓女士惠借她1959年高中毕业班纪念刊。晴山另一妻舅王光坡先生生前居于中国安徽芜湖，其子女王兴中、王少莉及王少华三位，向我们讲述了不少关于光坡先生的生平逸事。晴山夫人王义宋女士为郭家养女，视郭可模牧师为亲兄。郭可模牧师之女公子郭玉英女士提供了郭牧师之一些照片及生平资料，并准予在本书采用。王公宓文先生是晴山多年文友，宓文先生之公子王赓武教授曾编辑出版《王宓文纪念集》，收录了宓文先生诗、文、书法，王教授提供了该集相关资料。王光地先生是晴山另一好友，其公子王先智先生向我们提供了光地先生之生平资料。晴山诗歌中多次提及总角之交林远堂先生。远堂先生之公子林启贤先生提供了远堂先生的一些照片及生平资料。怡保之白瑞雪女士、吉隆坡之白瑞璨女士提供了其父白成根先生之生平资料。成根先生乃晴山生前雇主兼诗友。晴山另一诗友为白仰峰先生，其公子白玲琅先生现居马来西亚太平，提供了仰峰先生之照片及生平资料。晴山夫人王义宋女士之霹雳州妇女裁剪训练学校，曾培养不少人才。江宝琴女士即其中一位。江女士毕业后，曾留在训练所作助教。本集所用多帧有关裁剪训练所毕业班之照片，即江宝琴女士提供。现居怡保之卢静滨女士亦曾肄业于霹雳州妇女裁剪训练学校。本集所录关于卢女士之两首诗歌及照片，即为静滨女士本人提供。怡保之洪翠兰女士，乃晴山好友洪禄宽先生之女公子，本集有关禄宽先生之生平资料，即洪翠兰女士提供。晴山生前任教于霹雳女中，校长为彭士驎女士。彭士驎校长已于2004年仙游，生前曾提供关于其本人以及晴山任教于霹雳女中时之相关资料。

林井心先生是晴山莆田老家之同乡，生前居于福建莆田，本集第五十一篇，乃井心先生所提供。莆田林兆麟、李当春两位，乃陈敏良先生表亲，曾协助敏良敏华兄弟搜集晴山在1930年代中期在莆田居留时之资料。晴山之三位女公子，即敏良敏华兄弟之亲姊，曾热情参与讨论本集各诗之背景故事，忆述晴山先生家庭生活。

本书中英版之封面之古鼎，乃中华民国国立故宫博物院馆所藏商末周初獸面紋鬲鼎之照片，惠蒙该馆允准使用，谨此致谢。此外，霹雳洞之张英杰先生准予收录霹雳洞大观之资料，并谢。

本书资料，不少来自新加坡国立大学中文图书馆馆藏。本书资料之搜集，该馆前馆长李金生先生曾予大力帮忙，谨谢。陈新华先生巧手把旧照片翻新，功劳不少。

世界科技出版社主席潘国驹博士向来热心推动双语教育，对于本书之出版，惠予支持。于此，谨致谢忱。编辑何玮琳小姐细心校阅本书稿样，美术刘济琛先生设计精美之封面，并谢。

杨明群小姐悉心审阅本书英文版，指出了一些瑕疵，使英文版更臻完美，功劳不得不记。

最后，本书中英文版惠蒙我国总统纳丹先生、教育部长兼国防部第二部长黄永宏医生、以及新加坡国立大学东亚研究所主席王赓武教授赐序，生辉万丈，特此致谢。

马华先驱作家陈晴山 古诗文评注

晴山古道

阅览八方 共享文化

八方文化创作室

作　　者	陈晴山
评　　注	陈照明
背景考证	陈敏良　陈敏华
企划编辑	潘国驹
责任编辑	何玮琳
封面设计	刘济琛
排　　版	李丽芳
出　　版	八方文化创作室 5 Toh Tuck Link, Singapore 596224 www.globalpublishing.com.sg
联　　络	65-6466 5775 支线 424 chpub@wspc.com
印　　刷	World Scientific Printers
初　　版	2010年5月
国际书号	978-981-4299-98-5 (pbk)
定　　价	S$25

八方文化创作室，简称八方文化，以世界科技出版公司为后盾，致力于推动新加坡的中文出版，并且放眼全球华裔的人文舞台。我们的重心在于介绍世界各地华人学者及作家的言论与著作，同时也积极推动各类艺术与文化活动。八方文化期望以出版良心作信念，以高素质为诉求，为各地中文读者开启多一扇东西文化的窗户，共同努力营造一个富有质感和充满活力的人文空间。